I0818870

La sabiduría es la recompensa

La sabiduría es la recompensa

Observa. Reflexiona. Aplica.

Ryan Holiday

Traducción de
Nieves Calvino, Ignacio Gómez Calvo y Noemi Risco

CONECTA

El papel utilizado para la impresión de este libro ha sido fabricado a partir de madera procedente de bosques y plantaciones gestionadas con los más altos estándares ambientales, garantizando una explotación de los recursos sostenible con el medio ambiente y beneficiosa para las personas.

La sabiduría es la recompensa
Observa. Reflexiona. Aplica

Título original: *Wisdom Takes Work*

Primera edición en España: noviembre, 2025
Primera edición en México: noviembre, 2025

ISBN: 978-607-386-674-3

Impreso en México – *Printed in Mexico*

Que nadie, mientras sea joven, se muestre remiso en filosofar, ni al llegar a viejo de filosofar se canse. Porque para alcanzar la salud del alma nunca se es demasiado viejo ni demasiado joven. Quien afirma que aún no le ha llegado la hora o que ya le pasó la edad, es como si dijera que para la felicidad no le ha llegado aún el momento, o que ya lo dejó atrás.

EPICURO

Índice

SEGUNDA PARTE

Las alarmas
(los traicioneros escollos que debes evitar)

TERCERA PARTE
La apoteosis
(tocar lo divino)

Las cuatro virtudes

Ha pasado mucho tiempo desde que Hércules llegó a la encrucijada.

En una tranquila intersección en las colinas de Grecia, a la sombra de unos nudosos pinos, el gran héroe de la mitología griega se enfrentó a su destino.

Nadie sabe exactamente dónde ni cuándo ocurrió. Tenemos constancia del momento por las historias de Sócrates. Las más bellas obras de arte del Renacimiento lo plasmaron. Percibimos su energía en ciernes, sus fuertes músculos y su angustia en la clásica cantata de Bach. Si en 1776 John Adams se hubiese salido con la suya, Hércules en la encrucijada habría sido inmortalizado en el sello oficial de los recién fundados Estados Unidos.

Y es que allí, antes de que el héroe adquiriese su fama inmortal, antes de los doce trabajos, antes de que cambiase el mundo, Hércules se enfrentó a una crisis tan transformadora y genuina como la que podríamos haber sufrido cualquiera de nosotros.

¿Adónde se dirigía? ¿Adónde quería ir? Ese es el meollo de la historia. Solo, anónimo, inseguro, Hércules, como muchos otros, no lo sabía.

Donde el camino se bifurcaba se encontró con una hermosa diosa que le ofreció todas las tentaciones que pudiera imaginar. Engalanada con ropas elegantes, le prometió una vida desahogada. Le juró que nunca conocería la necesidad ni la desdicha, el miedo ni el dolor. Si la seguía, dijo, todos sus deseos serían satisfechos.

En el otro sendero había una diosa más severa ataviada con una inmaculada túnica blanca. Esa diosa le hizo una invitación más discreta. No le prometió más recompensas que las derivadas de su esfuerzo. La travesía sería larga, dijo. Debería sacrificarse. En algunos momentos tendría miedo. Pero era un viaje para un dios. Lo convertiría en la persona que sus antepasados querían que fuese.

¿Fue un episodio real? ¿Ocurrió de verdad?

Y en caso de que solo sea una leyenda, ¿acaso importa?

Sí, porque es una historia sobre nosotros.

Sobre nuestro dilema. Sobre nuestra encrucijada.

Para Hércules, el dilema consistió en elegir entre el vicio y la virtud, la vía fácil o la difícil, el sendero trillado o el camino menos transitado. Todos nos enfrentamos a esa elección.

Tras vacilar un instante, Hércules escogió la que lo cambiaba todo.

Eligió la virtud.

La palabra «virtud» puede parecer anticuada. Sin embargo, virtud —*areté*— se traduce en algo muy sencillo y eterno: excelencia. Moral. Física. Mental.

Antiguamente, la virtud constaba de cuatro elementos clave:

Coraje.

Templanza.

Justicia.

Sabiduría.

Los «fundamentos de la bondad», los llamó el rey filósofo Marco Aurelio. Millones de personas las conocen como las virtudes cardinales, cuatro ideales casi universales adoptados por el cristianismo y la mayor parte de la filosofía occidental, pero igual de valorados en el budismo, el hinduismo y en casi cualquier filosofía que se te ocurra. Se llaman «cardinales», apuntó C. S. Lewis, no porque procedan de autoridades eclesiásticas, sino porque tienen su origen en el latín *cardo*, «bisagra».

Son elementos fundamentales. Y sobre ellos gira la puerta de la buena vida.

También son el tema de este libro y de esta serie.

Cuatro libros.* Cuatro virtudes.

Un objetivo: ayudarte a elegir...

Coraje, valor, fortaleza, honor, sacrificio...

Templanza, autocontrol, moderación, compostura, equilibrio...

Justicia, imparcialidad, servicio, hermandad, bondad, gentileza...

Sabiduría, conocimiento, educación, verdad, introspección, paz...

* Este es el cuarto.

Estos valores son la clave de una vida de honor, de gloria, de excelencia en todos los sentidos. Son rasgos de personalidad que John Steinbeck describió a la perfección como «agradables y deseables para quien los posee y que le hacen realizar actos de los que puede sentirse orgulloso y con los que puede estar contento». Esta descripción es extensible a toda la humanidad. En Roma no existía una versión femenina de la palabra *virtus*. La virtud no era masculina ni femenina, solo era.

Y lo sigue siendo. No importa si eres hombre o mujer. No importa si eres fuerte o muy tímido, si eres un genio o si tienes una inteligencia media. La virtud es un imperativo universal.

Las virtudes están interrelacionadas y son inseparables, aunque se diferencian unas de otras. Hacer lo correcto casi siempre requiere coraje, del mismo modo que la disciplina es imposible sin la sabiduría para saber elegir. ¿De qué sirve el coraje si no se aplica a la justicia? ¿De qué sirve la sabiduría si no nos hace más humildes?

Norte, sur, este, oeste: las cuatro virtudes son una suerte de brújula —por algo las cuatro direcciones de una brújula se llaman «puntos cardinales»—. Nos guían. Nos muestran dónde estamos y qué es verdad.

Aristóteles describió la virtud como una especie de oficio, algo a lo que aspirar, como uno aspira al dominio de una profesión o una habilidad. «Los hombres se convierten en constructores construyendo, y los citaristas, tocando la cítara —escribe—. Pues bien, del mismo modo nos convertimos en personas justas al realizar acciones justas y valientes».

La virtud es algo que hacemos.

Es algo que elegimos.

Y en más de una ocasión, ya que la encrucijada de Hércules no fue un episodio aislado. Es un reto diario al que nos enfrentamos no una sola vez, sino continuamente, en repetidas ocasiones. ¿Seremos egoístas o desinteresados? ¿Valientes o temerosos? ¿Fuertes o débiles? ¿Sabios o tontos? ¿Adquiriremos una buena costumbre o una mala? ¿El coraje o la cobardía? ¿La felicidad de la ignorancia o el reto de una nueva idea?

¿Seguir como siempre... o evolucionar?

¿El camino fácil o el correcto?

Introducción

> El fin de ser es saber; y si dices que el fin del conocimiento es la acción, pues sí, pero el fin de esa acción es, nuevamente, el conocimiento.
>
> Ralph Waldo Emerson

De todas las virtudes, la sabiduría es la más esquiva. Se trata de una aspiración, algo que siempre intentamos conseguir.

Sin embargo, sabemos casi con total certeza que no lo conseguiremos, al menos no del todo, que en el mejor de los casos la auténtica sabiduría es algo a lo que solo podemos acercarnos. Aunque tengamos a nuestras espaldas una vida entera de trabajo, está fuera de nuestro alcance en todo momento, se aleja más a cada paso, como el horizonte al que nunca podemos llegar.

Esa misma dificultad persiste cuando tratamos de definir la sabiduría. Por supuesto, es más que ser listo, más que la posesión de conocimientos y datos, más aún que la sagacidad. Es inteligencia, intuición, experiencia y educación, filosofía y conocimiento práctico, conciencia e ingenio, perspectiva, perspicacia y, sí, la prudencia que los antiguos a veces llamaban «sabiduría».

Es todas esas cosas y a la vez mucho más.

«Entonces ¿me estás diciendo que no puedes explicarme qué es la sabiduría ni cómo adquirirla?».

Sí. Bienvenido a la vida. Es complicado. Solo un necio cree en las fórmulas simples paso a paso.

La sabiduría requiere trabajo. Como el amor, la felicidad y todas las cosas que valen la pena, a la sabiduría no se accede con trucos ni atajos. Cualquiera que afirme que existe una forma sencilla de alcanzarla es un embustero, y cualquiera que afirme que la tiene es muy probable que carezca de ella.

Si hay algo que podemos decir con claridad de la sabiduría es que no es algo con lo que se nazca.

Aun así, sin duda las demás virtudes nacen de ella: por eso la sabiduría se conoce como la madre de todas las virtudes. ¿Puede una persona que no entiende el riesgo ser verdaderamente valiente? Sin sabiduría, ¿cómo sabría siquiera ante qué ser valiente? ¿No es un desperdicio de autodisciplina dirigirla al objetivo incorrecto o hacerlo de forma ineficaz? Puedes tener buen corazón, pero sin competencia, sin destreza y sin perspectiva tus tentativas de ser justo a buen seguro fracasarán.

Podemos decir, por tanto, que la sabiduría es saber...

... qué hacer,

... cuándo hacerlo

... y cómo hacerlo.

La sabiduría es conocer la situación.

Es la capacidad de ver qué tienes delante con claridad. Es acercarse al conocimiento de cómo funcionan las cosas, por qué ocurren, cuál es su estado actual y qué podría pasar después. No es un conocimiento enciclopédico de datos y cifras, sino algo profundo y práctico a la vez, y es que no fue la aguda mente jurídica de Gandhi lo que lo convirtió en Mahatma.

Si la sabiduría es difícil de definir, su contrario no lo es. Del mismo modo que el coraje es complicado y la cobardía es simple, otro tanto ocurre con la sabiduría, una virtud cuyo carácter esquivo contrasta con la estupidez. Reconocemos a un estúpido cuando lo vemos. Sabemos que no queremos serlo.

Igual que nadie nace sabio, nadie nace tonto; ignorante, sí, pero seguir siéndolo es una decisión. ¿Qué decidiremos nosotros?

Tanto la sabiduría como la estupidez son una especie de asíntota. Algunos estamos más lejos del eje que otros —unos son más listos, otros son más cultos—, pero, como su función es infinita, las posibilidades son interminables. Siempre hay más que aprender, más que saber, más que entender acerca del mundo y de ti. Y lo contrario: por muy estúpido que parezca alguien, siempre hay margen para la sorpresa, pues la estupidez humana también es infinita.

Buscamos la sabiduría por un motivo esencial: la necesitamos. Más adelante y ahora. La vida es un juego para personas que piensan. Un día se nos presenta una decisión sobre el futuro y al siguiente, un dilema moral. Problemas complejos. Personas complicadas. Situaciones desconcertantes. Oportunidades ocultas.

En esos momentos, importantes y nimios, la sabiduría que necesitas estará ahí o no estará. La experiencia, los conocimientos y la comprensión se habrán acumulado o no. O hemos hecho el estudio necesario o no lo hemos hecho. Es en ese instante cuando descubrimos que el aprendizaje hay que ganárselo.

La sabiduría, pues, es un indicador de resultado que revela un trabajo realizado hace tiempo, el fruto nutrido a partir de la semilla plantada antaño. Y, como nos enseñaron nuestros antepasados, solo recoges lo que siembras.

Este es el camino

Séneca cuenta la historia de un romano pretencioso pero vago que quería impresionar a sus amigos cultos. En lugar de dedicar cientos de horas a leer, compró un grupo de esclavos leídos. Uno se sabía a Homero de memoria. Otro se sabía a Hesíodo. Tenía un esclavo para Safo, otro para Píndaro y otro más para Simónides, uno para cada poeta griego antiguo que se suponía que un romano de clase alta debía conocer como la palma de la mano.

El protagonista de la historia pensaba que se estaba saliendo con la suya al hacer que esos hombres le apuntasen versos durante las cenas, teniéndolos a mano cada vez que necesitaba consultar algo, hasta que un amigo le propuso que recibiese clases de lucha. «Pero yo soy débil y frágil», contestó el hombre. «No digas eso —bromeó su amigo—. ¡Piensa en cuántos esclavos con una salud de hierro tienes!».

A todos nos gustaría que hubiese una forma de conseguir algo a cambio de nada, ser capaces de saltar directamente a la parte en que lo tenemos. Buscamos trucos y mañas, como si la sabiduría fuese posible sin una increíble cantidad de esfuerzo, sin una vida entera de estudio. Ese asunto, nos recuerda Séneca, no se puede delegar en otra persona.

No hay ninguna tecnología que pueda hacerlo por ti. No hay ninguna aplicación. Ningún maestro que pueda descargarlo todo en tu cerebro. Ningún gurú que pueda llevarte a la iluminación o chamán que pueda dártelo en una dosis. Lo importante no es con qué naces. Lo importante es qué haces con ello.

El sendero de la sabiduría no solo es escabroso, sino que está custodiado por troles y plagado de obstáculos. Hay puntos muertos. Hay pozos de la desesperación. Hay picos impresionantes y maravillas aterradoras. Hay mucho terreno que recorrer. Por el camino te encontrarás con personas ariscas e ideas desagradables. ¿Eres lo bastante fuerte para enfrentarte a ello? ¿Estás preparado para el largo viaje? ¿O quieres que todo sea agradable, ordenado y fácil?

Aun teniendo talento natural, aun habiéndote licenciado en las mejores universidades, no tienes por qué poseer sabiduría. Todavía, escribe Séneca, «falta mucho por hacer, y es necesario que le dediques todo tu tiempo y todos tus esfuerzos si quieres lograrlo. Esta tarea no se puede delegar».

Este libro, por tanto, no trata de la sabiduría, sino más bien de ese trabajo. Pretende compartir los métodos de algunas de las personas más sabias que han existido jamás, así como las trampas en las que tropiezan los insensatos. No siempre son métodos que nuestros sujetos expresaron. La gente sabia no suele hablar de su sabiduría, los necios no saben que lo son, pero los dos nos ofrecen algo mejor: su ejemplo.

Grandes hombres y mujeres han buscado la sabiduría durante milenios, mucho antes de que Sócrates supuestamente bajase la filosofía del cielo. En las siguientes páginas estudiaremos las ideas de Montaigne y Emerson —nuestros guías en el libro—, pero también la soberbia y la estupidez de personas que deberían haber sabido lo que no les convenía. Examinaremos la sabiduría paciente y práctica de Lincoln, y la compararemos con la impulsiva inmadurez de supuestos genios que, a pesar de su capacidad mental, no se enteran de mucho.

Y sobre todo analizaremos el trabajo que hicieron, porque nadie consigue su sabiduría de balde.

Como las demás virtudes, la sabiduría es la consecuencia de hacer lo correcto de la forma correcta en el momento correcto, pero no solo una vez, sino de manera sistemática a lo largo de una vida. Es el resultado de un método, aunque nunca se posee de verdad.

Eso es porque, en realidad, es el método.

No uno revolucionario, sino las mismas prácticas, las mismas preguntas que la gente se ha planteado y las mismas cosas que ha hecho desde que empezó a andar por la tierra. Es mentores y aprendizajes. Es estudiar la historia. Es leer, leer mucho. Es buscar experiencias. Es desentrañar, descubrir, desmontar, discutir, debatir y demandar respuestas. Es concentración y observación. Es evitar el error... y aprender de las equivocaciones. Es autoevaluación. Es poner en duda nuestras suposiciones. Es seguir siendo alumnos, por muy viejos o expertos que seamos.

Los métodos pueden ser simples, pero ¿qué pasa si te comprometes a seguirlos durante una vida entera? Es posible que las ganancias diarias sean modestas, pero en el transcurso de una vida entera...

Podemos ser más sabios, pero nunca sabios.

Podemos ser más listos, pero nunca listos.

Podemos estar más cerca, pero no llegamos nunca.

La sabiduría está al alcance de cualquiera que esté dispuesto a obtenerla.

La sabiduría no es cómoda.

La sabiduría es una batalla que hay que ganar.

La sabiduría requiere trabajo.

La sabiduría vale la pena.

PRIMERA PARTE

La *agogé* (tu campo de entrenamiento)

Nadie llegó a sabio por casualidad.

Séneca

Nadie puede darnos una educación; debemos adquirirla nosotros mismos. La decisión más importante que una persona toma en la vida es convertirse en alumno y seguir siéndolo no solo en el colegio o en una profesión, sino de por vida. Existe un motivo por el que los sabios hablan tan poco de la sabiduría. Siguen demasiado ocupados buscándola, aún se sienten alumnos. Una buena educación nos inculca buenos valores, buenas ideas, buenas costumbres, habilidades que nos permiten aprender todo lo que el mundo puede enseñarnos. Lo que metemos en el cerebro, sobre todo en etapas tempranas pero también a diario, forma una especie de saldo bancario del que haremos uso en el futuro. La práctica que creemos ahora nos sostendrá... o nos traicionará.

Debemos convertirnos en estudiantes de la historia, de la humanidad. Debemos cultivar la capacidad de escuchar, de mirar, de aprender. Debemos desarrollar una profunda curiosidad, un deseo insaciable de adquirir conocimientos. Para trazar nuestro plan de estudios, necesitaremos una gran disciplina y un valor considerable. Empecemos.

Una educación muy inusual...

Como vástago de una familia noble, Michel de Montaigne debería haberse criado rodeado de sirvientes y entre algodones. Sin embargo, sus padres lo mandaron a vivir con una familia de campesinos de la zona; no por abandono, sino para darle algo que no podía tener en su casa. La mayoría de los niños ricos del siglo XVI eran entregados a nodrizas y niñeras, pero a Montaigne —a la vista, pero en un mundo totalmente distinto de la enorme finca que llevaba su nombre— lo formó, en sus propias palabras, «la fortuna bajo las leyes del pueblo llano y de la naturaleza».

Era el comienzo inusual de una educación inusual que se extendería hasta que Montaigne exhaló su último aliento a los cincuenta y nueve años.

Después de esos primeros días en el seno de su segunda familia, Montaigne fue llevado a casa, donde su padre decretó que delante de su hijo no se hablase otra lengua que no fuese el latín. En lugar de usar su dialecto francés local, Montaigne vivió en el mundo de Horacio y Catón, y su idioma se volvió tan natural para él como lo había sido para los antiguos.

Hasta los lugareños del pueblo siguieron el plan. Años más tarde, a Montaigne le sorprendió oír a uno de ellos referirse de pasada a una herramienta por su nombre en latín, tan arraigada se había vuelto la costumbre por el bien del niño. Como no se permitían otros idiomas cerca de él —su profesor particular de latín era alemán y no hablaba francés—, el muchacho aprendió la lengua materna de la filosofía con rapidez y facilidad. Los romanos habían llegado por primera vez a Burdeos en torno a 60 a. C., y Roma había caído en los siglos posteriores, pero, para Montaigne, la *urbs aeterna* seguía siendo eterna.

Pronto habló la lengua con más fluidez que sus padres y la dominó mejor que su maestro. «En cuanto a mí —recordaría Montaigne más tarde—, pasaba de los seis años cuando entendí más el francés... que el árabe».

Cabría esperar que una educación tan estricta y dirigida —por no decir extraña— estuviera exenta de alegría. Montaigne tuvo suerte, pues su formación estuvo tan llena de amor y ternura como de esos experimentos. Más adelante le enseñarían la lengua griega de una forma algo más tradicional, pero su padre lo concibió como un juego. El pensador francés rememoraría la diversión de intercambiar «declinaciones de acá para allá» con sus instructores, sin darse cuenta de que estaba aprendiendo. Montaigne recordó que, durante los viajes de su padre al extranjero, los expertos en educación le recomendaron moldear el alma de su hijo «con toda dulzura y libertad», que sus decisiones debían respetarse y que debía gustarle aprender. ¿A alguien le sorprende que Montaigne fuese a su lecho de muerte creyendo que tenía el mejor padre que había habido jamás?

Solo lo castigaron físicamente dos veces en su vida —«con suavidad», aclaró—, algo que muchos niños no podrían decir hoy y pocos podrían haber dicho en el siglo XVI. La mayoría de las mañanas no se despertaba con la voz de un padre gruñón o un severo maestro, sino al son de las hermosas canciones de los músicos a los que su padre había contratado. Era una forma de enseñar música a su hijo, pero también un modo de abordar una preocupación bastante enternecedora: su padre creía que despertar de forma abrupta el «tierno cerebro de los niños» con una sacudida o un grito era de una crueldad extrema.

A los siete años, Montaigne leía a Ovidio por diversión, cansado ya de los condescendientes cuentos infantiles. Pero no era un ratón de biblioteca. En su casa, todo le ofrecía la oportunidad de aprender: hasta las bromas o los errores eran tema de debate o lecciones. Todo estaba pensado para «hacer las veces de un bello libro»; cada situación brindaba una enseñanza, incluso «la malicia de un paje, la torpeza de un criado, una discusión de sobremesa» suponían la ocasión de discutir, debatir, analizar. Todo debía cuestionarse. Cada idea debía rastrearse hasta su fuente original. Acudía a los grandes pensadores en busca de consejo y respuestas, pero no estaban exentos de dificultades. «Pasarlo todo por el tamiz —declararía Montaigne más adelante sobre cómo educar a un niño— y no dejar que entre en su cabeza nada por simple autoridad o reputación».

Le enseñaron a no ser quisquilloso con los errores, e incluso le animaron a reconocer que los había cometido. Lo más importante que había que enseñar a los niños —dijo de la verdadera lección que había aprendido en su juventud— era «que reconocer un error que encuentre en sus propios razonamientos, aunque solo él lo haya advertido, es prueba de sinceridad y buen juicio, que son sus principales objetivos». En la familia de Montaigne, la terquedad era un vicio, y la creencia en la infalibilidad o la superioridad de uno, la única equivocación de la que avergonzarse.

Debió de ser una experiencia impactante la primera vez que Montaigne entró en un aula, en el Collège de Guyenne, a cuya fundación había contribuido su padre. Estar de repente rodeado de otros alumnos, consagrados a aquello que se llamaba «escuela». Como Montaigne debía de saber, la raíz de esa palabra es el término griego que significa «ocio». Qué lejos quedaba entonces, como ahora, la etimología de la realidad.

A Montaigne no le gustaba la frecuencia con la que a sus compañeros de estudios y a él los dejaban «a merced del humor melancólico de un furioso maestro de escuela». Les mandaban muchos deberes, y los días se les hacían interminables; a sus compañeros y a él les resultaba insoportable estar «trabajando durante catorce o quince horas como un mozo de cuerda». Les obligaban a memorizar, recitar y traducir pasajes como si esos sonidos, ruidos y símbolos equivaliesen al conocimiento. A Montaigne le parecía trágica, pero no sorprendente, la cantidad de niños que detestaban ir al colegio, y más triste aún le parecía la cantidad de maestros que detestaban a sus alumnos.

Del mismo modo que los pájaros llevan comida en el pico «sin saborearla, para darle un bocado a sus polluelos —decía el pensador francés—, nuestros maestros van recogiendo la ciencia en los libros y, apenas la ponen en la punta de los labios, la descargan y la lanzan al viento». ¿Qué opinaba de los compañeros de estudios que repetían lo que habían aprendido de sus maestros? No eran más que loros. «Saber de memoria no es saber —manifestaría Montaigne más adelante—, es guardar en la memoria lo que se ha recibido».

En el colegio aprendió lo esencial: matemáticas, lógica, poesía. Pero él soñaba con hacerse cargo de sus estudios, y más adelante sentiría envidia al enterarse de que Sócrates dejaba que sus alumnos fuesen los que más hablaran.

A diferencia de la instrucción escolar, el resto de su educación infantil fue activa. Bailar, montar a caballo, manejar la pica, tocar un instrumento..., recibió clases de todo. Montaigne y sus hermanos aprendieron el deporte francés del tenis, una práctica poco común, pues la actividad deportiva no se consideraba importante. El escritor decía en broma que a muchos de sus compañeros les habría ido mejor si hubiesen recibido lecciones de tenis, pues se habrían librado del colegio y al menos se habrían puesto en forma. También se habrían librado, señalaba, del ego que acompañaba a la idea de sentirse cultos. En cualquier caso, a él no lo educaron para que fuese un intelectual afectado, sino un joven activo y vigoroso.

Lo más valioso de cualquier institución de enseñanza son sus maestros. A pesar de los muchos defectos y frustraciones de su educación tradicional, Montaigne tuvo la fortuna de contar con varios profesores excelentes. Uno de ellos, George Buchanan, estaba en Burdeos, pues había huido de la persecución religiosa. El futuro tutor de reyes se encontraba muy lejos de su hogar, y logró ofrecer una perspectiva cosmopolita al joven Montaigne. Buchanan adoraba el teatro, y puso en escena muchas obras en la escuela, en las que hizo actuar a aquel niño tan diferente.

Tal vez Buchanan era el maestro al que Montaigne más adelante atribuyó el mérito de fomentarle el hábito de la lectura. En una época en que los libros eran caros y la censura, corriente, ese maestro entendió que el plan de estudios escolar no podía satisfacer la curiosidad de ese niño. De modo que los dos llegaron a un acuerdo: mientras el joven se mantuviese al día con las tareas del colegio, tendría libertad para investigar por su cuenta. Podemos imaginarnos al maestro animando a su alumno a conocer esto y aquello, incluso prestándole ejemplares de su propia biblioteca. «Aparentando no ver nada —dijo Montaigne con agradecimiento—, me abrió el apetito y permitió que me atiborrara de aquellos libros en secreto».

También fue una magnífica idea, pues Montaigne vio que muchos de sus compañeros salían de la escuela detestando leer.

Uno de los libros que encontró fue un hermoso ejemplar en folio de las obras de Terencio, editado por el estudioso Erasmo de Róterdam, que Montaigne compró en 1549, a los dieciséis años. Todavía lo leía y lo releía en el ocaso de su vida, pues cada vez que retomaba a Terencio le resultaba imposible «no encontrar en él una nueva belleza y gracia».

Terminó el colegio varios años antes de lo previsto. Le fue bien. Tuvo una experiencia más positiva que la mayoría. «Pero, aun así —declaró, resumiendo su experiencia académica—, seguía siendo la escuela». ¿De qué le habían servido todos los años que había pasado allí? De nada, comparado con lo que había conseguido en casa, donde había descubierto el amor por aprender.

El objetivo de la educación siempre ha sido despertar la curiosidad, el deseo de entender el mundo y el lugar que uno ocupa en él. Sin embargo, a menudo eso es precisamente lo que más tarde se extingue.

De todo el patrimonio que el muchacho heredaría —que incluía enormes extensiones de tierra, una bodega y un castillo—, ese fue su mayor bien. «Creció constreñido por algunos de los límites más extraños jamás impuestos a un niño —observó la biógrafa de Montaigne, Sarah Bakewell—, y al mismo tiempo tuvo una libertad casi ilimitada. Constituyó un mundo en sí mismo».

Sin embargo, como todos los estudiantes, Montaigne tenía que entrar en la vida real. Su padre siempre había considerado que su hijo debía educarse no solo por su bien, sino también para llevar el negocio familiar, para tener un trabajo importante, para ser un líder, para contribuir a la sociedad como abanderado de unos valores que hasta no hacía mucho tiempo habían estado sumidos en el oscurantismo. Tal vez a Montaigne le habría gustado seguir consagrado al estudio, pero la vida —y su padre— tenía otros planes.

«No debe a la pedagogía sino los primeros quince o dieciséis años de su vida —escribió después Montaigne—; el resto pertenece a la acción». Todos nos enfrentamos a esa transición, del colegio a la experiencia real, de la clase a la escuela de la vida. Montaigne se encontraría cara a cara con todas las cosas sobre las que había leído —la democracia griega, el Imperio romano, los casos de Derecho de Cicerón, el poder de la Iglesia medieval—, no a la luz de la Edad de Oro, sino en la turbulenta y confusa etapa que le había tocado vivir.

Después de estudiar Derecho, Montaigne acabó trabajando como magistrado en el Parlamento de Burdeos, puesto en el que tenía que valorar complejos casos legales y trabajar en colaboración con distintos tribunales. Por aquel entonces los magistrados eran evaluados y entrevistados de dos formas diferentes. Un método, que se sigue usando hoy, consistía en estimar el rendimiento y la capacidad académica de un candidato poniendo a prueba sus conocimientos. Otro más simple era darle al futuro magistrado un caso para que lo juzgase y ver su reacción, que permitiría averiguar cómo funcionaba su mente.

El segundo procedimiento era superior, señaló Montaigne: «Aun cuando sea necesario el concurso de las dos circunstancias, referible y mucho más meritorio es poseer sentido común que conocimiento. El sentido común puede prescindir del conocimiento, pero no existe conocimiento sin sentido común».

Casi con total seguridad, Montaigne obtuvo ese empleo gracias a los contactos de su padre, pero durante los quince años que ocupó el puesto se dio cuenta de que saber Derecho y entenderlo eran cosas muy distintas. Él debió de aprender, como todas las grandes autoridades legales, que la teoría tiene que ajustarse a la realidad, no al revés, y que uno solo puede dominar su profesión a través de la experiencia real y dolorosa.

En los libros se omitían muchas cosas, comprendió rápido cuando se tropezó con las complejidades del corazón humano o tuvo en cuenta la ambigüedad de los resultados. Tampoco es que sus compañeros abordasen el oficio con demasiada reflexión. Montaigne recordaría horrorizado haber visto a un juez que él sabía que era infiel a su esposa condenar a un acusado por el mismo delito poco antes de escribir una carta de amor a su amante.

Año tras año en el puesto, Montaigne desarrolló su criterio: la forma de ser de la gente, cómo detectar a un mentiroso, cómo llegar a la verdad de un asunto. Por ese motivo fue requerido para servir en la corte del rey Carlos IX y, por esa razón, al final de su carrera jurídica, fue nombrado caballero de la Orden de San Miguel, un cuerpo de caballería francés.

Entrar en el mundo real supone un shock para todos los jóvenes. La transición del reino de las ideas al reino de los reyes y a los juzgados de lo penal era siempre complicada y decepcionante, pero la Francia en la que Montaigne se movió y habitó parecía estar desmoronándose.

Una generación antes, Miguel Ángel había pintado la Capilla Sixtina. Magallanes había dado la vuelta al mundo. Copérnico había desplazado la Tierra del centro del universo. El Renacimiento había florecido y había traído consigo hermosas obras de arte y revelaciones trascendentales. Se había descubierto un nuevo mundo allende el Atlántico. Conforme la noticia de la existencia de otras culturas llegaba poco a poco al viejo mundo, incluso tuvo que replantearse el concepto que el hombre tenía del tamaño y la forma de la Tierra.

Sin embargo, con los descubrimientos y las invenciones llegó la desestabilización. La Iglesia, que durante mucho tiempo había sido una fuerza unificadora, quedó debilitada por esas nuevas formas de pensamiento y por tecnologías que permitían transmitir nuevas ideas. Existía, en palabras de Montaigne, la idea generalizada de que «el mundo está patas arriba». Por primera vez, la gente empezaba a poner en duda el papel tiránico que los sacerdotes desempeñaban en la sociedad, y, en términos generales, empezó a preguntarse: «¿Por qué las cosas son así?» y «¿Deben seguir siendo así?».

Martín Lutero llevó esas tesis al seno de la Iglesia. Poco después se produjeron la Reforma y la Contrarreforma. Hubo disturbios y agitación. Surgieron nuevas doctrinas que lucharon no solo por su derecho a existir, sino por el poder para aplastar a las demás como herejías. Las inquisiciones y persecuciones causaron estragos. La flor del Renacimiento se marchitó en el cadalso. Todavía faltaban siglos para tolerar y aceptar la Ilustración. Era, y siguió siendo, en palabras de un estudioso, un mundo iluminado aún por el fuego.

En 1562, Montaigne, que entonces servía a Carlos IX, presenció la matanza del sitio de Ruan, una violenta insurrección católica en la que murieron más de mil personas durante un cruel enfrentamiento por las tensiones religiosas que dividían Francia. Meses antes, el duque de Guisa había masacrado a docenas de hugonotes que asistían a misa en la ciudad de Vassy. Un año después, el propio duque sería abatido de un disparo a la orilla de un camino por otro noble francés que estaba al acecho. Cuando atraparon al asesino, fue condenado a ser arrastrado y descuartizado, pero la pena se ejecutó de forma chapucera, y, ante la imposibilidad de arrancar las extremidades de las articulaciones, al final el reo tuvo que ser sacrificado con la espada del verdugo.

Las represalias se sucedieron y culminaron en la matanza de San Bartolomé, en la que murieron decenas de miles de personas; los caídos fueron arrojados al Sena.

Todo ello debió de resultarle horripilante a un hombre al que le habían enseñado la humildad intelectual, que creía que las ideas debían ponerse en duda y que los humanos tendían a equivocarse. «Es poner un alto precio a las propias conjeturas —diría Montaigne— hacer quemar a un hombre vivo por ellas». Sin embargo, fue lo habitual durante su vida; miles de personas ardieron en la hoguera por crímenes en su mayoría imaginarios. Numerosos parientes del pensador francés murieron de esa forma condenados por la Inquisición, entre ellos un tataratatarabuelo.

Las guerras de religión de Francia duraron décadas y se cobraron la vida de más de un millón de personas, muchas de las cuales murieron de formas casi inimaginables.

Qué lejos quedaban los días idílicos y resguardados de su juventud, cuando su padre lo protegía de las matanzas y sus consecuencias, cuando sus maestros le sonreían estimulando su curiosidad y excentricidad.

En un mundo todavía medieval en la práctica, caracterizado por el miedo y la persecución, ser un pensador libre o poco convencional era arriesgado. Y también destacar. Como comerciantes adinerados, los miembros de la familia Montaigne no podían evitarlo. En la rama materna eran marranos, judíos españoles que se convirtieron al cristianismo bajo amenaza de muerte. Sus tíos paternos eran protestantes.

Cuando Montaigne leía sobre personas que eran distintas a él, sobre todo observaciones acerca de los pueblos recién descubiertos que vivían en el Nuevo Mundo, reaccionaba con curiosidad antes que con prejuicios. «Tal diversidad de caracteres, sectas, juicios, opiniones, costumbres y leyes nos enseñan a juzgar los propios», declaró. ¿Acaso las personas del Amazonas se arrastraban y descuartizaban unas a otras, se quemaban en la hoguera, se acusaban de magia negra? ¿Quién era realmente el bárbaro?

Más adelante mandó acuñar una moneda para llevarla como recuerdo. «Suspendo el juicio», ponía en ella. Se negaba a dejarse arrastrar por fanatismos y fundamentalismos. Se negaba a participar en disputas y conflictos. Se negaba a perseguir lo que los demás perseguían o a esforzarse por ganar o superar a alguien. Él mantenía la cabeza fría mientras el resto del mundo perdía la suya.

Esa disciplina, esa tolerancia, no le aportó los amigos que debería haber tenido. Se sentía un hombre sin país. Sabía que llevaba una diana en la espalda. «Fui atacado por todos —se lamentó—: para los gibelinos, yo era güelfo; para los güelfos, gibelino». Los que se niegan a elegir bando... se ganan el doble de enemigos.

Debía de sentir que estaba llegando al final del camino del servicio público: ¿cómo podía alguien ocuparse de los asuntos de Estado cuando el asesinato y la persecución se aceptaban públicamente? ¿Cuándo se había vuelto común el extremismo? ¿Cuándo había parecido tan incierto el futuro?

«Solo él sabe —escribiría el novelista Stefan Zweig, al acudir a las obras de Montaigne durante el comienzo del auge del nazismo— que nada en el mundo es más difícil y problemático que conservar impoluta la independencia intelectual y moral en medio de una catástrofe de masas». No enloquecer con la locura circundante requiere coraje, disciplina, justicia y sabiduría.

La catástrofe le llegó a Montaigne al final de la década de 1560 de una forma inesperada. Tras salir de su finca para montar a caballo, el pensador francés chocó con otro jinete a toda velocidad y cayó al suelo. Mientras sus amigos llevaban su maltrecho y moribundo cuerpo a casa, Montaigne sintió que la vida se le escapaba y que el alma casi se le salía entre los labios.

Sin embargo, también de forma repentina, la vida volvió a él, y Montaigne recibió una segunda oportunidad. «Como si estuvieras ya muerto al mundo y como si fuese el instante presente el término de la vida —escribe Marco Aurelio en las *Meditaciones*—, conviene que vivas según dicta la naturaleza el resto de lo que te quedare de vida».

Marco Aurelio es uno de los pocos estoicos al que Montaigne no cita nunca, pero captó la idea. A la luz de esa experiencia cercana a la muerte, el derecho ya no parecía tan importante. Los asuntos y rituales del tribunal debían de parecerle terriblemente ridículos, incluso grotescos.

De modo que se fue.

> En el año de Cristo de 1571 —se lee en una inscripción escrita en el latín que había aprendido gracias a los métodos de su padre—, a la edad de treinta y ocho años, en la vigilia de las calendas de marzo, el día de su cumpleaños, Michel de Montaigne, hastiado ya hace tiempo de la esclavitud del palacio y de las tareas públicas, mientras, todavía incólume, anhela refugiarse en el seno de las doctas vírgenes, donde, tranquilo y libre de preocupaciones, atravesará al fin la, ¡ay!, pequeña parte del trayecto que le queda por recorrer, si los hados así se lo conceden, ha consagrado esta sede y este dulce escondrijo de sus antepasados a su libertad, tranquilidad y ocio.

Allí, entonces, en esa biblioteca, el hombre cuya educación había sido dirigida y supervisada durante tanto tiempo tomaba plenamente las riendas de su vida. Su padre había muerto; tenía una carrera insulsa. Él también había estado a punto de morir. Había rebasado la mitad de su vida, dedicada a estudiar a otras personas, trabajando en los problemas de los demás.

En ese punto dijo «Basta» y se propuso seguir la antigua orden del gran Oráculo de Delfos: «Conócete a ti mismo».

Los primeros años después del accidente, Montaigne no hacía más que leer. En una torre de la finca que su padre le había dejado, colocó sus libros en unas largas estanterías que cubrían las paredes del edificio circular. Podía abarcar toda su biblioteca de un vistazo: miles de libros, una vida de aprendizaje dispuesta ante él. Montaigne convirtió la habitación que su padre había usado como capilla en un templo de la sabiduría. «Los libros son mi reino —dijo—. Y aquí procuro reinar como señor absoluto».

Cuando no leía, pensaba y disfrutaba de su propia compañía y de la libertad para nutrir sus pensamientos, para ejercitar la mente.

> Deambula por la estancia —narra un biógrafo que retrata a Montaigne en su elemento—, toma de los estantes un libro tras otro, los abre al azar, lee un fragmento y habla de él. Sigue expresándose con sabiduría, ingenio y gentileza mientras la luz parpadeante de la lumbre riela sobre su rostro sensible e inteligente, y la luna gascona brilla en retazos en el suelo, hasta que el mundo al que estamos acostumbrados se disuelve bajo su discurso y sus partes constituyentes se ondulan y titilan con la luz del fuego.

En las estanterías estaba el ejemplar de Terencio que había leído en la escuela. Estaban los estoicos. Estaban Lucrecio, Horacio, Virgilio y Diógenes Laercio. Estaba su querido Plutarco. «¡Qué beneficio no sacará de leer las *Vidas* de nuestro favorito Plutarco!», diría Montaigne con entusiasmo, celebrando al antiguo biógrafo no por la forma en que registró la «fecha de la caída de Cartago como las costumbres de Aníbal y Escipión; menos el lugar donde murió Marcelo como la razón por la que fue indigno de su deber».

Montaigne se había tomado el trabajo de grabar algunas de sus citas favoritas en las vigas del techo de su estudio, justo encima de los libros. Muchas eran de Sexto Empírico, el filósofo griego. *ΟΥ ΚΑΤΑΛΑΜΒΑΝΩ* («No comprendo»). *ΕΠΕΧΩ* («Me abstengo»). *ΣΚΕΠΤΟΜΑΙ* («Examino»). De Terencio: «Hombre soy, nada humano me es ajeno». De Sócrates: «La superstición sigue al orgullo y le obedece como a un padre». De Plinio: «La única certeza es que nada es cierto». Y, por supuesto, de Epicteto: «No son las cosas las que nos perturban, sino la opinión que tenemos de ellas».

¿A alguien le extraña, pues, que, cuando Montaigne se sentó a escribir, empezase por una pregunta, no por una afirmación? «*Que sais-je?*», «¿Qué sé yo?». ¿Qué sabía Montaigne de sí mismo? ¿Qué había aprendido de su singular educación? ¿Y de sus libros? ¿Y de sus padrinos campesinos? ¿Y de su padre? ¿Y de sus maestros? ¿Qué sabía, en realidad?

Alejándose de la violencia desquiciada de su época, decidió explorar la condición humana en forma de meditaciones erráticas, algunas de no más de una página y otras prácticamente de la extensión de un libro breve. Un ensayo, se llamaría.

Montaigne escribió sobre numerosos temas: el miedo, la pereza, el afecto que sentimos por nuestros hijos, la crueldad o la experiencia. También escribió sobre sus escritores favoritos y sobre los caníbales del Nuevo Mundo de los que había oído hablar. Pero los temas de esos ensayos eran, como mucho, un punto de partida: una excusa para investigar y reflexionar sobre algo que le parecía interesante. Al final, todos volvían al personaje principal de su indagación, él mismo. «Prefiero ser una autoridad en mí mismo que en Cicerón», dijo.

> Sigue el tema en cuestión como un perro joven sigue un carruaje y se desvía del camino cien veces para investigar el vecindario —escribe un biógrafo—. Su ágil mente es liviana y ligera, pero seria al mismo tiempo. Quita la cáscara de las cosas oliendo con gozo la fruta [...]. Es un pensador, un examinador, un escéptico. Ronda las convicciones, las opiniones y las costumbres de los hombres, y, al adoptar una idea, se eleva sobre ella, de una en una, como si pelase una alcachofa, la envoltura de la costumbre, de los prejuicios, de la época, del lugar. Sostiene la opinión de una escuela, la elogia y la admira, y acto seguido la opinión opuesta de otra, elogiándola y admirándola también. En su balanza compara una idea y otra, a un hombre y a otro, una costumbre y otra.

Nacer en un mundo tan caótico había brindado una oportunidad a Montaigne. Durante mucho tiempo, la Iglesia había sido la autoridad sobre todas las materias. Aun así, demasiados conocimientos se hallaban encerrados en monasterios, inaccesibles e inviables. Durante siglos, al individuo le dijeron que era insignificante. Colón y Copérnico demostraron que verdades sostenidas durante mucho tiempo como irrefutables eran ridículamente incorrectas. Preguntas básicas que hacía mucho habían quedado sin respuesta, y que sin duda permanecían sin responder, afloraban en ese instante. El mero hecho de que nadie hubiese escrito un ensayo antes es un buen ejemplo.

Mirando un día a su gato mientras lo entretenía con un juguete, se detuvo y se preguntó: «¿Quién juega con quién?». Sus ensayos están llenos de historias de animales que tienen por objeto demostrar que ahí fuera hay un mundo inmenso y hermoso que apenas conocemos, y en algunos casos que ni siquiera alcanzamos a imaginar. ¿En qué pensaba el gato cuando Montaigne jugaba con él? ¿Quién era él para ese gato? El mismo desconcierto le despertaban su anatomía, su deseo sexual, sus emociones. Él solo quería saber algo y todo al mismo tiempo.

Qué original resultaba todo. Qué novedoso, incluso transgresor. La idea de que el aprendizaje era importante, de que la verdad era importante, de que Montaigne —de que el individuo— era un tema que valía la pena explorar. Pero que parte de ello fuese sencillo, que fuese divertido, no quería decir que las respuestas fueran fáciles. Constituye «una empresa peliaguda —declaró— seguir un camino sinuoso como el de la mente y penetrar en las oscuras profundidades de sus pliegues internos». Quería que el lector supiese que era más difícil de lo que parecía.

Durante casi una década, Montaigne reflexionó en esos ensayos que llegaron a ocupar más de mil páginas. Escribía principalmente en su propio provecho, y creó con ello una suerte de peculiar «superación personal». ¿A alguien le interesaría? Mientras la guerra civil avanzaba rápido por Francia, mientras la gente luchaba por los restos de la doctrina religiosa, él se enfrentó a su propia ignorancia explorando los asuntos que hacen a los seres humanos extraños y maravillosos. Esa sería su perdurable contribución a la humanidad: él tiró de un hilo que artistas, periodistas, sociólogos, psicólogos y memorialistas han estado tejiendo desde entonces.

En 1580 publicó sus primeros ensayos, que llegaron rápido a los hogares de casi todos los caballeros cultos de Francia. El rey Enrique III leyó un ejemplar. Francis Bacon los leyó y le gustaron mucho. En 1603, cuando Montaigne fue traducido al inglés, un dramaturgo autodidacta (y también aficionado a Plutarco) llamado William Shakespeare compró una copia; de hecho, en *La tempestad* aparece un fragmento de Montaigne plagiado con habilidad, y es posible que inspirase uno de sus versos más famosos: «Y, sobre todo, esto: sé sincero contigo mismo». Los libros que Montaigne había escrito solo para él resultaron ser para todo el mundo y se convirtieron en lo que llamaríamos best sellers (y siguen siéndolo hoy).

Montaigne celebró la conclusión de su obra y su éxito haciendo algo que no había podido hacer durante años: viajar. Al parecer, tenía que ir de Francia a Italia por negocios, pero aprovechó para ver sitios nuevos y vivir nuevas experiencias; mientras tanto, no paró de aprender, escribir y asimilar cosas.

Aquí está explorando unas viejas ruinas. Aquí está debajo de un árbol leyendo un libro. Aquí está en las calles de Roma hablando en voz alta con César y Cicerón: «murmur[ando] sus grandes nombres y hac[iendo] que resuenen en mis oídos». Aquí está en una posada, con sus ensayos delante de él, contento por algo que ha escrito; si le avergüenza, no duda en cambiarlo. Aquí le asalta la inspiración, le dicta algunas frases a la página mientras viaja. Aquí está con un libro nuevo que ha comprado, y añade otro pesado volumen a sus alforjas. «Los libros son las mejores provisiones que pueden llevarse para el viaje de la vida», declaró.

Al final no consiguió retirarse por completo de la vida pública. Ningún hombre sabio puede hacerlo. Ejerció de asesor sobre fortificaciones para el Parlamento. Fue nombrado caballero de la cámara de Enrique de Navarra, el siguiente rey de Francia. Fue anfitrión de importantes invitados en varias cenas. Participó en misiones diplomáticas. Mantuvo correspondencia con las mentes más destacadas de su tiempo. Fue elegido alcalde de Burdeos, una ciudad grande e importante en la actualidad, y luego renovado en el cargo. En un momento dado, la persecución que había temido llegó: fue encarcelado en la Bastilla, pero esta vez su fama lo salvó y fue liberado por Catalina de Médici. A pesar de todo, siguió leyendo, siguió escribiendo y siguió corrigiendo sus ensayos. Incluso en los últimos meses de su vida ejerció como asesor del rey Enrique III e intentó convertirlo en un rey filósofo.

En Roma solicitó que lo nombrasen ciudadano de honor, pero en realidad ya era ciudadano del mundo. Amigo de sí mismo y de todos, vivió fuera de tiempo y lugar —residía y conversaba con «las mentes más valiosas, que vivieron en las mejores épocas»—, y así fue desde la infancia.

Dejó su impronta no en el ruedo político ni en el campo de batalla, ni siquiera en forma de adelantos científicos o de obras académicas. En lugar de eso, continuó con el experimento educativo que partía de su niñez, el proyecto de un padre para su hijo y el empeño del hijo por demostrar ser digno de todos los esfuerzos y las expectativas que sus maestros habían depositado en él. Había explorado un nuevo continente desconocido e inédito: él mismo.

Hizo más preguntas de las que llegó a responder, leyó más de lo que escribió, vio más de lo que comprendió. Intentó ponerse a sí mismo y a su época en perspectiva. «Milagro será —escribió— si dentro de cien años se recuerda, en términos generales, que en nuestra época hubo guerras civiles en Francia». Sabía que caería en el olvido. Se negó a desesperarse. Declinó dar a la humanidad por perdida. Y así se comportó como un auténtico hombre sabio.

¿Qué podemos decir que hemos aprendido de la vida de Montaigne? Primero, que la educación es algo que no termina. Sabemos que, aun siendo al principio dirigida por otra persona, la educación acaba volviendo a nuestras manos: debemos enseñarnos a nosotros mismos si queremos aprender algo. Sabemos por Montaigne que el ego es el enemigo de la sabiduría, que la vanidad es un obstáculo para el conocimiento. De su ejemplo extraemos que debemos ser siempre curiosos, siempre inquisitivos, siempre abiertos, siempre dispuestos a aprender algo nuevo. Y, por último, comprendemos que aprendemos para vivir, que todos los logros palidecen si se comparan con la más rara de las propiedades: la conciencia de uno mismo.

Su educación se inició con un planteamiento original y se basó en métodos poco convencionales, el más singular de todos que no se interrumpió nunca. De joven, dijo: «Estudiaba para presumir; luego, un poco, para volverme más sabio; ahora lo hago por diversión, nunca con fines de lucro».

Siguió aprendiendo hasta el día de su muerte. De hecho, las preguntas que formuló, el viaje interior que tan elocuentemente describió, continúa hoy en cada uno de nosotros.

Si tenemos suficiente valor y disciplina para asumir la tarea que él nos presenta.

Habla con los muertos

Venía de Fenicia. Había sido un largo viaje, de puerto en puerto por el Mediterráneo, comerciando con tinte morado, el color de las capas que llevaban los griegos más acaudalados.

Pero ese día el joven Zenón no estaba de viaje de negocios.

Mientras avanzaba por la vía Sacra hacia el templo de Apolo, sede del Oráculo de Delfos, inició los ritos sagrados lavándose las manos en la fuente sagrada. Encendió una varilla de incienso. Una luz parpadeante de antorchas bordeaba el camino al interior del santuario, donde la sacerdotisa aguardaba su pregunta.

—¿Cuál es el secreto para alcanzar la mejor vida?

—Te volverás sabio —le dijo la sacerdotisa— cuando empieces a conversar con los muertos.

A Zenón le costó mucho tiempo y un accidente terrible entender a qué se refería. A los treinta años se encontraba en la ciudad de Atenas, víctima de un naufragio y sin dinero. Pasó por delante de un librero del ágora y escuchó una historia de la vida de Sócrates.

De repente, se le reveló el significado de las palabras de la sacerdotisa.*

Sócrates llevaba muchos años muerto. Sin embargo, Zenón lo oía como si estuviese vivo. «Conversaciones con los muertos». ¡Eso es lo que son los libros!

En aquella librería, Zenón se vio rodeado de muertos: poetas y filósofos, dramaturgos y cuentistas. Desde las páginas de aquellos libros proclamaban su sabiduría y sus experiencias, sus ideas y conocimientos. Cuando leía a Platón o a Jenofonte, a Eurípides o a Homero, a Aristóteles o a Safo, podía oírlos; con la mano, podía contestarles en los márgenes.

De hecho, en la actualidad nos referimos a la lectura y al estudio de esos libros, muchos de los cuales constituyen el denominado «canon occidental», como «la gran conversación».

Sin embargo, la mayoría de la gente decide no participar. O lo hace solo de vez en cuando. Una persona normal ve una media de unas veinte horas de televisión a la semana y pasa casi cinco horas al día con el móvil. Casi nadie lee tanto.

En cambio, cuando Charles de Gaulle era presidente de la República francesa, leía de dos a tres libros a la semana y era famoso por conocer las obras ganadoras de todos los premios literarios del año. Cuando estaba en el poder, la excanciller alemana Angela Merkel leía manuales de la historia del siglo XIX de mil quinientas páginas y estudiaba a Shakespeare a fondo. Mientras era secretario de Defensa, el general James Mattis reservaba una hora al día de «tiempo para comer/leer», y logró disfrutar de los

* Da la casualidad de que la historia que Zenón oyó es la de la elección de Hércules, la que abre cada uno de los libros de esta serie.

estoicos y de cientos de libros más mientras combatía en la guerra. Napoleón se llevó ciento veinticinco libros cuando emprendió la invasión de Egipto. Franklin Delano Roosevelt logró leer el *Mein Kampf* en alemán en 1933, poco después de convertirse en presidente, en medio de una interminable y agobiante crisis económica.

Todos tenemos tiempo para leer.

Pero no lo hacemos a menudo.

Es lo más absurdo del mundo. ¡Imagina que tienes un superpoder —eres capaz de hablar con los muertos— y no lo usas! ¡Imagina que eres capaz de hablar con las personas más sabias que han existido, como dijo Tolstói, y no lo haces!

Cuando piensas en el precio que has pagado para adquirir las dolorosas lecciones personales e históricas que contienen muchas biografías, memorias y obras literarias, resulta casi insultante lo baratos que son los libros. ¿Que no te los puedes permitir? ¡En la biblioteca los tienes gratis!

Da igual que sepamos leer. Si no lo hacemos, como ha dicho el general Mattis, decidimos ser «analfabetos funcionales».

Hay muchos caminos para llegar a la sabiduría, pero casi todos pasan por los libros.

¿Se te ocurre alguna persona verdaderamente sabia que no lea? ¿Se te ocurre alguien que conozcas que lea mucho y que no desee leer aún más?

Durante su infancia en una pequeña ciudad de varios miles de habitantes, Harry Truman no solo buscaba el conocimiento en los libros, sino también una vía de evasión, la capacidad de viajar a otros mundos, de avanzar y retroceder en el tiempo. El trigésimo tercer presidente de Estados Unidos calculó que, de joven, había leído casi todos los libros de la biblioteca de dos salas de su ciudad, empezando por la sección infantil. A los quince años, había leído tres veces la *Biblia del rey Jacobo* de principio a fin, así como «todas las biografías de líderes mundiales y libros de historia que encontraba».

¿Cuál es tu edad de lectura? No a qué edad se dirige lo que lees, sino cuántos años de vida y experiencia has adquirido leyendo. Es posible que Truman fuese el adolescente más viejo que ha salido jamás de Missouri. Su hábito de la lectura no solo lo transformó, sino que le brindó la posibilidad de vivir múltiples vidas y de absorber las experiencias de generaciones enteras. ¡Y eso sin entrar en la ficción, que nos permite explorar otros mundos, especies y fantasías!

Truman, como Montaigne, también fue lector de Plutarco durante toda su vida. De niño había ahorrado para comprarse un ejemplar del historiador griego y le rogó a su padre que se lo leyese. Fue la primera de las numerosas veces que Truman bucearía en las biografías de grandes hombres y mujeres de la Antigüedad escritas por Plutarco. Una práctica que empezó como entretenimiento continuó como forma de desarrollo profesional. «Cuando me dedicaba a la política —reflexionó—, había ocasiones en que intentaba buscar la solución a un problema, y siempre podía acudir a Plutarco. Nueve de cada diez veces encontraba un paralelismo en sus páginas».*

* No solo Plutarco. Rastreando algo que Truman había dicho, un periodista encontró un libro en la Biblioteca del Congreso que nadie había sacado desde hacía muchos años. ¿La última persona que lo había leído? El senador Harry Truman en 1939.

Por desgracia, a muchas personas no les enseñan a leer, a extraer algo aprovechable de los libros que están a nuestra disposición. Ni tampoco los capacitan como lectores para abandonar libros que son una bazofia, para disentir con uno o para meterse en la madriguera del conocimiento con el fin de dominar un tema.

Como leer es una conversación, los grandes lectores no son pasivos. Pasan el libro por una criba, someten al escritor a juicio. Hacen preguntas. Contestan. Y no solo leen de vez en cuando, sino continuamente, devoran por igual obras de ficción y no ficción, de filosofía e historia, memorias y biografías, poesía y prosa.

Como Montaigne, cuyo querido ejemplar de Lucrecio sobrevive con todas sus notas, el padre fundador de Estados Unidos John Adams generó durante toda su vida lo que se conoce como «marginalia». Las páginas de sus libros demuestran que no era un lector pasivo y que no se dejaba convencer con facilidad sobre nada. «¡Tonto! ¡Tonto! —escribía—. ¡Sandeces!». Pero, cuando algo le gustaba, mostraba su conformidad con una nota y a veces otorgaba un merecido «¡Excelente!» a un escritor. En un libro sobre la Revolución francesa, John Adams escribió casi mil doscientas palabras entre notas y comentarios.

Puede que leer sea un atajo, pero aun así supone una ardua tarea.

Tarea que vale la pena.

La sabiduría que Zenón adquirió a través de la lectura, la experiencia y la pérdida personal hace veinticinco siglos no solo le salvó la vida, sino que sentó las bases del estoicismo, una tradición que sigue viva en el presente. Los libros nos permiten adquirir por poco dinero conocimientos que otra persona adquirió a través del dolor y el sufrimiento.

Piensa en todas las personas que han vivido antes que tú; piensa en la inmensidad de su vida, en lo que dijeron, en lo que escucharon, en lo que hicieron. Piensa en ellas sentadas a su mesa de escritura, esforzándose por transmitir esa experiencia a los demás. Piensa en los historiadores, filósofos y sabios que dedicaron toda su carrera a averiguar cómo ocurrieron determinados acontecimientos, por qué y cómo ciertos individuos tomaron decisiones fatídicas. Piensa en todos los libros que habían leído para crear una sola obra destilada.

Todos están muertos y enterrados desde hace mucho, pero siguen conectando con los lectores, derribando siglos y superando barreras, viajando a través del tiempo y el espacio, y la gran variedad de perspectivas que existen. Te ofrecen la mano para acompañarte en tu camino vital.

¿La aceptarás? ¿Los escucharás?

Ese gran caudal de civilización y experiencia está a nuestro alcance. ¿Nos internaremos en él? ¿Beberemos de él?

Cada uno de nosotros es único, con nuestras propias perspectivas, nuestros propios gustos y nuestras propias experiencias. Eso significa que cada libro que leemos tiene un impacto único en nosotros. También significa que, cada vez que no leemos un libro, se pierden conexiones y sabiduría. Si no tenemos cuidado, el río pasa por delante de nosotros para no regresar o no volver a presentarse jamás.

Debes leer.

Lee algo nuevo.

Lee algo viejo.

Relee algo que ya has leído.

Lee unas páginas de esto o aquello. Detente cuando un fragmento te llame la atención.

Lee algo crítico.

Lee algo hermoso.

Lee algo siniestro.

Lee algo con lo que no estés de acuerdo.

Reflexiona.

Lee más.

Repite.

Habla con los muertos hasta que mueras.

Sé curioso

Eran dos niños curiosos, así empezó todo.

Su padre había vuelto a casa de uno de sus viajes con un juguetito. Era un palo con unas gomas elásticas y dos hélices, pero volaba.

¿Cómo?

Orville y Wilbur lo observaron asombrados y jugaron con aquella máquina voladora durante horas, avivada su curiosidad de una forma que perseguirían el resto de su vida.

«No es cierto que no tengamos ventajas especiales —diría Orville después de que su hermano y él hubiesen cambiado el mundo y llevado al hombre al aire—. La mayor cualidad a nuestro favor fue crecer en una familia en la que siempre se fomentó la curiosidad intelectual».

La casa de los Wright estaba llena de libros. Tucídides. *Decadencia y caída del Imperio romano.* Milton. Las *Vidas* de Plutarco. Darwin. Dickens. Twain. Las estanterías estaban llenas de clásicos y obras científicas innovadoras para la época. Se esperaba que todos los miembros de la familia fuesen lectores.

¿Y tener un buen rendimiento escolar? Era importante, pero sus padres siempre entendieron que, si los chicos tenían un proyecto entre manos, era preferible que se dedicasen a él. Lo más importante era seguir la curiosidad de uno mismo hasta su fin natural. Aunque resultase inconveniente o acabase en desastre. «Ella nunca destrozaba algo que los chicos estaban creando —manifestó su hermana, Katharine Wright, haciendo referencia a su madre—. Cada cosita que dejaban en su camino la recogía y la ponía en una balda de la cocina».

¿Cómo consiguieron los hermanos Wright, con menos de mil dólares de su bolsillo —y sin educación universitaria— resolver el problema del vuelo tripulado antes de que lo hicieran los gobiernos de todo el mundo? ¿Cómo venció su avión a un proyecto estadounidense que costó unos setenta mil dólares (millones, en la actualidad)?

No era el dinero lo que los motivaba, aunque a la larga sus inventos los hicieron muy ricos. «Si mi padre no hubiera sido de esas personas que animan a sus hijos a dedicarse a sus intereses intelectuales sin pensar en el beneficio —contó Orville—, nuestra curiosidad por volar habría sido cortada demasiado pronto para dar fruto».

Al principio, la mayoría de las empresas, sobre todo las arriesgadas o experimentales, son poco rentables. Las probabilidades están en tu contra. Te esperan toda clase de trabajos pesados y callejones sin salida. La fascinación genuina, el deseo de saber, es la única fuerza lo bastante poderosa para impulsar a alguien a hacer un auténtico descubrimiento.

Los primeros experimentos de los Wright en Kitty Hawk y luego en Ohio no produjeron beneficios. Más bien al contrario:

los hermanos dedicaban una breve temporada a los vuelos y luego volvían a casa y trabajaban muy duro en su fábrica de bicicletas con el objetivo de reunir fondos para financiar otra ronda de vuelos. «En lugar de pensar en sacar dinero de un avión —dijo Orville—, nuestra principal preocupación siempre fue conseguirlo para invertirlo. Lo hacíamos por diversión. Era una actividad en la que gastar porque nos interesaba, como un hombre lo invierte en el golf si le interesa, sin pensar en que sea rentable».

Un general sabio dijo que el secreto del éxito en la vida es querer saber lo que hay al otro lado de la colina. No fue solo aquel juguete lo que despertó el interés de los hermanos, no era solo el enigma de volar lo que ansiaban resolver, sino que prácticamente cada máquina, artilugio y fenómeno que presenciaban encandilaba a aquellos muchachos. Les daba impulso. Iniciaba un proceso que no siempre acababa en una idea, un proyecto o un conocimiento, pero por lo general lo hacía.

Interesarse por algo es mágico. La curiosidad tiene un gran poder impulsor.

«¿Por qué funciona así?».

«¿Es posible que...?».

«Me pregunto si...».

«¡Cuéntame más!».

«¿Y si intentásemos que...?».

Interrogantes como esos les ayudaron a construir una imprenta de niños y un negocio de reparación y fabricación de bicicletas después. «La rentabilidad era algo secundario», declararon. La gente casi siempre está dispuesta a trabajar más por algo que le interesa que por algo que le hará ganar más dinero.

En materia de aviones, puede que hubiese personas más listas o mejor formadas —mientras que muchas otras estaban convencidas de que volar era imposible—, pero fueron los Wright los que solicitaron a la Institución Smithsonian todos los libros escritos sobre vuelo. Eran los Wright los que se quedaban embelesados viendo a los pájaros y tratando de averiguar su secreto. «La curiosidad, como la gravedad, es acumulativa —escribió el biógrafo de los hermanos, David McCullough—. Cuanto más sabes, más quieres saber».

¿Y tú? ¿Eres muy curioso? ¿Trasteas mucho? ¿Qué intentas descifrar?

Séneca dijo que tenemos que leer como un explorador en el campo enemigo, estudiar ideas con las que no estamos de acuerdo o adentrarnos en escuelas de pensamiento de las que no sabemos nada. Al dramaturgo Ben Jonson le gustaba esa idea, y anotaba en cada uno de sus libros —un poquito de marginalia— la versión latina de la frase de Séneca *Tanquam explorator*. «Como un explorador».

¿Lo eres tú?

A Ana Frank le mandaron en el colegio que hiciese un trabajo sobre el Imperio romano, del que ella no sabía nada. Cuando le pidió ayuda a su padre, este respondió «Bueno, a ver qué encontramos», y se fueron a la biblioteca. ¡Qué regalo más maravilloso para un niño! La idea de que todo es descifrable, de que la información que tratas de conseguir está ahí fuera, solo hay que buscarla.

Fue simple curiosidad lo que llevó a Theodore Roosevelt a los suburbios del Lower East Side. Otros legisladores se contentaban con lo que decía un informe o con el puesto que le daban sus jefes. Él quería saber más. Fue curiosidad lo que empujó a Beatrice Webb a vivir con una familia obrera en 1883 y, como consecuencia, la expuso al activismo social y a la economía. Hay que querer saber cómo vive la otra mitad; hay que interesarse por lo que supone ser otra persona o vivir en otra parte.

Los niños son curiosos. Es natural. Pero no basta con haber sido curioso. Debes mantener el fuego encendido. Debes seguir siéndolo.

La curiosidad no es algo que se cure. No es algo que se sacie. Nos lleva al otro lado de la colina... y a la siguiente, siempre que haya horizonte delante de nosotros. Nos lleva a la siguiente pregunta, al siguiente proyecto y, como resultado, indefectiblemente, a saber un poco más.

Por eso es una fuerza de realización personal tan poderosa.

Si eres curioso, es imposible que no aprendas.

Pero también se da lo contrario.

¿Qué pasa si no eres curioso?

Sabemos con certeza que no conduce a nada.

La falta de curiosidad no te lleva a ninguna parte, salvo al lugar en el que ya has estado.

Haz la pregunta

Como todos los padres, ella quería asegurarse de que su hijo aprendía. Quería que se comportase, tener la certeza de que seguía las normas. Quería que le fuesen bien los estudios para que pudiera salir adelante, para que la siguiente generación de su familia de inmigrantes alcanzase una posición.

Sin embargo, cuando Isidor Rabi volvía a casa a diario del Instituto de Formación Manual, su madre no le preguntaba por las notas. No le preguntaba qué había sacado en el examen o si no se había metido en líos. Ni siquiera, como a las demás madres judías del Brooklyn de principios del siglo XX les gustaba preguntar, si había aprendido algo.

«Izzy —decía—, ¿has hecho hoy una buena pregunta?».

No parece gran cosa, pero lo es todo. Al fin y al cabo, las preguntas impulsan el descubrimiento, plasman la curiosidad. Las preguntas sobre todo tipo de temas, de las ideas a las personas, fueron la clave de la sabiduría de Sócrates.

«Es la esencia de la ciencia —afirmó otro científico inmigrante judío de esa época, Jacob Bronowski—; haz una pregunta impertinente y estarás en el camino de la respuesta pertinente».

No todas las preguntas tienen que ser penetrantes o incisivas. Pueden ser simples: «¿Qué quieres decir?». Pueden ser inquisitivas: «¿Cómo funciona eso?». Pueden buscar la claridad: «Perdona, no lo entiendo. ¿Puedes explicarlo de otra forma?».

En el caso del joven Isidor, este énfasis en hacer preguntas se tradujo en un rendimiento académico soberbio. Hacía incursiones en la biblioteca local en busca de libros sobre ciencia. Publicó su primer artículo científico en la escuela primaria. Sus notas le permitieron entrar en Cornell, luego en la Universidad de Columbia y después en todos los grandes institutos de Europa. Trabajó como consultor en el Proyecto Manhattan y asesoró a Eisenhower. Su grupo del MIT contribuyó al desarrollo del radar. Colaboró con algunas de las mentes científicas más renombradas, como Niels Bohr y J. Robert Oppenheimer. Su afán por preguntar, indagar y averiguar cosas lo convirtió en uno de los mejores físicos de su tiempo, circunstancia que le granjeó la candidatura de Albert Einstein al Premio Nobel en 1940 y el propio Premio Nobel en 1944. Su trabajo permitió la invención de la resonancia magnética.

Las preguntas son decisivas no solo para el conocimiento, sino también para el éxito, el descubrimiento y la maestría. Nos permiten aprender y mejorar.

Nacemos llenos de preguntas. Queremos saber los nombres de las cosas. Queremos saber cómo funcionan. Y, sobre todo, queremos saber por qué, por qué, por qué. Pero muchas personas pierden ese impulso a medida que crecen. «Creo que los físicos son los Peter Pan de la humanidad —dijo Isidor en una ocasión—. Nunca crecen y conservan la curiosidad».

Sin embargo, a muchos niños les arrebatan esa curiosidad, erradicada por adultos que, frustrados por las exigencias de la vida, los despachan con respuestas como: «Porque lo digo yo». Al final, los niños dejan de preguntar.

Debemos luchar por conservar la parte de nosotros que se atreve a preguntar.

Richard Feynman fue otro gran científico de la época de Jacob Bronowski e Isidor Rabi. Desde muy tierna edad, su padre no solo lo animó a hacer preguntas, sino que le enseñó el arte de preguntar. Nunca le ordenó que dejase un tema ni respondió «No lo sé» a menos que fuese para investigar algo juntos.

Le gustaba llevar a su hijo a dar largos paseos por el bosque. «¿Ves ese pájaro? —le preguntaba—. ¿De qué clase es?». En realidad, no lo hacía para examinarlo, porque muchas veces le gustaba inventarse los nombres. «Puedes saber el nombre de todos los pájaros en todos los idiomas del mundo —decía—, pero eso no te dirá absolutamente nada». Lo que de verdad quería averiguar con su hijo era por qué un pájaro se picotea las plumas. Se sentaron juntos a mirar. ¿Era para arreglarse las plumas después de volar? ¿Era una conducta de apareamiento? Ninguna de las dos opciones parecía correcta. Tras observar e investigar un poco, dieron con la respuesta. Ah, el pájaro se estaba quitando los piojos. ¡Genial!

Gracias a ello, Richard aprendió a fijarse en las cosas pequeñas y a profundizar en lo que advertía, y también se dio cuenta de que los descubrimientos interesantes eran el resultado de ese proceso. Las preguntas daban lugar a otras, y eso era bueno. Su padre quería que también se fijase en las cosas grandes, aquellas que se podían pasar por alto si uno no se concentraba demasiado en lo que tenía delante.

—¿Qué hace que el juguete funcione? —le preguntaba su padre.

—El juguete funciona porque le doy cuerda.

—¿Cómo se ha tensado el muelle?

—Yo lo he tensado.

—¿Y cómo te has puesto tú en marcha?

—Porque he comido.

—Y la comida solo crece porque brilla el sol.

Richard Feynman ganaría el Premio Nobel, pero de niño era su padre el que le planteaba las preguntas.

Incluso incitaba a su hijo a que cuestionase títulos y premios. Un día señaló una foto del papa en el periódico y le preguntó: «Aquí hay un ser humano de pie y todos estos otros se inclinan ante él. A ver, ¿qué diferencia hay entre uno y los otros?». Ante la incapacidad de Richard para contestar, su padre —un vendedor de uniforme— bromeó diciendo que la única diferencia era el gorro que al papa le dejaban llevar.

Con el tiempo, esa costumbre arraigó.

—Papá, me he fijado en una cosa —le dijo Feynman un día, arrastrando un juguete—. Cuando tiro de la carretilla, la pelota se va a la parte de atrás. Y cuando tiro y me paro de repente, la pelota se va a la parte de delante. ¿Por qué pasa eso?

—Nadie sabe exactamente por qué —le dijo su padre, dándole su primera lección de física—, pero el principio general es que las cosas que están en movimiento tienden a seguir moviéndose, y las cosas que están quietas tienden a quedarse quietas.

A menos que las empujes fuerte. Esa tendencia se llama «inercia», pero en realidad nadie sabe por qué es así.

Lo que a Feynman se le quedó grabado de ese episodio fue que su padre no se limitó a contestarle, no se limitó a decirle el nombre del fenómeno, sino que lo ayudó a entenderlo. Mejor aún, le permitió atisbar el misterio del asunto, algo que él perseguiría toda la vida.

Preguntar da lugar a respuestas, y las respuestas dan lugar a más preguntas. De no saber, pasamos a saber, y, con el tiempo, a la verdad. Por eso debemos comprender que no existen las preguntas estúpidas. De hecho, una persona solo se vuelve lista al hacer preguntas. Cuanto más impertinentes e incesantes, mejor.

Debemos hacer preguntas cuando somos jóvenes, y también tenemos que ser lo bastante humildes para plantearlas cuando somos viejos, poderosos e instruidos. Marco Aurelio reparó en la forma en que Antonino, su predecesor como emperador y mentor durante veinte años, hacía «preguntas inquisitivas en las reuniones» y «casi nunca quedaba contento con las primeras impresiones o con la interrupción prematura de un diálogo».

Quien se suponía que debía tener todas las respuestas, que debía tomar todas las decisiones importantes, también tenía muchas preguntas, como nos corresponde a todos.

Preguntamos. Nos preguntan. Es un bucle infinito de aprendizaje e indagación.

Años más tarde, cuando Feynman volvió a casa tras estudiar en el MIT, su padre tenía una pregunta para él.

—Ahora que has aprendido sobre estas cosas —dijo—, hay una pregunta que siempre me he hecho sobre algo que nunca he entendido muy bien. Tengo entendido que, cuando un átomo pasa de un estado a otro, emite una partícula de luz llamada «fotón». ¿El fotón ya estaba en el átomo?

—No —respondió Feynman—, antes no había fotón.

—Vaya —dijo su padre, no del todo satisfecho—, ¿de dónde viene entonces? ¿Cómo sale?

De ese modo, la educación universitaria del genio se reveló insuficiente, y el físico tuvo que ponerse a pensar en otra forma de explicar física avanzada a su siempre curioso padre.

Concéntrate, concéntrate, concéntrate

Cuando en 1864 Samuel Scudder se presentó a la entrevista para un puesto a las órdenes del gran biólogo de Harvard Louis Agassiz, probablemente esperaba que le preguntase por sus conocimientos o que le plantease un problema difícil para que lo resolviera.

Durante la primera parte de la prueba, Agassiz confirmó que Scudder sabía suficiente griego y latín para sentirse a gusto con la clasificación. Le hizo algunas preguntas sobre las últimas investigaciones y averiguó sobre cuánto había leído. Le complació saber que Scudder estaba entrenado en esgrima.

Pero entonces la conversación dio un extraño giro. Agassiz buscó algo detrás de él, extrajo un pez de un tarro de alcohol y lo colocó en una pequeña bandeja delante de Scudder. «Mire el pez», fue su única instrucción antes de salir de la estancia.

¿Cuánto tiempo puedes estar contemplando un pez? Pasaron las horas mientras Scudder luchaba contra el aburrimiento. Lo levantó, le dio la vuelta y le metió los dedos en la garganta. Seguía sin haber ni rastro de Agassiz. Empezó a contar las escamas. Luego dibujó el pez.

Cuando Agassiz volvió, no se mostró impresionado. «No ha mirado usted con mucha atención —dijo—. Ni siquiera ha visto uno de los rasgos más destacados del animal, que está delante de sus narices, como el propio pez; vuelva a mirar, ¡vuelva a mirar!». Acto seguido, se fue.

A la tarde siguiente, se repitió la misma situación.

—¿Lo ve ya? —inquirió Agassiz.

—No —contestó Scudder—. Estoy seguro de que no, pero me doy cuenta de lo poco que vi ayer.

Otro día, y tras algunos largos paseos, Scudder pensó que tal vez había visto algo.

—¿No se referirá a que el pez tiene lados simétricos con órganos pares? —le preguntó a Agassiz.

—¡Eso está muy bien, eso está muy bien! —recordaba Scudder que le dijo Agassiz—; pero eso no es todo; continúe.

En total, pasó tres días con aquel pez, sin poder mirar nada más. Sus únicas instrucciones fueron: «Mire, mire, mire».

¿Y al final qué descubrió Scudder?

Nada en absoluto. Como él mismo relató, se trataba de una lección más profunda, tal vez la más importante que recibió en su carrera como científico: el poder de la concentración. La importancia de mirar con atención, con entrega y sin interrupciones algo tan simple y corriente como un pez para verlo realmente. Fue «una lección que ha influido en los detalles de todos mis estudios posteriores; un legado que el profesor me dejó, como les ha dejado a muchos otros, de un valor inestimable, que no podríamos haber comprado con dinero y del que ya no podemos separarnos».

La concentración es la aptitud de la que depende la sabiduría. No solo durante unos minutos, sino durante días, meses e incluso años. Mirar un pez durante tanto tiempo sin distracciones requiere cierta paciencia y determinación que resultan de ayuda si quieres dedicar la vida a la biología.

La concentración y la inversión de tiempo son imprescindibles en cualquier trabajo. «Para trabajar bien en el campo de la física —dijo Feynman—, necesitas mucho tiempo [...] hace falta mucha concentración».

Eso no solo puede aplicarse a la física. Según algunos, el gran jugador de fútbol americano Jim Brown era a veces frío o distante en el campo de juego, como si no prestase atención. En realidad, sucedía todo lo contrario, como más adelante le dijo el jugador al escritor Alex Haley. «Estaba concentrado mentalmente».

La concentración exige esfuerzo. Es tan dura como cualquier proeza física, muy difícil de mantener en nuestro mundo algorítmico. Pero también puede ser una fuente de alegría, consuelo y belleza.

La concentración es un ritual. Maquiavelo, que vivió en una época tan violenta y complicada como la de Montaigne, escribió sobre su ritual diario. En una etapa en particular oscura de su vida, en la que había perdido su importante puesto en la corte de Florencia, vivió exiliado en la campiña, lejos de la sede del poder y de los lujos de la vida urbana. Cuando volvía a casa del campo o de trabajar en la posada de la zona, antes de entrar en su estudio, Maquiavelo se quitaba las botas y la ropa salpicada de barro. Hasta que no se limpiaba y se cambiaba, no estaba listo para zambullirse en sus libros: «Entonces, dignamente ataviado, entro en las cortes de los hombres antiguos, donde, recibido por ellos con amabilidad, me deleito con ese alimento que es solo para mí, para el que yo nací. Y no me avergüenzo de hablar con ellos ni de preguntarles por las razones de sus actos. Y ellos, por humanidad, me responden. Durante cuatro horas no siento aburrimiento, me olvido de toda ambición, no temo a la pobreza, no me da miedo la muerte: todo mi ser se transfunde en ellos».

¿Cuatro horas de concentración y estudio ininterrumpidos?

Sí.

Cuatro horas de libertad. Cuatro horas de viaje en el tiempo. Cuatro horas de conversación con los muertos.

Imagina lo que podrías hacer si lograses ese nivel de entrega y concentración.

«Si quieres darle a un pájaro que está volando, debes enfocar toda tu voluntad», afirmó Oliver Wendell Holmes, juez del Tribunal Supremo de Estados Unidos. No puedes estar pensando en ti. No puedes estar pensando en otras diez cosas. No puedes prestar atención a medias. Tienes que seguir, apuntar y disparar con un movimiento rápido y fluido: una coordinación perfecta de mente y cuerpo. «Cada logro —declaró— es un pájaro volando».

Descubrir algo nuevo. Establecer una relación sorprendente. Colocar las palabras en el orden exacto. Dar con la nota adecuada. Ver el panorama completo. Resolver ese problema tan molesto. Ver de verdad lo que tienes ante ti. Esas cosas son pájaros volando.

Sin concentración, se te escaparán.

Pero uno no nace con esa aptitud. Es algo que hay que entrenar.

La célebre artista Marina Abramović es en esencia una atleta. Las demostraciones de fuerza de sus más famosas *performances* son tanto mentales como físicas. Estar sentada delante de completos extraños durante horas sin distraerse requiere una concentración increíble. En una de sus piezas, vivió durante doce días en lo que de hecho era una maqueta situada a casi dos metros del suelo. Entre tanto, el sonido de un metrónomo marcaba el ritmo de forma metódica. Imagina lo despacio que transcurría el tiempo, no poder comer, ni hablar, ni siquiera escribir. La única forma de salir era bajando por una escalera de mano... hecha con cuchillos de carnicero. La artista debía concentrarse y hacer caso omiso al aburrimiento y al dolor, sin nada más que sus pensamientos y su vida interior para mantenerse ocupada. Además de aguantar y sobrevivir a esas experiencias, hay que pensar en la creatividad que requiere concebirlas en primer lugar.

Una vez más, ella no nació así. Entrenó esa destreza en sí misma y en sus alumnos. Se trata de una técnica distinta de la de Agassiz. En lugar de hacer mirar fijamente un objeto a sus discípulos, podía pedirle a un aspirante a artista que anduviese hacia atrás durante mucho rato al tiempo que sostenía un espejo, de manera que empezara a observar la realidad como un reflejo. O podía llevarlos a un bosque, vendarles los ojos y decirles que se las apañasen para volver a casa. «Como una persona ciega —dijo—, un artista tiene que aprender a ver con todo el cuerpo». Podía mandarles que hiciesen algo muy despacio y obligarlos a percibir cada mínimo instante del acto de beber, ducharse o incluso ir al cuarto de baño. Después de abrir despacio una puerta durante tres horas, concluyó: «Esta puerta ya no es una puerta».

Eso es lo bueno de la concentración. Unas veces te ayuda a ver lo que hay. Otras te permite ver lo que no hay.

Una existencia caótica, una mente indisciplinada, un periodo de atención breve; esos son los enemigos de la sabiduría. Impiden que hagamos todo lo que podemos hacer. Leonardo da Vinci era brillante. Cuando quería, se concentraba, pero también dejó muchas de sus mejores obras incompletas porque, a veces, saltaba al siguiente proyecto. En los siglos posteriores, da miedo pensar en cuántos descubrimientos fueron interrumpidos por una llamada de teléfono, cuántas conexiones se perdieron porque el papel en que estaban escritas se quemó en una mesa, cuántos detalles pasaron desapercibidos, cuántas ideas quedaron sin expresar.

Sin concentración y presencia, estamos perdidos.

De modo que mira.

Mira, mira, mira.

Vuelve a mirar.

¡Concéntrate!

Aprende a escuchar

Zenón hablaba con los muertos. Fue discípulo de Crates.

Luego, con el tiempo, abrió su propia escuela en el centro del ágora ateniense, bajo un pequeño pórtico en el que sus alumnos y él se sentaban a hablar.

Allí, en la *stoa poikile*,* enseñó a dos aprendices muy distintos.

Aristón era un alumno brillante y osado, un talento de los que solo se dan una vez en cada generación. Era un firme partidario del estoicismo, pero lo que más le gustaba era discutir. Discutía con sus compañeros. Discutía con su maestro. A menudo tenía razón y ganaba, pero, más aún que ganar, lo que a Aristón le gustaba era hablar, nada más. Era famoso por sus largos discursos y sus interminables digresiones. En desacuerdo casi por naturaleza con la máxima de Zenón que dice que tenemos dos orejas y una boca por un motivo, Aristón hablaba mucho más de lo que se molestaba en escuchar.

* La palabra griega *stoa*, que significa «pórtico», es la raíz del término «estoico».

Al mismo tiempo, Zenón tenía otro alumno que muchas veces parecía menos prometedor. Cleantes llegó a la filosofía a una edad más avanzada. No era un chico brillante, sino un trabajador manual que llevaba agua a los jardines de los atenienses ricos. No tenía una gran presencia en la *stoa*, y desde luego no interrumpía con desagradables discrepancias. Lo que hacía Cleantes era quedarse sentado escuchando... durante veinte años.

Lo absorbía todo, en miles de clases, miles de largos paseos, miles de interacciones. A veces nos referimos a un gran oyente de su perfil como una «esponja», pero Zenón tenía una analogía más precisa. «Cleantes —dijo una vez— es como una tabla de cera: cuesta escribir en ella, pero, una vez grabada la letra, queda allí para siempre».

Por otra parte, algunos compañeros de Cleantes cometían el mismo error en el que incurren hoy los universitarios ignorantes con colegas más mayores: lo juzgaban por ser viejo y por estar fuera de lugar. Lo apodaban el Burro porque aprendía despacio. Cualquiera que haya pasado tiempo en compañía de burros sabe que están en una increíble sintonía con lo que ocurre a su alrededor; además, son resueltos y de mentalidad independiente. Cleantes siempre contestaba algo así como: «Sí, es bueno que sea un burro, porque significa que soy lo bastante fuerte para soportar la carga».

Y eso es precisamente lo que hizo tras dos décadas de estudio y aprendizaje, porque fue a Cleantes, no a Aristón, a quien Zenón le confió el futuro del estoicismo.

¿Qué sentido tiene ir a la escuela o encontrar a un mentor si no vas a escucharle? Cuando hablas, lo que haces es no oír. Cuando abrimos la boca, cerramos las orejas.

En realidad, lo que hacemos es cerrarnos puertas. Podríamos haber aprendido algo. Podríamos haber conocido la perspectiva de otra persona. Podríamos haber escuchado su experiencia. Podríamos haber recibido su consejo.

Cuando no hablamos, no podemos buscarnos problemas. Cuando escuchamos, cedemos ese riesgo a otra persona.

Sin embargo, la inseguridad nos hace parlotear. Estamos sentados delante de alguien inteligente, de una persona a la que admiramos, y de repente se lo contamos todo sobre nosotros. Es posible que ni siquiera nos demos cuenta de la destreza con la que ella, más disciplinada y curiosa, nos hace preguntas, aunque nosotros seamos menos interesantes o expertos. Hasta que no volvemos al coche, no caemos en la cuenta: «Hemos acaparado la conversación. No hemos aprendido nada nuevo. Nos lo hemos perdido».

¿Qué podríamos haber sacado de ahí si hubiésemos sido más receptivos, si nos hubiésemos interesado más por esa persona que por el sonido de nuestra voz?

Acuérdate del espartano al que le preguntaron si era tonto porque no había abierto la boca durante una cena: «Una persona tonta no habría podido quedarse callada», dijo, y siguió escuchando. «Dedícate solo a escuchar —recomendó Jefferson a su nieto—. Guárdatelo todo y esfuérzate por desarrollar el hábito del silencio, sobre todo en la política». Eso es lo que hizo Gandhi cuando se marchó de Sudáfrica y volvió a la India como un célebre activista. A petición de uno de sus más cercanos asesores políticos, Gandhi no dio discursos ni se embarcó en nuevas campañas durante casi un año. En vez de eso, viajó por el país —en el que no vivía desde que había salido de la facultad de Derecho—

con «las orejas abiertas, pero la boca cerrada». Era el equivalente de una gira de escuchas o una misión de reconocimiento. Es una lástima que esas frases se hayan convertido en clichés políticos: son esenciales y rara vez se ven en la práctica.

¿Cómo puedes ordenar nada si no escuchas a las personas a las que vas a mandar? ¿Por qué intentas resolver un problema antes de preguntar qué han probado ya los demás? ¿Qué información estás desplazando con toda tu cháchara?

A Cleantes le gustaba una cita de Sófocles: «Silencio, silencio, apoyad con suavidad la suela del zapato».

Es la actitud de un gran oyente. Es una vía al aprendizaje.

No solo nos referimos a asentir con la cabeza. Ser un oyente no es ser pasivo. «Acostúmbrate a prestar la máxima atención a lo que dice el otro», escribió Marco Aurelio en las *Meditaciones*. En ese libro podemos ver, sobre todo en el primer capítulo, lo mucho que el autor aprendió de sus maestros y mentores a lo largo de los años. No se limitaba a asentir con la cabeza. No, él tomaba lo que decían y pensaba en ello. Lo anotaba. Años más tarde seguía debatiéndolo, tratando de ponerlo en práctica y darle su propia interpretación.

Hay muchos grandes habladores en este mundo.

No hay suficientes oyentes.

De niña, Maya Angelou se convirtió, según sus palabras, en «una oreja gigante que podía absorber todos los sonidos». Su infancia fue terrible y oscura, pero el tiempo que pasaba en su cuarto era un solaz: respiraba poesía, escuchaba las voces de su casa, de la calle, de la radio. «Escuchaba los acentos —relató—, y sigue gustándome cómo suenan los seres humanos. No hay voz humana que no me parezca hermosa. Las adoro, y tengo tanta facilidad para aprender idiomas porque me encanta la forma de hablar de la gente. Todavía me entusiasma que cualquier ser humano hable o cante».

A nuestro alrededor hay personas que saben mucho, que saben más. A nuestro alrededor hay experiencia y lecciones aprendidas con esfuerzo. Las opiniones lo impregnan todo. Por cada acción que realizamos, hay una reacción.

Pero casi todo eso es sutil.

El mundo nos habla siempre, pero a menudo lo hace susurrando. La mayoría de los maestros no se repiten, no nos ruegan que nos sentemos, nos callemos y escuchemos.

Somos nosotros los que tenemos que hacernos cargo de eso.

Debemos ser receptivos.

No seas un bocazas. Sé una oreja gigante.

Habla menos. Escucha.

Crea un segundo cerebro

Todo empezó cuando la madre de Joan Didion le dio a su hija una libretita con la esperanza de mantener ocupada a aquella precoz niña de cinco años.

Ochenta y dos años más tarde seguiría llenando cuadernos enteros. Los usaba como reportera y novelista, y volvía a ellos para recuperarse del dolor. Los utilizaba cuando iba de viaje. Le servían para procesar sus pensamientos después de las sesiones con su terapeuta. A lo largo de los años escribió tantísimos que perdió la cuenta. Cuando murió de la enfermedad de Parkinson, sus herederos tuvieron que decidir qué hacer con todos los cuadernos en blanco que dejó. Sin duda, Joan pensaba continuar, puesto que creía que había mucho más por observar y anotar.

Didion apuntó en esos cuadernos, y también en fichas, suficientes ideas y comentarios como para escribir cinco novelas, trece libros de no ficción, guiones como el de la película *Ha nacido una estrella* e innumerables artículos. Como para todo creativo, las anotaciones en esas libretas eran su materia prima o, si empleamos un término más moderno, un «segundo cerebro» en el que podía confiar para su trabajo y su vida.

En un famoso ensayo, se refirió a los cuadernos como una especie de fondo para emergencias al que había estado haciendo aportaciones desde que su madre le regaló aquella primera libretita en 1939: «Una mañana en la que parece que al mundo le han arrebatado sus maravillas, un día en el que hago de forma automática lo que se supone que tengo que hacer, que es escribir..., en esa terrible mañana, tan solo tengo que abrir el cuaderno y allí está, un texto olvidado con intereses acumulados, el billete de vuelta pagado al mundo exterior».

Durante cientos de años, los amantes de los libros y las ideas han tenido lo que se llama un «cuaderno habitual» en el que recopilan observaciones, citas, ideas, entradas de diario y anécdotas que quieren preservar. Ya en tiempos de los griegos y los romanos, el *ars excerpendi* —el arte de anotar— era una habilidad que se enseñaba. «No leas nunca sin tomar notas», aconsejaba Plinio el Viejo en el siglo I.

La tradición continúa, se aprenda o no en el colegio. Ana Frank llenó su diario de fragmentos de las biografías y de los libros de historia que leía, destacaba frases que le gustaban y anécdotas que significaban algo para ella. Cuando era joven, el futuro general James Mattis hizo autoestop para escuchar una charla del filósofo Eric Hoffer. Después, Hoffer —quizá el único filósofo que también trabajó como estibador—, le dio a Mattis un consejo que le cambió la vida: «Asegúrate de apuntar todo lo que te parezca interesante». El resultado fue una serie de carpetas de anillas que Mattis llamó «Libro de sabiduría», al que recurría cuando creaba estrategias de combate, sopesaba decisiones difíciles, escribía discursos o redactaba órdenes.

Montaigne comenzó con ese hábito más o menos a la misma edad, y sus primeros ensayos, repletos de citas, parecía haberlos arrancado directamente de su cuaderno habitual. Emerson se refería a sus diarios como su «caja de ahorros», y es cierto: muchos de sus mejores escritos y conferencias, desde reflexiones espontáneas de citas que le gustaban hasta asuntos que despertaban su curiosidad, aparecieron por primera vez allí. Pero, a medida que fue desarrollando el hábito, se topó con el problema que experimenta todo ávido redactor de cuadernos habituales: ¿cómo localizar dónde está cada cosa? Emerson llegó a tener cientos de cuadernos que llenaban varias estanterías, así que, a finales de la década de 1830, empezó una libreta por separado que servía como índice para todas las demás. Una década más tarde, se convirtió en una lista de temas de cuatrocientas páginas en la que indicaba el lugar exacto de los diarios donde encontrar el mejor material.

Los cuadernos habituales de John Adams representaban su búsqueda para «examinar cómo piensa el hombre». En esas páginas halló los secretos y el conocimiento sobre la grandeza que aplicaría en su trabajo y su esfuerzo por formar un gobierno basado en ideas que trajeran paz y prosperidad a millones de personas.

No basta con leer. Es necesario captar y registrar la información para recurrir a ella más tarde. Al igual que la lectura, los viajes nos ofrecen mucho material para un uso futuro, pero ¿cuánto de lo que vivimos en ellos lo olvidamos de inmediato? Lo mismo puede aplicarse a las conversaciones, las enseñanzas y las experiencias. Si no lo apuntas, ¿acaso ha sucedido?

«Una colección de anécdotas y máximas es el mayor tesoro para un hombre de mundo», dijo Goethe, porque podemos recurrir a ella en una conversación y en momentos de crisis personal. Esa pequeña epifanía que tuvimos durante una excusión. Ese consejo que nos dio nuestra abuela antes de morir. Ese error que cometimos y no queremos repetir. Ese instante fugaz de paz y felicidad serena. Ese hermoso pasaje de la novela que leímos en las vacaciones.

Anótalo. Anótalo. No le confíes nada a la memoria. Atrápalo antes de que se escape.

Hazlo como mejor te funcione. Mattis usó carpetas de anillas. Emerson tenía sus diarios y el índice. Hay personas que utilizan aplicaciones o programas informáticos. Los florentinos crearon el *zibaldone* —probablemente lo primero que podemos reconocer como similar a un cuaderno moderno— a principios del siglo XIV, diseñados para pasarse y continuarse de generación en generación en una misma familia.

Existe un sistema alemán del siglo XVI, llamado *zettelkasten*, que consiste en usar unas fichas que suelen guardarse en cajitas. El biólogo Carl Linnaeus tenía su propia versión de este sistema. Y también Ronald Reagan, quien a lo largo de su carrera política recogió anécdotas y citas en pequeños álbumes de fotos que luego aprovechaba para sus discursos. En una ocasión, Didion le aconsejó a un joven estudiante que trabajaba en una gran historia que lo pusiera todo en fichas: «Después espárcelas por el suelo para ver cómo puedes encajarlas con los espacios en medio; es como cuando organizas los retazos de una colcha de *patchwork*». Cuando murió la humorista Joan Rivers, tenía más de un millón de fichas mecanografiadas. Y Eric Hoffer, que había animado a

Mattis a escribir sobre lo que leía, completó más de cien cuadernos con ideas, junto con varios archivadores metálicos que contenían tarjetas llenas de citas que creía que algún día quizá necesitase.

Valora todos los sistemas, pero crea el tuyo. Uno que de verdad vayas a usar.

Porque de eso se trata. Ya estemos comenzando una obra creativa o intentemos resolver un problema complejo, nunca deberíamos empezar desde cero. En algún momento de la vida terminaremos viendo, leyendo u oyendo algo que nos irá bien para esa situación. Pero ¿lo recordaremos? ¿Tendremos acceso a ello?

Montaigne había leído varias veces su ejemplar de Lucrecio, que muestra su evolución como pensador y como persona. Ana Frank, si no la hubieran asesinado, se habría convertido en una magnífica escritora. Las páginas que le ofrecieron consuelo en aquella época también la habrían hecho recordar años más tarde.

Guardamos los cuadernos, sí, pero, al final, ellos nos guardan a nosotros.

Cada acontecimiento, cada intercambio, cada momento que creemos que es lo bastante importante como para anotarlo es una idea de las personas que somos en un instante que jamás se repetirá. Al apuntarlo, nos conservamos para nuestro futuro yo... y tal vez también para las generaciones futuras.

Encuentra tu aula

Claude Monet quería ser artista. Desde muy temprana edad, sus caricaturas llamaron la atención y le hicieron ganar bastante calderilla. Un pintor con talento le dijo al chico en privado que, sin duda, tenía un don. «Espero que no te quedes ahí —le dijo a Monet—. Estudia, aprende a mirar y a pintar, dibuja y crea paisajes».

Pero el muchacho siempre había sido un rebelde, así que, a pesar de su talento natural, no le entusiasmaba la idea de estudiar, en especial de la manera en que habían aprendido muchos de los grandes pintores del pasado, bajo la dirección de un estricto maestro. A favor de sus padres hay que decir que le ofrecieron llevarlo a la École des Beaux-Arts, la escuela de arte más prestigiosa del mundo, pero el mero hecho de pensarlo llenaba a Monet de temor y desinterés. Desde muy pequeño, lo único que le gustaba era estar al aire libre, correr sobre los acantilados de Normandía y chapotear en el agua. La escuela y el estudio eran como una prisión para él.

El curso de su vida se decidió al cumplir los veinte, cuando el ejército francés lo llamó a filas para permanecer allí siete años.

Sus adinerados padres, a los que les preocupaba que su hijo estuviera malgastando su vida, vieron su oportunidad de intervenir. «Deja esa absurda fantasía bohemia —le dijeron— y pagaremos para que salgas del ejército. Tómatelo en serio y ve a una escuela de verdad».

El ultimátum fue que, si no lo hacía, lo desheredarían.

Sin embargo, para Monet, el ejército era el aula en la que quería estar. «Un amigo mío que estaba en los Chasseurs d'Afrique y que adoraba la vida militar me transmitió su entusiasmo, me contagió su pasión por la aventura —cuenta en sus memorias—. Nada me parecía más atractivo que las interminables caminatas bajo el gran sol, los ataques, el crepitar de la pólvora, el ruido de los sables, las noches en el desierto bajo las lonas...».

Ignoró la amenaza de sus padres y pidió que lo trasladaran al regimiento africano, el tipo de destino peligroso que todos trataban de evitar.

«En Argelia pasé dos años fascinantes —contó Monet—. No dejaba de ver cosas nuevas, e intentaba representarlas en los momentos de ocio. No te imaginas hasta qué punto aumentó mi conocimiento y lo mucho que se amplió mi forma de ver el mundo». Aunque su intuición lo había llevado a África, no pudo ni imaginarse lo mucho que aprendería. «Las impresiones de luz y color que recibí allí no se clasificarían hasta más tarde —dijo—. Contenían el germen de mis investigaciones futuras».

No es de extrañar que generaciones pasadas recurrieran a la fuerza física para lograr que sus hijos estudiaran, a pesar de lo inadecuado que nos resulte a muchos. Todo está teñido de tiranía: «Siéntate». «Cállate». «Lee esto». «Mira esto». «Intégrate». «Compórtate». «Presta atención». «Actúa». «Realiza el examen».

«Haz los deberes». «Asiste a la conferencia». «Oye, deja de mirar por la ventana». «Oye, deja de perder el tiempo». «Oye, mira qué notas has sacado, eres un desastre». «Oye, el curso que viene te toca volver y repetir todo lo que has hecho».

Por definición, el arte de Monet —la pintura de paisajes— era algo que se hacía al aire libre... Pero, aun así, ¡sus padres querían mandarlo a pasar años dentro de viejos edificios sofocantes!

Por tanto, el mérito es de Monet, que incluso a una temprana edad pareció comprender no solo lo que necesitaba aprender, sino dónde y cómo hacerlo. No se limitó a rechazar lo que no le gustaba, sino que encontró lo que le apasionaba, lo que le iluminaba de forma literal y figurada. Siempre le habían fascinado los cuadros de Delacroix sobre Argelia, y allí, sobre el terreno, aunque la mayor parte del tiempo estaba ocupado con las tareas del ejército, vivía dentro de aquellas obras. Se bañaba en esa luz. Desarrollaba sus métodos, sus percepciones, incluso su resistencia y su fuerza. Allí aprendió no tanto a cómo hacer los paisajes por los que más tarde sería famoso, sino algo esencial: aprendió a ver lo que pintaría en ellos durante el resto de su carrera.

Ese es el quid de la vida: encontrar el aula que te vaya bien, que te permita tomar las riendas de tu educación.

Porque la educación no es algo que recibes, es algo que tomas. Es algo que creas.

Está ahí, si la quieres de verdad.

Leonardo da Vinci era hijo ilegítimo, y eso implicaba que no podía asistir a la universidad en la Italia del siglo XV. Así que tuvo que aprender por sí mismo. El mundo se convirtió en su aula. El filósofo Eric Hoffer tampoco fue a la universidad. En su lugar, pasó la Gran Depresión trabajando en campos de migrantes y ciudades mineras. Estuvo veinticinco años trabajando como estibador y, mientras tanto, leyó mucho, pero sobre todo aprendió de las personas que conoció y de su lucha por sobrevivir al margen de la sociedad.

Para algunos de nosotros, nuestra aula tal vez está en las filas del ejército o en un equipo de trabajo. Para otros, es dejar la universidad y crear una empresa. Algunos aprendemos de alguien la profesión que queremos. Otros siguen en el mundo académico hasta el final para obtener todos los títulos superiores imaginables. No hay un único modo de hacerlo. No existe un camino mejor que otros.

Encuentra el lugar de aprendizaje que sea idóneo para ti y preséntate allí.

Aunque tus padres o los expertos intenten detenerte. Aunque vaya en contra de las expectativas de la sociedad.

Piensa en las personas que leen en la biblioteca de la cárcel. Piensa en cuántas nacieron en circunstancias desfavorables, cuántas no tuvieron acceso al colegio ni a maestros, cuántas sufrieron discriminación o degradación por la esclavitud o cuántas lucharon a pesar de las dificultades de aprendizaje o la pobreza, pero se las ingeniaron para abrirse camino hacia el aprendizaje, los libros, los mentores y el conocimiento.

Sin duda, fue difícil para ellos, pero tuvieron una ventaja: más tiempo. Más libertad. Más urgencia. Menos expectativas. Menos procedimientos operativos estándar.

La verdad demostrable es que puedes aprender en cualquier parte y sobre cualquier cosa. Puedes aprender sobre ti en el bosque. Puedes aprender sobre las personas en los pueblos. Puedes aprender a pintar al aire libre. Puedes aprender a bailar con profesores o pasándote horas viendo vídeos. Puedes aprender matemáticas de los libros de texto que has recogido de la basura. ¡E incluso puedes aprender algo yendo a la universidad!

Debemos ver con qué contamos y sacarle el máximo partido. El mundo es nuestra aula. Si decidimos que lo sea.

Busca a tu maestro

Musonio Rufo no era un maestro fácil.

No soportaba a los imbéciles. Esperaba que sus alumnos estuvieran callados. Esperaba que le prestaran atención.

Sabía de primera mano que la vida era dura —crueles emperadores lo exiliaron tres o puede que cuatro veces— y no mimaba a nadie que fuera a aprender de él. Musonio enseñó a muchos alumnos, incluidos reyes, pero a él le daba igual que fueran importantes o hijos de alguien importante. Le daba igual si eran sensibles o brillantes. A todos les exigía el máximo.

Epicteto, que estudiaba con Musonio, cometió una vez un pequeño error gramatical en un trabajo que no pensó que fuera muy importante. «No es como si hubiera incendiado el capitolio», dijo Epicteto, minimizando el error, pero a su maestro no le sentó bien. «En ese caso, lo que no quemaste fue el capitolio», replicó Musonio, añadiendo a la corrección una severa reprimenda. Porque su alumno no solo había metido la pata, sino que no había estudiado y encima había intentado justificarse.

Estaría bien que todos los profesores fueran amables y divertidos, y que todos participasen en el aula y se reunieran al aire libre. Sería bonito que todas las ideas fueran reconfortantes e inspiradoras. Pero eso no prepararía a los estudiantes para enfrentarse a los retos de la vida.

No todos los alumnos podían soportar a Musonio, pero él sobrevivió al exilio y Epicteto soportó la esclavitud, y esas dificultades los unieron. Además, a pesar de lo estricto que era Musonio, sin duda tenía buen corazón y le encantaba enseñar. Había incluso en su dureza una profunda compasión. Al fin y al cabo, esperaba la excelencia de un hombre al que otros consideraban inferior a un ser humano. Por otro lado, defendía abiertamente la inclusión y, en pleno siglo I nada menos, que las mujeres también merecían aprender filosofía.

Bajo la instrucción de Musonio, Epicteto llegó a convertirse en una de las grandes mentes de la Antigüedad y, a la larga, en inspiración para Marco Aurelio. ¿Epicteto podría haberlo conseguido por su cuenta? ¿Solo leyendo libros?

Quizá.

Pero Zenón no. Tras aquel encuentro en la librería que le cambió la vida, le preguntó al librero dónde podía conocer a un hombre como Sócrates. Resultó que, en ese instante, un gran maestro de filosofía llamado Crates pasaba por allí. El librero se lo presentó y así empezó la educación de Zenón.

Crates recibía en Atenas el apodo de Abrepuertas, porque eso es lo que hacen los buenos maestros: abren puertas a mundos y posibilidades que ni siquiera sabíamos que existían. Penetran, como decía Musonio, en «el intelecto mismo de su oyente». Llegan a su esencia.

A través de un solo alumno, un maestro puede cambiar el mundo.

¿Se habría convertido Helen Keller en lo que fue sin su amiga y maestra de toda la vida, Anne Sullivan? ¿Qué hubiera sido Platón sin Sócrates? ¿Y Aristóteles sin Platón? ¿Y qué hay de Alejandro sin Aristóteles? ¿Y si Rústico no hubiera presentado a Marco Aurelio y Epicteto? ¿Y si, siglos más tarde, el profesor Rhinelander, veterano de la Segunda Guerra Mundial, no le hubiera enseñado ese texto a James Stockdale?

Debemos encontrar a los mejores maestros... y evitar a los malos.

Porque un profesor también puede privar al mundo de cosas, robarnos la curiosidad, la innovación e incluso la bondad. Imaginemos lo distintos que podrían haber sido los primeros años de Malcom X si su profesor de inglés, el señor Ostrowski, no hubiera frustrado sus sueños. «Aquí todos te queremos, lo sabes —le dijo—, pero tienes que ser realista. Eres negro, y ser abogado no es un objetivo realista para un negro». El señor Ostrowski le dijo que pensara en algo en lo que pudiera usar las manos, y Malcolm se convirtió en un delincuente callejero.

Algunos profesores abren puertas, otros las cierran.

El padre de John Adams solo deseaba que su hijo fuera a la universidad, pero John Adams quería cualquier cosa salvo acudir a clase. A menudo hacía novillos para irse a pescar, a cazar o a hacer volar su cometa. No le gustaban sus maestros ni creía que estuviera aprendiendo algo útil con ellos. Cuando anunció que quería ser granjero, su padre lo llevó a las marismas para que cortara paja y vadeara el estiércol; le mostró cómo sería ese trabajo. Al día siguiente, John regresó a la escuela. Aun así, el joven Adams seguía teniendo problemas. «No me gusta mi maestro —le dijo a su padre—. Siempre está enfadado y es tan negligente que jamás podré aprender nada de él». Al día siguiente, su padre lo matriculó en el colegio privado que había al final de la calle. Allí, con un maestro que se llamaba Joseph Marsh, el chico dio un giro radical. Estudiaba. Leía. Ahorró para comprarse las *Oraciones* de Cicerón. En menos de un año, el quinceañero ya reunía las cualidades necesarias para ir a la universidad. Al otoño siguiente, entró en Harvard.

Puede que seas disléxico. Tal vez pienses que se te dan mal las matemáticas, o que no eres una persona creativa. Quizá siempre hayas odiado el colegio. Pero ¿has considerado que a lo mejor es que no has encontrado al profesor adecuado?

Hay alguien por ahí que es el instructor perfecto para ti. Hay alguien por ahí que te encaja. Tu tarea es encontrarlo. Dicen que, cuando el estudiante está preparado, aparece el maestro. Puede que sea cierto..., pero no podemos quedarnos sentados esperando un milagro. Debemos buscar a los profesores y los colegios adecuados para nosotros. Como padres y tutores, debemos ayudar a encontrar el entorno de aprendizaje adecuado para nuestros hijos, dentro y fuera de los centros de enseñanza.

Musonio comprendió la necesidad de que el estudiante participara de forma activa en su educación como vehículo de transformación. De hecho, a veces apartaba a alumnos muy prometedores para ver qué clase de personas eran. «Una piedra, debido a su composición, regresará a la tierra si la lanzas al aire —dijo—. Cuanto más apartas a la persona inteligente de la vida para la que ha nacido, más se inclina por ella».

No solo quería alumnos listos, sino alumnos que quisieran aprender.

Pero, aunque tengamos ganas de aprender, debemos controlar la impaciencia.

Hay una historia sobre un guerrero samurái que se llamaba Banzo que tenía mucha prisa por aprender para impresionar a su padre. Cuando un gran maestro le dijo que tardaría diez años en conseguirlo, se quedó atónito.

—No puedo esperar tanto. ¿Y si me esfuerzo el doble?

—Vale —respondió su maestro—. Treinta años.

—Pero haré lo que haga falta para ir más deprisa —suplicó Banzo.

—En tal caso —dijo el maestro—, tardarás setenta años. Un alumno con prisas aprende más despacio.

Las lecciones que necesitamos aprender llevan tiempo. Algunas quizá sean dolorosas. Como Epicteto les decía a sus estudiantes al haber tomado como modelo a Musonio: «El auditorio de un filósofo es un hospital. No deberías salir de allí sintiendo placer, sino dolor, porque no estabas bien cuando entraste».

Las cosas valiosas no suelen ser gratis. La educación es una de ellas.

Nunca es tarde para encontrar a un buen maestro, pero, cuanto antes, mejor. Porque el proceso no será rápido.

Conviértete en aprendiz

A diferencia de la mayoría de los miembros del consejo de administración de John F. Kennedy, Lyndon Johnson no asistió a ninguna de las prestigiosas universidades de Estados Unidos. Iba a la escuela primaria —de solo un aula— en burro, y la única universidad a la que tuvo acceso fue el Southwest Texas State Teachers College, en el Texas rural.

A pesar de no tener grandes profesores ni aulas adecuadas, es poco probable que haya existido alguien tan meticulosa y metódicamente educado para el trabajo de presidente. Sin duda, nadie tuvo más mentores en el camino hacia el poder que él.

Se pagó la universidad trabajando como ayudante del director del centro, el doctor C. E. Evans. ¿Qué relación tuvo el estudiante con su jefe? ¿Fue un lameculos total? En el anuario pone de él: «Te lo creas o no, Bull Johnson nunca ha hecho ningún curso de succión».

Al terminar la universidad, Johnson trabó amistad con un senador del estado de Austin llamado Alvin Wirtz. Cuando fue asesor del Congreso, aprovechó su posición dentro del Little

Congress, una asociación de personal, para conocer a todas las personas influyentes que pudo, incluido el congresista Sam Rayburn, que sería su mentor toda la vida. Cuando Johnson obtuvo su primer escaño en el Congreso a los veintiocho años, entabló una estrecha relación con el presidente Roosevelt. «¿Sabes? —le diría Franklin D. Roosevelt al secretario de Interior, Harold Ickes—. Ese es el tipo de joven profesional desinhibido que podría haber sido yo si no hubiera ido a Harvard». Cuando Johnson entró en el Senado, trabajó con el senador Richard Russell, toda una institución sureña que llevaba allí varios mandatos.

Ninguno fue profesor de Johnson en el sentido tradicional de la palabra —no había clases ni deberes—, pero a su servicio aprendió el arte del poder.

Durante años, se convirtió en su sombra. Les hacía recados. Conseguía votos. Llevaba la campaña. Recaudaba fondos. Gestionaba las tareas desagradables. Resolvía problemas. Mientras tanto, siempre observaba y escuchaba. Los oía decir chorradas. Les planteaba preguntas. Veía cómo trabajaban. Los invitaba a su casa o se autoinvitaba a las suyas. Imitaba sus técnicas. Cultivaba su apoyo. «Con los hombres que tenían poder, que podían ayudarlo —dijo alguien que lo conocía—, Lyndon Johnson era el hijo que desea cualquier padre».

Era más que una mentoría. Creaba tal vínculo con la gente de la que quería aprender que se convertía casi en un miembro más de su familia. No hubiera podido salir de un pueblo de Texas para llegar a ser el «amo del Senado» ni habría pasado de funcionario electo poco conocido al Despacho Oval —donde firmó la Ley del Aire Limpio y la de Derechos Civiles de 1964, y creó Medicaid, Medicare y el Departamento de Vivienda— si no hubiera absorbido tanto de ellos, ni tampoco hubiese logrado nada sin las puertas que le abrieron por el camino. «Te acercas a las personas que están en el meollo del asunto», diría Johnson más tarde, refiriéndose al secreto para obtener buenos resultados en la política y la vida. Es primordial para la justicia, y la mejor manera de aprender cómo se hacen las cosas.

¿Existe alguien capaz de alcanzar su potencial solo? ¿Alguien que pueda aprender todo lo que necesita por ensayo y error?

Sin duda, Johnson estaba dotado de una perspicacia natural para la política. Todos tenemos dones y aptitudes, los recursos que mejor se moldean bajo la supervisión de un maestro. Como el gran Jack London escribió en su novela *Martin Eden*: «Por muy bien constituido que un hombre esté para ser herrero, jamás he oído de ninguno que lo sea sin haber pasado por un periodo de aprendizaje».

Así se aprende un oficio y la vida desde hace miles de años. No en un aula con un montón de alumnos, sino junto a un profesional que enseña en gran parte a través del ejemplo, hasta que el alumno está preparado para hacerlo solo. Hay cosas que «solo puedes aprenderlas de alguien que haya sido el mejor del mundo», según dijo la gran tenista Billie Jean King en la época en que entrenó con Alice Marble, campeona del Grand Slam dieciocho veces.

O al menos de alguien extraordinario.

Mientras que los aprendizajes formales —que, por desgracia, solían ser abusivos y explotadores— son en gran medida cosa del pasado, aprender de alguien sigue siendo fundamental. Un auténtico mentor no es la persona a la que le pides consejo de vez en cuando. Es aquella con la que os vinculáis mutuamente. En la

Odisea, la diosa Atenea encarna el papel de una mentora que guía y protege tanto a Ulises como a su hijo adolescente Telémaco: uno lucha por volver a casa y el otro por alcanzar la madurez en un mundo traicionero. No es un mero juego de palabras que asuma la identidad del viejo amigo de Ulises, Méntor, para instruir a Telémaco y ayudarle a encontrar el valor. Ulises no podría haber sobrevivido a diez años de pruebas y tribulaciones sin su apoyo, y Telémaco no podría haber pasado de ser un niño tímido e indefenso a un hombre valiente y capaz sin su orientación.

Michelle Howard, la primera mujer almirante de cuatro estrellas en la historia de la Marina de Estados Unidos, se refiere a la mentoría como la «transferencia de sabiduría». Afirma que todos podemos elegir. «Puedes resolverlo por tu cuenta y tropezar..., o hablar con alguien que haya pasado por esas experiencias».

El proceso no siempre es divertido. A menudo será doloroso. Tu maestro no es tu amigo. Es tu maestro.

En la *Odisea*, Atenea elige ser la mentora de Ulises, pero en la vida real tenemos que ser más como Lyndon Johnson y buscar y cultivar esa relación. Como escribió su biógrafo, Robert Caro, Johnson comprendía que los mayores poseen una sagacidad que podría ser de utilidad... siempre que los jóvenes se lo pidieran.

Debemos encontrar a personas que puedan enseñarnos y abrirnos a aprender de ellas. Eso es algo que la mayoría de la gente que busca a un mentor suele pasar por alto. O bien cree que las mentorías son una especie de obligación *pro bono* que deben asumir las personas con éxito o está desesperada por conseguir un mentor porque «¿Qué tengo que ofrecer a los demás?». No, tienes que trabajártelo, tienes que demostrar que vale la pena invertir en ti.

El árbol de entrenamiento* de una persona dice mucho de ella —admiramos a los que abren puertas a otros—, pero también dice algo de los estudiantes.

Tanto si estamos en la etapa de la vida de Ulises como en la de Telémaco, siempre habrá alguien que sepa más que nosotros, que haya pasado por más que nosotros, que pueda abrirnos puertas. ¿Cómo atraemos su atención? ¿Cómo conseguimos que le valga la pena?

Al principio de su carrera, Bill Belichick solía ofrecerse como voluntario para llevar en coche a los entrenadores más veteranos, pues implicaba pasar entre veinte y treinta minutos con ellos. Aceptó su primer trabajo para los Baltimore Colts, por el que le pagaban veinticinco dólares brutos a la semana, porque era la forma de entrar en el mundo del fútbol, su medio de vida, y la oportunidad de aprender de gente a la que conocía. Eisenhower, atrapado en un aburrido destino en Panamá, comenzó a recibir recomendaciones de libros del general Fox Conner, que, como apreciaba la diligencia de Eisenhower, empezó a transformar a aquel joven granjero de Kansas en un gran hombre. Alejandro Magno recibió clases de Aristóteles, que a su vez había sido alumno de Platón, y Platón, como sabemos, fue el alumno por excelencia de Sócrates.

Tienes que mostrarte como alguien con hambre de aprender y destacar. Tienes que mostrarte como alguien que escucha. Alguien curioso. Alguien a quien vale la pena enseñar. Alguien que se deja preparar.

* Ver el capítulo «Cultiva un árbol de entrenamiento» en *Ser justo en un mundo injusto.*

Nos dan libros para leer. Nos dan problemas para resolver. Nos dan acertijos para reflexionar. Nos ponen un ejemplo que inspira o que incluso avergüenza..., y a veces nos advierten.

Incluso como presidente, Lyndon Johnson seguía siendo ese hijo obediente que desea cualquier padre, que busca la orientación que cualquiera pueda darle. Lo primero que hizo fue pedir a los miembros del gabinete de Kennedy que permanecieran en su cargo y continuaran asesorándole.

Algún día estarás al mando. Pero antes debes aprender a obedecer. Antes debes aprender a servir.

Encuentra tu escena

Se reunían en casas por todo el imperio: Panecio, el filósofo estoico; Publio Rutilio Rufo, un político romano que desafió la cultura de la corrupción en Roma; Polibio, el gran historiador. Escipión Emiliano, el famoso general, reunió a estos hombres y a muchos otros pensadores, escritores y líderes, y por eso los historiadores llamaron a su grupo el Círculo de Escipión.

Escipión no era un soldado normal y corriente. Era un guerrero filósofo al que le gustaba rodearse de mentes privilegiadas. Un antiguo historiador dijo de él que estaba igual de comprometido con «sus armas [que] con sus estudios, entrenaba tanto su cuerpo al exponerlo a los peligros como su mente al aprender».

Tuvo muchas oportunidades de aprender a entrenar el cuerpo, pero las reuniones del Círculo de Escipión eran el mejor lugar para entrenar la mente.

Allí, sus amigos y él debatían sobre las cualidades del líder. Discutían sobre los crecientes desafíos de Roma. Hablaban de justicia. Compartían libros y recitaban poesía. Teorizaban sobre las formas de gobierno y cuáles ofrecían más posibilidades de estabilidad y progreso. También encontraban tiempo para reírse: de la naturaleza cíclica de la historia y el error humano, de las contradicciones de unos y otros, y de las extrañas teorías del momento, como que la gente decía que veía dos soles en el cielo.

Menuda escena. Hasta una mosca en la pared se habría quedado encantada.

Por eso las personas excepcionales siempre han cultivado este tipo de escenas.

En 1764, un pequeño grupo de artistas, escritores y filósofos formaron el Club. Se reunían una vez cada dos semanas en distintos lugares de Londres. Samuel Johnson estaba allí. James Boswell, Edmund Burke, Edward Gibbon y Adam Smith también asistían. Aunque estos nombres no te suenen de nada, has de saber que vivimos en un mundo que ellos ayudaron a crear gracias a sus críticas literarias, sus biografías, sus teorías políticas, sus historias y sus descubrimientos económicos.

«El grupo se reunió durante años —escribió el autor Leo Damrosch en su fascinante libro sobre el Club—. Se daban ideas unos a otros. Se inspiraban mutuamente. Compartían penas y también tenían problemas entre ellos».

Como el Círculo de Escipión, los amigos del Club mantenían largas conversaciones sobre cualquier tema imaginable. Discutían, se burlaban y criticaban el trabajo de los demás. Competían entre ellos. «Quien lucha contra nosotros fortalece nuestros nervios y aguza nuestra habilidad —dijo Burke, haciéndose eco de una metáfora estoica—. Nuestro antagonista es nuestro ayudante». También se ofrecían apoyo y se abrían puertas unos a otros.

Casi al mismo tiempo, al otro lado del Atlántico, el prometedor impresor Benjamin Franklin creó un pequeño club de doce amigos al que llamó Junto, dedicado a la mejora mutua de todos los implicados. Fue el primero de los muchos clubes parecidos que fundaría, desde bibliotecas de préstamo hasta la Sociedad Filosófica Estadounidense. Trataba de hacer su mundo más grande y mejor.

La tradición continuó en la época de Emerson con el Club Transcendental, que fundó en Concord en 1836 para reunir a personalidades de su ambiente como Thoreau, Nathaniel Hawthorne, Margaret Fuller, Louisa May Alcott y Elizabeth Peabody. Tras la Primera Guerra Mundial, la llamada Generación Perdida se reunió en París en una cohorte social de escritores expatriados: Ernest Hemingway, Gertrude Stein, F. Scott Fitzgerald, T. S. Eliot y Ezra Pound, entre otros. Poco antes, en el Londres del siglo XX, surgió el influyente grupo de Bloomsbury, que incluía a celebridades como Virginia Woolf, E. M. Forster y John Maynard Keynes. En los años cincuenta, la generación Beat transformó la literatura, igual que en décadas posteriores el punk, el grunge y el rap transformaron la música. Hoy existe la llamada Mafia de PayPal —Peter Thiel, Reid Hoffman y Elon Musk—, que salieron de una única empresa a finales de los noventa.

No es exagerado decir que la mayoría de estas personas tenían un talento extraordinario por sí mismas. Muchas eran auténticos genios. Pero incluso ellos necesitaban una comunidad.

Todos la necesitamos.

El músico Brian Eno acuñó la palabra «escenios» para explicar que nos sentimos mejor si formamos parte de un grupo, una cultura o un ecosistema de influencias. ¿Existen por ahí genios solitarios? Claro. Pero hay muchos más escenarios.

Cuanto antes encontremos el nuestro, mejor.

En una ocasión, el escritor Michael Chabon se llevó a su hijo a París para asistir a la Semana de la Moda, contratado por una revista. Su hijo Abe, que nunca había encajado muy bien en la universidad, pasó unos días exultante, yendo de un desfile a otro, hablando con diseñadores, fotógrafos y jefes de agencias. Cuando se marcharon, el chico se esforzó por encontrar sentido a las sensaciones que habían empezado a brotar en su interior.

«Estabas con tu gente —le dijo su padre—. Has dado con ellos. Eso es bueno. ¡Ha sido pronto!».

Cuando encuentres a tu gente, te encontrarás a ti.

Piensa en todas esas personas que no tienen tanta suerte. Que van renqueando solas. Que se marchitan solas. Piensa en todas las flores no polinizadas, el vigor híbrido sin vigor. Piensa en los años perdidos, en el arte que no se ha hecho, en los avances retrasados porque la gente ha tardado en encontrar a su gente.

Pero la alternativa más devastadora por no encontrar tu ambiente es el cementerio de personas con talento y potencial que terminan en el escenario equivocado. Es una historia tan antigua como el Círculo de Escipión. Una joven mente con talento empieza a juntarse con malas influencias. Un atleta se rodea de aduladores y baja la guardia o se vuelve engreído. Un científico se ve arrastrado por un torbellino de conspiranoicos o chiflados.

Es muy raro que alguien no mejore al rodearse de gente estupenda. Socialmente. Profesionalmente. Espiritualmente. Es muy común que una persona con un gran potencial para convertirse en alguien excelente se eche a perder debido a las malas influencias.

«Dime con quién andas y te diré quién eres», dijo Goethe.

Necesitamos encontrar un ambiente que suponga un desafío, que nos inspire, que nos comprenda, que nos exponga a nuevas ideas, que nos responsabilice y nos empuje a superar nuestros límites. «Relaciónate con quienes te ayuden a ser mejor —aconsejaba Séneca—. Acoge a los que son capaces de mejorarte».

Tu gente puede reunirse una vez al año durante un fin de semana largo. Puede quedar para cenar y conversar en el mismo restaurante una vez al mes. Puede verse en las mismas conferencias. A lo mejor es un grupo que solo se comunica por mensaje. Puede ser formal o autogestionado y esporádico. Pero tiene que promover tu crecimiento y hacerte mejor de lo que eras.

En la actualidad hay muchas opciones para crear y mantener un grupo. Con tantas oportunidades por internet y en persona, tu red es mucho más amplia de lo que pudieran imaginar el Círculo de Escipión, la Generación Perdida o el grupo de Bloomsbury. Forma el tuyo como más te guste, pero asegúrate de que te haga mejor.

Y más sabio.

Estudia el pasado

El general George Patton había estado allí antes. Estaba seguro de ello.

«Estuve en esta batalla de niño», dijo Patton mientras contemplaba el campo cubierto por hierba en ese instante, donde miles de hombres habían muerto en la guerra civil décadas antes de que él naciera.

Solía hablar a sus amigos acerca de recuerdos que le venían a la cabeza: que lo llevaban en el escudo de un vikingo, que luchaba en la Polonia del siglo XIV con Juan I de Bohemia, que marchaba en las guerras napoleónicas, que encabezaba una legión romana en las Galias.

En 1933, en medio de sus ensoñaciones sobre los acontecimientos de la Batalla de la Espesura, Patton y el historiador militar con el que estaba hablando fueron interrumpidos por un hombre mucho mayor que ellos.

«El caballero tiene razón —dijo el veterano—. Yo estuve en esa batalla, y, señores, salimos corriendo como alma que lleva el diablo».

Patton insistía en que aquel *déjà vu* era auténtico, que dentro de él había un espíritu reencarnado de generaciones de guerreros. A lo mejor había algo de cierto en eso, pues sus éxitos en los campos de batalla en África, Italia, Francia y Alemania en la Primera y la Segunda Guerra Mundial fueron tan impresionantes y temerarios que parecieron una continuación de las míticas campañas del pasado.

Pero existe también una explicación más simple que apenas empaña la magia: Patton era un buen estudiante de la historia. Había leído tanto —no solo había consumido infinidad de libros, sino poemas, novelas y relatos de primera mano en el regazo de viejos soldados— que los recuerdos de lo que había estudiado se mezclaban con la conciencia de sí mismo hasta no haber diferencia entre los dos.

No solo hablaba con los muertos, como Zenón habría observado, sino que vivía con ellos.

De hecho, así lo admitió en un manuscrito que empezó a escribir para los futuros oficiales. «El camino para los altos mandos te lleva por un largo sendero llamado "la historia de la guerra" —escribió—. Para ser útil en el combate, el conocimiento militar, como la disciplina, tiene que ser subconsciente. La memorización de ejemplos concretos no sirve de nada, puesto que en la batalla la mente no funciona lo bastante bien como para confiar en la memoria. El oficial debe estar tan empapado de la tradición militar que le salga de forma automática».

La historia no solo es algo que ha pasado. No es teoría. No ocurrió en blanco y negro. Estaba viva. Era nueva. Era una situación impredecible a cada momento, y bien podría haber acabado de otra manera.

Por eso estudiamos. Estudiamos la historia porque es...

... biografía.

... psicología.

... filosofía.

... grandeza humana.

... maldad humana.

Es lo estupendo y lo infame, lo posible y lo imposible.

Historia est magistra vitae. La historia es la maestra de la vida, y Clío, la antigua musa de la historia, es nuestra maestra.

La mayoría no lo sabe, pero Patton era disléxico. Durante la infancia le costaba muchísimo leer. Las palabras de una página no tenían apenas sentido para él, los libros le daban pavor. Su familia superó este obstáculo leyéndole constantemente. Shakespeare, la *Odisea*, la *Ilíada*, la Biblia, Jenofonte, Kipling, las historias de Plutarco y de la guerra civil. La gloria de las batallas y sus horrores le entraron por los oídos una y otra vez hasta que se quedó grabada a fuego en su mente.

Al principio de su adolescencia, Patton ya leía por su cuenta como un hombre con un propósito.

Un biógrafo estimó que Patton, cuando estalló la Primera Guerra Mundial, había leído casi todos los libros sobre guerra móvil que se habían escrito. Había leído las memorias de los grandes generales estadounidenses —Sherman, Grant, Lee— suficientes veces como para haberlas memorizado.* Esa es la parte poderosa de la historia que pone al lector al lado de los grandes, hacién-

* Tras una dura reunión, anotó: «Me preocupé un poco, pero sentí que tenía razón. Me acordé de Grant y Nelson, y me sentí bien. Ese es el valor de la historia».

dolos conscientes de que fueron simples seres humanos. Y, si ellos pudieron hacerlo, a lo mejor tú también puedes.

El diario de Patton menciona varias veces que se quedaba despierto hasta la medianoche leyendo a la luz de una lámpara. Cuando terminaba un libro, lo marcaba como leído en la guarda antes de añadirlo a su biblioteca. Sus estudios no se limitaban a la historia militar. Leía también novelas y obras de teatro, ficción escrita en el pasado y ficción sobre épocas anteriores. En 1942, al saber que estaba a punto de volar a Marruecos, leyó el Corán. Un sacerdote europeo vio a Patton en una catedral dibujando copias de las vidrieras en un cuaderno. Los fotoperiodistas captaron a Patton en museos. Recorrió campos de batalla, castillos y escenarios de acontecimientos importantes.

Los estoicos decían que, al estudiar filosofía, añadimos todas las épocas a la nuestra. Cada época, era y acontecimiento que estudiamos es una manera de vivir esos tiempos. «A través de la historia —decía Montaigne— frecuentamos a los grandes espíritus de años pasados». Se convierten en compañeros, enemigos, Casandras, inspiraciones y cuentos con moraleja. Absorbemos su vida —y sus lecciones de vida— y la integramos en la nuestra. Obtenemos una perspectiva más amplia mientras bajamos el volumen de las opiniones frívolas y los prejuicios del momento.

Muchísima gente cree que la historia se supone que debe ser entretenida, perfecta para regalarla el Día del Padre. Pero en la historia no todo son grandes logros. No todo son nombres importantes y acontecimientos destacados. Está llena de personas normales. Está llena de sufrimiento. Está llena de hipocresía y fracaso. Son largos siglos y ciclos. La historia son las mismas cosas sucediendo una y otra vez.

No tiene que gustarte lo que ocurrió en el pasado para aprender de ello. Pero tienes que comprometerte con ello.

La palabra griega *istoría* significa «indagar», «investigar». La historia no es algo que se te presente, es algo que desentierras, pedazo a pedazo, libro a libro, visita a visita, pregunta a pregunta. A medida que leemos y estudiamos, nos convertimos en pioneros, refugiados, soldados de la Unión y esclavistas, colonizadores y nativos, griegos, romanos y bárbaros. Tenemos que habitar su mundo para entenderlo, ver las cosas a través de sus ojos, sentir el fragor de la batalla, el miedo a la persecución, la esperanza de un futuro mejor.

«No se puede reflexionar con demasiada frecuencia sobre los crímenes y las desgracias de la historia, porque, a pesar de lo que diga la gente, es posible evitar ambas cosas», nos recuerda Voltaire. Estudiar la historia inspira, pero también nos hace perder la ilusión. Un estudio reciente nos muestra que el heroísmo no es la norma, que el progreso no es inevitable, que lo correcto no siempre triunfa y que el cambio lleva tiempo. «Que los hombres no aprenden mucho de las lecciones de la historia es la lección más importante que la historia nos ha dejado», dijo una vez Aldous Huxley.

Podemos elegir ser diferentes.

Patton lo hizo. Tanto si su *déjà vu* fue una floritura dramática como si no, se basaba en algo real y produjo algo real. Sabía qué hacer en el campo de batalla porque comprendía lo que generaciones y generaciones de hombres habían hecho allí. Conocía sus errores. Podía ponerse en su lugar. Sentía sus dones. Había representado su grandeza y reflexionado sobre sus decisiones miles de veces desde mil ángulos distintos.

Hay que entender que la historia no trata del pasado. Es una lente para comprender el presente (por eso nos peleamos por lo que enseña). Es una forma de predecir, incluso de determinar, el futuro.

Patton creció leyendo sobre batallas a lomos de un caballo e incluso de un elefante..., pero eso le dispuso para la guerra de tanques, aviones y nuevas tecnologías inimaginables. ¿Cómo le preparó el pasado para ese territorio desconocido? En realidad, no era desconocido. La guerra, el liderazgo y la política eran diferentes en el siglo XX por los avances tecnológicos y otros factores, pero eran tan familiares como lo habían sido antes y como lo serán en el futuro. A Truman le gustaba decir: «Lo único nuevo en el mundo es la historia que no conoces».

Muy pocas cosas cambian con el tiempo. Hay muy poca sabiduría nueva.

¿Qué preparó a Patton para todas las innovaciones y los cambios que traería el futuro? La historia que conocía.

La historia nos muestra que el cambio es constante y, a pesar de todo lo que cambia, son muchas las cosas que permanecen igual.

Siempre hay una historia que aún no conoces. Cada acontecimiento histórico, cada era, se define por lo que lo precede, desde el principio de los tiempos. No hay límite de callejones y vías paralelas por las que uno puede ir, es un número infinito de perspectivas que podemos considerar en cada momento. Siempre hay algo nuevo por descubrir, una cantidad inagotable de información que podemos recibir.

Empecemos, entonces, rebosantes de alegría, sabiendo que jamás llegaremos al final.

En marcha

Heródoto no se convirtió en el primer gran historiador del mundo quedándose sentado en casa con sus libros. No, él se puso en marcha.

Fue de Persia a Atenas, a Italia, a Libia, a Babilonia, a Bizancio y al mar Negro. Viajó miles de kilómetros a lo largo de su vida. Navegó por el Nilo y visitó Fenicia, el lugar de origen de Zenón, un siglo antes de que naciera el filósofo.

Los griegos siempre habían sido viajeros, como apuntó Heródoto. Algunos viajaron por el comercio, otros por la guerra, y los hubo que lo hicieron «por mera curiosidad, para ver qué veían», dijo, hablando casi seguro para sí mismo. Entonces, y ahora, el viaje era una fuente de sabiduría, un medio para descubrir lugares nuevos y comprenderse a uno mismo.

Inspeccionó templos. Probó la comida. Entabló conversaciones. Visitó ciudades grandes y pequeñas. Vio la flora y la fauna (desde cocodrilos hasta camellos). Recorrió caminos polvorientos y preciosas playas. Cruzó desiertos y entró en puertos bulliciosos. Contempló sus ceremonias. Le encantaron sus monumentos y obras públicas. «Tuve que ir a verlo con mis propios ojos —dijo de un gran laberinto de Egipto que se quedó horas mirando—, no hay palabras para describir sus maravillas».

Antes de Heródoto no existía la historia como tema, así que no podía leerla. Tampoco la literatura de viajes. Marco Polo no apareció hasta diecisiete siglos más tarde. Si quería aprender sobre el Lejano Oriente o la cultura de un país vecino, las guerras persas o las andanzas de los grandes espartanos, que lo dieron todo en la batalla de las Termópilas, tenía que ver esos lugares y a esas personas por sí mismo.

Heródoto quería conocer la *aitie*, el origen de las cosas. Estaba fascinado por el *nomos*, las costumbres de los pueblos, y cómo diferían de las suyas. Quería escuchar sus historias. Quería saber por qué hacían las cosas como las hacían.

Su famoso libro *Las historias* está repleto de maravillosas anécdotas. Así recaudaban impuestos los persas. Así regaban los cultivos los babilonios. Así luchaban los escitas a caballo.

Contemplaba, encantado, el comercio fluvial en el Éufrates, y observaba las barcas circulares hechas de pieles impermeables. Heródoto anotó dónde se fabricaban las embarcaciones (Armenia), qué mercancías transportaban (vino, la mayoría), cuál era su tonelaje (hasta ciento treinta), cuánta tripulación iba en ellas y qué pasajeros especiales llevaban a bordo (¡burros vivos!). Cuando llegaban las barcas, se desmontaban y se vendían por partes, y entonces los burros cargaban con el dinero y las mercancías de vuelta a casa para volver a empezar el proceso. «Me parece lo más maravilloso de allí —decía—, salvo por la propia [Babilonia]».

¿Cuántas preguntas hizo para aprender todo esto? ¡Lo curioso que debió ser!

Cada cultura cree que sus normas son, bueno, normales. Solo los viajes pueden sacarnos de este etnocentrismo. En sus travesías, Heródoto conoció a persas, hindúes, fenicios, escitas, babilonios, egipcios, lidios, sirios, tracios y frigios. Todos adoraban a dioses diversos, llevaban distintas ropas, contaban historias diferentes y hablaban su propio idioma. Eran todos muy dispares, pero a la vez iguales en su estrechez de miras, como los humanos de hoy. Con la perspicacia que le caracterizaba, Heródoto advirtió que los egipcios también se referían a las personas que no hablaban su idioma como «bárbaros» (los griegos lo hacían porque les sonaba como si los persas estuvieran diciendo «bar, bar, bar» cuando hablaban).

A Heródoto le encantaba señalar que había una pequeña secta en la India que se comía un trocito de sus muertos como parte de un ritual religioso. ¡Obsceno! ¡Qué asco! Pero ¿cómo reaccionaron esas personas cuando les dijeron que los griegos quemaban a sus muertos en una pira funeraria? ¡Ultraje! ¡Sacrilegio!

El mundo es muy grande. Nuestra cultura no es más que una de tantas. Hay sabiduría en la geografía, sabiduría en las generaciones de personas que han vivido en un lugar, adaptándose a la tierra y al entorno que los rodea. Ojalá fuéramos lo bastante curiosos para aprenderlo.

Así que ¡ponte en marcha! Viaja a lugares conocidos y también a los que apenas han ido a ver. Viaja en barco, en coche, en tren, en avión y a pie. Haz lo máximo posible andando. Fíjate en las indicaciones. Supera la barrera del idioma. Mira las cosas desde el otro lado del camino. Prueba la comida. Visita sus museos. Haz excursiones por las montañas. Siéntate en las terrazas de las cafeterías. Asiste a un concierto. Observa los antiguos jeroglíficos y fíjate en los grafitis de las calles de la ciudad. Escucha a la gente mientras charla. Ve a los cementerios. Visita los campos de batalla. Quédate un rato.

Lleva un cuaderno. Anota todo lo que veas, sientas y pienses.

Visita tu propio país como si fueras un turista. Vive en el extranjero como si fueras de allí.

Cada edificio, cada árbol tiene una historia. Piensa en lo que han presenciado. Piensa en quién ha estado justo donde estás tú. Piensa en lo que la gente pensaba antes aquí, de qué tenía miedo, qué deseaba, en qué creía.

¿Y a mí que me importa este montón de edificios viejos? No quiero ponerme enfermo. ¿Es seguro? Pero es carísimo... Lo haré cuando sea mayor, cuando las cosas se calmen.

Hay millones de excusas para no viajar, pero eso es lo que son, excusas. Ya sea un viaje por Europa pagado por tus padres o ya vayas en plan mochilero financiado con el dinero que has ganado fregando platos en verano, la exploración es un paso importante para crecer. Te cambiará para mejor. No tienes que gastar una fortuna viajando para convertirte en una persona de mundo..., pero sí ir a ver qué hay al otro lado de la montaña un par de veces.

Cuando viajaba, Montaigne absorbía todo lo que veía como una aspiradora, lo planificaba poco y se dejaba llevar por experiencias y encuentros casuales. Como la vez que se topó con unos hombres que llevaban dos avestruces con correa como regalo para un duque. Se detenía en todas las iglesias que encontraba y observaba sus diversas prácticas como un antropólogo. Aquí está en una circuncisión judía. Aquí está en una iglesia protestante. Aquí está en el Vaticano, hablando con el papa. Aquí conversa con una mujer vestida de hombre. Aquí charla con un granjero pobre. Aquí está hablando con el pueblo tupinambá de Brasil, que había llegado a Francia tras un viaje por el océano de más de siete mil kilómetros. Aquí le abordan unos salteadores de caminos a los que convence con inteligencia para que le suelten.

Lo único que decepcionaba a Montaigne cuando viajaba era encontrarse con otro francés. Le parecía un desperdicio haber ido tan lejos para toparse con alguien de casa.

¿A alguna de esas grandes personalidades no las ha moldeado su experiencia en el extranjero?

«Nunca me ha gustado la gente que no sale de casa —escribió una vez Joan Didion, que viajaba mucho—. Creo que es nuestro deber en la vida». Es tu deber despojarte de tu excepcionalismo. Es tu deber aprender, explorar, exponerte.

Las tierras nuevas generan ideas nuevas, nos convierten en personas diferentes.

¿En quién se habría convertido Gandhi sin el tiempo que pasó en Inglaterra? ¿Y si hubiera regresado a casa, a su provincia en la India, y no hubiera ido nunca a Sudáfrica? De hecho, a lo que se referiría como «la experiencia más creativa de su vida» se produjo en una estación de tren en Maritzburg, Sudáfrica, cuando fue discriminado por el color de su piel. No fue una interacción divertida, pero, lejos de su cómodo despacho de abogados y más lejos aún de su tierra natal, despertó en él el activismo que cambiaría el mundo.

Fue en Inglaterra, no en la India, donde el vegetarianismo de Gandhi se convirtió en parte de su identidad. Fue en Inglaterra donde Gandhi conoció a las sufragistas y vio de primera mano que la no violencia podía funcionar como estrategia política. Fue allí donde conoció la Biblia y aprendió a usar las enseñanzas cristianas para criticar a los británicos por su hipocresía. Fueron sus experiencias en Sudáfrica las que le hicieron ver la difícil situación de los intocables en la India. Como observó un amigo, Gandhi salió de Inglaterra como abogado y de Natal como Mahatma.

Como muchos de nosotros, conoció a muchas personas y descubrió muchas cosas durante sus viajes, pero sobre todo se encontró a sí mismo. El viaje exterior facilita el viaje interior.

Eso es lo que nos prometen el amplio mundo y el camino: una ruta hacia la sabiduría. Nos puede mostrar lo que hay ahí fuera, quiénes tenemos que ser, lo que somos capaces de ser.

Emprende el camino.

No lo dejes para más tarde.

Hazlo ya.

Adquiere experiencia

Plutarco fue algo más que un escritor.

Aunque sus ensayos acerca del poder y de la grandeza darían forma a las vidas de Montaigne, Truman, Patton y muchos otros líderes y pensadores, los vecinos de Plutarco lo conocían por ser algo menos glamuroso: funcionario de la zona.

Se decía que a sus conciudadanos solía sorprenderles ver a este famoso escritor y filósofo mientras supervisaba el reparto de una carga de piedras para una calle nueva o comprobaba el sistema de alcantarillado.

Durante décadas, Plutarco desempeñó el cargo de magistrado en su ciudad natal, Queronea, cerca del templo de Apolo, en el que también ejerció como sacerdote. Sí, escribió sublimes e inspiradores relatos sobre grandes hombres y mujeres de la historia, pero su trabajo diario requería que supervisase la albañilería, escuchara las quejas de los ciudadanos, aprobara presupuestos e hiciese cumplir las leyes. Viajó como diplomático en misiones importantes. Trató con cónsules y emperadores. Frecuentó un ambiente de filósofos y políticos.

La vida política se convirtió en una parte fundamental de su experiencia como escritor, y su amor por los libros, las ideas y la historia fue esencial para que llegase a ser un buen líder. «Puede que el proceso parezca extraño —dijo Plutarco—, pero no fue tanto que a través de las palabras llegase a un total entendimiento de las cosas, sino que de las cosas obtuve cierta experiencia que me permitió seguir el significado de las palabras».

Pasó años estudiando a Cicerón y Demóstenes. Durante el proceso se convirtió en un gran orador público, pero, al dar infinidad de discursos tanto en su país como en el extranjero como requería su trabajo, Plutarco llevó a esos hombres a un nivel que muy pocos escritores habían alcanzado. Por ese motivo sus biografías siguen vivas veinte siglos después.

Plutarco vio gran parte de Grecia y Roma. Se casó. Estuvo presente en procedimientos judiciales. Tuvo que persuadir a jefes y colegas desagradables. Enterró a un hijo muy querido. La gente le molestaba con problemas insignificantes y tuvo que aguantar a idiotas y ególatras.* Se enfrentó a la burocracia y descubrió cómo hacer las cosas. Vio cómo el poder corrompía, incluso él se vio tentado. Sintió la carga y la soledad del liderazgo.

No era el emperador, pero acumuló suficiente experiencia, arriba y abajo, como para entender tanto a Alejandro Magno como a Diógenes el Cínico. Vivió la vida, conoció a la gente, vio

* El término «idiota» proviene de una palabra griega que se usaba para referirse a una persona que no ostentaba un cargo público ni tenía experiencia en la escena pública.

cosas —ordinarias y extraordinarias— y de todo eso extrajo su sabiduría.

Así fue como Truman encontró la respuesta a nueve de cada diez problemas políticos modernos en las páginas de los libros de Plutarco. Este autor impregnó cada pasaje con su experiencia personal directa en asuntos humanos similares y atemporales. A su vez, Truman llevó a Plutarco sus propias experiencias en la guerra y la política, y llegó a entender por completo las palabras como resultado de la vida que había llevado, porque había conocido a un Demóstenes (Churchill), un Pericles (Roosevelt) y un César (MacArthur), y se enfrentó a más de un Jerjes (Stalin y Hitler).

Oponemos lo que aprendemos en la calle a lo que extraemos de los libros como si tuviéramos que elegir entre lo uno o lo otro, pero debemos tener ambas cosas. Solo un tonto se conformaría con una. La educación y la experiencia van de la mano, se refuerzan mutuamente. Vas al colegio. Escuchas a los profesores. Lees. Pruebas cosas. Anotas cosas. Observas a tu mentor. Preguntas. Cometes errores. Exploras nuevos territorios. Estudias cosas de cerca. Sales al campo. Vuelves a tus libros. Una y otra vez.

Para las dos cosas hace falta trabajar. Ambas forman parte de nuestro trabajo.

Da Vinci, como hijo ilegítimo, no recibió una educación formal. Como a Monet, no le gustaban las aulas y prefería estar al aire libre lo máximo posible. No obstante, sin duda fue una de las mentes más brillantes de la historia. ¿Quién le enseñó? ¿Era un genio desde que nació? No, era, como solía firmar en sus cartas, «*disscepolo della sperientia*», un discípulo de la experiencia. Es italiano, no latín, puesto que a Da Vinci no se le daban muy bien los idiomas. «Aunque no puedo citar a autores como ellos —dijo, comparándose con sus coetáneos mejor instruidos—, confiaré en algo mucho más digno, la experiencia».

Le gustaba decir que era su maestra.

Todo lo que sabía era gracias a salir fuera y verlo por sí mismo. Por diseccionar cadáveres. Por comprar pájaros y observar cómo revoloteaban. Recorrió las calles de Florencia. Visitó talleres y observó cómo trabajaban los artistas. Fue aprendiz de Andrea del Verrocchio. Analizó formas y sombras. Diseñó y realizó experimentos de diversas maneras: en su imaginación, a través de bocetos detallados y con maquetas. Trabajó en proyectos de ingeniería militar y civil con Maquiavelo (él mismo, como Plutarco, era un estudiante no solo de los libros, sino también de la experiencia de la vida). Da Vinci era meticuloso en el proceso y en el registro de la información con la que se encontraba y las ideas que le provocaban, y las anotaba en un cuaderno que solía llevar atado al cinturón. Era una esponja, siempre observando, siempre conociendo a gente nueva, siempre probando cosas nuevas.

Da Vinci era un artista, pero también un hacedor, y aprendió que, repitiendo las cosas, no solo mejoraba, sino que le daba a su trabajo el carácter y la profundidad que lo convertía en lo que era.

Tienes que averiguar cómo completar tus series. Un autor acepta el encargo de redactar un texto publicitario. Un humorista accede a presentar un programa. Un médico se ofrece voluntario en una clínica gratuita o en un país en desarrollo. Un abogado regala horas de su trabajo.

Tienes que coger práctica en hacer algo. No solo deberás repetirlo una vez, sino cientos de veces. Échale más horas. Hazte más fuerte, más listo, más sabio cada vez.

«He cazado jabalíes y he visto leones salvajes, he navegado por el Egeo (y he llevado barcos), he tensado arcos, he vivido con pastores, he tejido telas, he construido embarcaciones y he matado a muchos hombres», decía T. E. Lawrence en la introducción de su revolucionaria traducción de la *Odisea*. ¿Qué era lo que lo cualificaba para asumir esa enorme tarea literaria? ¿Sus años de estudio de griego antiguo? ¿Sus clases en Oxford? ¿O su propia odisea durante la Primera Guerra Mundial, en la que luchó, se sacrificó y viajó muy lejos de casa?

¡La respuesta es todo lo anterior!

El conocimiento y la experiencia no están reñidos. Lo uno no es más que una forma de lo otro. Sin embargo, los estoicos sentían un gran rechazo por los filósofos de pluma y tinta, esos que nunca alzan la vista de los libros mientras estudian y, peor aún, jamás aplican su conocimiento en el mundo, donde beneficiaría a gente real. (Aunque, para ser justos, tal vez sea mejor que estos académicos guarden su ingenuidad en un circuito cerrado). La idea es que tienes que ser una persona de acción, porque ningún estudio se completa sin interactuar con la gente y con los lugares que te rodean. Ese era el mayor miedo de Platón, que resultara no ser nada más que un teórico, «no estar dispuesto a hacerse cargo de cualquier tarea práctica».

¡También nosotros deberíamos temer a eso! La finalidad del conocimiento es la acción.

¿Invertirías en un empresario que nunca ha trabajado o que nunca ha tenido gente a su cargo? ¿Qué tipo de conocimientos puede ofrecer un psicólogo si no ha pasado mucho tiempo con seres humanos? ¿Querrías que te operase un cirujano que hubiera visto muchas operaciones pero nunca hubiese participado en una?

Demasiado estudio y poca práctica crea escasez de conocimiento, un refugio de ingenuidad, por muy inteligente que seas.

Hay cosas que no puedes comprender hasta que las vives. Hay cosas que tienen sentido en la página, pero no sobreviven al contacto con los hechos.

O con las personas.

Mens sana in corpore sano...

La mente y el cuerpo son lo mismo, tan solo se expresan de manera diferente.

SPINOZA

En la actualidad, cuando recordamos a Sócrates, lo consideramos un pensador, un hombre con un gran intelecto.

Sin embargo, sus amigos lo admiraban por mucho más. Lo admiraban por su valor en el combate. Les impresionaba su capacidad para aguantar el frío y la incomodidad. Parece casi increíble que Sócrates, un filósofo, fuera tan macho, pero lo era.

> Ningún ciudadano tiene derecho a ser un aficionado en el entrenamiento físico —dijo Sócrates—. Qué desgracia para un hombre envejecer sin haber visto nunca la belleza y la fuerza de la que es capaz su cuerpo.

No es solo una desgracia, sino un fracaso de la curiosidad. ¿No quieres saber lo que puedes hacer? La sabiduría no tiene por qué condenar a alguien a una vida de escuálida debilidad ni a la falta de coordinación de un empollón.

Una mente fuerte necesita un cuerpo fuerte, y viceversa. De hecho, para los romanos, una persona poco instruida era alguien que no había aprendido a leer ni a nadar.

Necesitas tanto la mente como el físico. Una persona no está completa ni equilibrada si descuida una en favor de la otra.

La inteligencia adopta muchas formas. Una persona que puede hacer cosas maravillosas con la mente es sabia..., pero también lo es la que puede hacer cosas increíbles con el cuerpo. ¿Acaso no es la música una fusión de la capacidad física y la cognitiva? ¿Con la creatividad por encima de ellas? Lo mismo sucede con el *quarterback* que derriba una defensa a la perfección o el explorador que vence a los elementos no solo con resistencia, sino también con maña.

Hay una razón por la que tantas personas creativas hacen ejercicio físico. Hay una razón por la que los filósofos son famosos por dar muchos paseos (la escuela de Aristóteles se llamaba Peripatética, que literalmente significa «que pasea»). También lo son los científicos (a Marie Curie y Einstein les encantaba salir juntos de excusión). Mover el cuerpo desbloquea algo en la mente. También te lleva al mundo real, repleto de naturaleza, personas e historia, lo que amplía tu perspectiva te baja de los cielos y te acerca a la humanidad. Sócrates utilizó el ejercicio físico para pasear por Atenas, hablar y aprender.

Debemos ser fuertes en el plano mental y físico. Cerebro y valor. Músculo y bondad.

Solo un necio descuida el cuerpo en favor de la mente o la mente en favor del cuerpo.

La virtud —la excelencia— es el cultivo de todos estos rasgos, la aspiración a ser una persona completa y equilibrada. Inteligente y fuerte. Fuerte e inteligente.

SEGUNDA PARTE

Las alarmas (los traicioneros escollos que debes evitar)

> Día tras día, nadamos en un río de fantasías y nos entretenemos construyendo castillos en el aire, como los incautos que nos rodean... Y en momentos de lucidez pensamos: «Que se me abra la puerta a la realidad, pues ya he vivido demasiado tiempo como un necio».
>
> RALPH WALDO EMERSON

Casi todas las corrientes filosóficas y espirituales tienen como objetivo no solo alcanzar la iluminación, sino sobre todo liberarse de la necedad endémica de nuestra especie. La historia de la humanidad no es más que un compendio de la estupidez humana. Todos lo llevamos dentro, y es algo contra lo que debemos estar siempre en guardia.

Según la tradición védica, la ignorancia es la causa principal del sufrimiento. Los griegos acuñaron el término *amathía* para nombrar una forma de estupidez inteligente. La Biblia, por su parte, advierte de que el necio es crédulo, conflictivo y se altera con facilidad. Todos somos propensos a creernos siempre en posesión de la verdad, a caer en la autocomplacencia, el fanatismo, la contradicción, los prejuicios, la impulsividad, la susceptibilidad, el pensamiento colectivo y la desidia. La sabiduría es una lucha constante contra todas estas fuerzas.

La estupidez es contagiosa, busca adeptos. Todos debemos librar una guerra contra el necio que llevamos dentro y los que nos rodean. Debemos buscar la calma, la contemplación y la claridad en todo momento. Nadie puede darse por satisfecho solo por ser inteligente o tener estudios, ya que todos somos muy capaces de actuar como auténticos idiotas.

La tormenta interior...

Elon Musk es un hombre inteligente.

Negar eso sería tan absurdo como decir que no es rico.

De hecho, es uno de los hombres más ricos y más inteligentes del mundo; a veces lidera las listas de los más ricos, y puede que en ciertos ámbitos sea también el más inteligente.

Hablamos de una persona que creó su propio videojuego con solo trece años. Tuvo su primer ordenador en 1981. A los veinticuatro ya había fundado su primera empresa tecnológica, y cuatro años después la vendió por trescientos siete millones de dólares. Luego llegó PayPal, que revolucionó el sector bancario y se vendió por mil quinientos millones de dólares.

Hay muchos emprendedores con talento y éxito. Elon Musk se desmarcó de ellos cuando invirtió casi todo el capital ganado con sus dos primeras empresas en cohetes, un campo cuya exigencia técnica solo es comparable con la complejidad y la burocracia infinita del sector aeroespacial. ¿Quién era él para creerse con derecho a irrumpir y superar a gigantes como Northrop Grumman, Raytheon, Lockheed Martin..., o incluso la NASA?

Gente con más dinero y mejor cualificada ya lo había intentado sin éxito. De hecho, había un cementerio de empresas aeroespaciales llenas de doctores en Física y ambiciosos multimillonarios. ¡Naciones enteras han fracasado en su intento de crear programas espaciales que funcionaran!

> Cuando conocí a Elon, enseguida vi claro que, aunque tenía una mente científica y comprendía los principios básicos, no sabía nada de cohetes —dijo el doctor Robert Zubrin, ingeniero aeroespacial, sobre el Musk de 2001—. Nada de nada.

No sería justo afirmar que Musk no sabía nada cuando creó SpaceX, porque siempre le habían interesado los cohetes. De pequeño ya experimentaba con sus primos, como suelen hacer muchos futuros ingenieros aeroespaciales. «Tengo la suerte de no haber perdido ningún dedo —comentó Musk sobre sus experimentos con pólvora y productos químicos—. Es alucinante la cantidad de cosas que puedes hacer volar por los aires».

Lo bueno de no ser experto en algo es que se puede solucionar. Si uno quiere, la ignorancia puede ser pasajera. Convertirte en experto depende del interés que pongas, los maestros que encuentres y las ganas que le eches.

Cuesta creer que alguien pueda aprender a lanzar naves espaciales solo leyendo libros por su cuenta, pero Elon lo consiguió. Sus amigos cuentan que, recién convertido en millonario, iba por ahí cargado con desconocidos manuales soviéticos sobre cohetes. Se hizo con biografías de Wernher von Braun y Sergei Korolev, pioneros en ese campo. También con obras como *Aerothermodynamics of Gas Turbine and Rocket Propulsion* y *Fundamentals of*

Astrodynamics. Y lo más sorprendente es que se las leyó. En palabras de uno de los primeros empleados de SpaceX y dueño de la biblioteca que Musk saqueó: «Es verdad. Devoró esos libros... Es el hombre más inteligente que he conocido, y siempre tuvo en mente construir un cohete».

Elon llevaba leyendo ciencia ficción desde pequeño, soñaba con el espacio y con un futuro mejor, casi inimaginable. Había devorado las conferencias de Richard Feynman y las obras de Isaac Asimov y Douglas Adams. Le apodaban Enciclopedia porque tenía una memoria de elefante y estaba empeñado en leerse hasta el último libro de la casa. Cuando sus padres no lo encontraban, iban directos a la librería local, a la que solía acudir después de clase. Pasaba allí tres o cuatro horas al día, o hasta que los dueños le echaban. Y eso después de haberse leído, como Truman, todo lo que había en las bibliotecas del colegio y el pueblo. «Me educaron los libros —confesó Musk—. Primero los libros y luego mis padres».

«Cuando a Elon le interesa algo, su nivel de implicación es muy diferente al de los demás —recordaba su compañero de universidad—. Eso es lo que lo diferencia del resto de la humanidad». Pero no se trataba solo del nivel de interés, sino de que focalizaba toda su atención en lo que le apasionaba, ignorando por completo cualquier distracción o estímulo externo. «Desde pequeño, cuando me centro en algo, desconecto por completo —dijo Musk—. No veo ni oigo nada. Uso el cerebro para procesar, no para recibir información».

Pero no le bastaba con leer para saciar su curiosidad. Iba derecho a la fuente. Viajó por todo el mundo para reunirse con expertos y plantearles sus preguntas. Se unió a la Mars Society, un grupo que contaba con científicos de la NASA e incluso con el director James Cameron. Alquilaba salones de hotel para conferencias y organizaba encuentros sobre el espacio, invitando a las figuras más relevantes del sector, a las que luego acribillaba a preguntas. Contrató a los profesionales más destacados. «Al principio pensé que me estaba poniendo a prueba para comprobar si dominaba la materia —dijo uno de los primeros empleados de SpaceX—. Luego me di cuenta de que trataba de aprender. No paraba de hacerte preguntas hasta que se hacía con el 90 por ciento de tus conocimientos».

Somos muy dados a emplear la palabra «genio» a la ligera, pero a menudo esta etiqueta es más un flaco favor que un cumplido para quien la recibe. Da a entender que ya ha nacido con esas capacidades, que no es más que un fenómeno de la naturaleza. Pero lo cierto es que, en el instituto, Elon solo era un estudiante que estaba un poco por encima de la media —solía sacar buenas notas en las asignaturas que le gustaban— y obtuvo un 1.400 en el examen de admisión para la universidad, que no está nada mal. Era un alumno con potencial, pero en absoluto extraordinario, tanto en la Universidad de Pennsylvania como después en Stanford, donde cursó los estudios de posgrado.

Se dice que una de las señales de una mente brillante de verdad es la capacidad de comprender la función exponencial, de asimilar el concepto de los números compuestos. Nadie llega a acumular un patrimonio neto de cientos de miles de millones de dólares sin dominar este concepto, y la formación de Musk es un buen ejemplo de ello. Su inmersión en diversos campos científicos fue lenta al principio, pero su dedicación y perseverancia, multiplicados por la enorme cantidad de tiempo que dedicó a sus diversos proyectos, dieron lugar a algo extraordinario. «En 2007, Elon lo sabía todo sobre cohetes —afirma Zubrin con asombro—. Y con todo lujo de detalles».

Resulta que el conocimiento es también una demostración de la función exponencial.

La idea inicial de Musk para lo que acabaría siendo SpaceX era subcontratar la construcción de cohetes, tal y como hacen casi todas las empresas del sector espacial, incluida la NASA hoy en día. Lo malo de hacer lo mismo que todo el mundo es que sueles obtener los mismos resultados que los demás. «En general, solemos razonar por analogía; copiamos lo que hacen e introducimos pequeños cambios —decía Musk—. Pero, si de verdad quieres innovar, tienes que aplicar el pensamiento basado en los primeros principios y tratar de identificar las verdades fundamentales en un campo concreto para empezar a razonar a partir de ahí».

Aristóteles defendía que hay que ir al origen de las cosas, hasta la verdad primordial, en vez de aceptar sin más la percepción o la creencia popular. Musk instó a su equipo a calcular el coste real de construir ellos mismos los cohetes y a cuestionar los procesos básicos del sector. «Llegad hasta la física pura», les dijo. Al hacerlo, el equipo de SpaceX descubrió que el importe de los materiales suponía solo un 2 por ciento del precio de mercado de los cohetes que pensaban comprar.

¡Un 2 por ciento! No un veinte. Ni siquiera un doce. ¡El dos!

Nadie hasta entonces se había molestado en comprobarlo. Elon Musk se preguntó: «¿Cuánto nos costaría hacerlo nosotros?». Y se puso manos a la obra.

Y esa no fue la única verdad establecida en la industria aeroespacial que Musk se atrevió a cuestionar. La burocracia y el inmovilismo imperaban en el sector. El país que llevó al hombre a la luna en 1969 había olvidado cómo hacerlo. En 2002, ya hacía más de treinta años que ningún estadounidense salía de la órbita baja terrestre. Todo costaba una fortuna y se tardaba una eternidad.

Hacía falta un neófito con recursos limitados para dar con la fórmula de los cohetes reutilizables y desarrollar sistemas de aviónica por una fracción del precio habitual. Musk logró lo que los expertos más reputados del sector afirmaban una y otra vez que era imposible. Porque no le quedaba otra. No podía permitirse el lujo de hacer las cosas como se habían hecho siempre..., y tampoco de no hacerlas.

Fueron en parte estas experiencias las que llevaron a Musk a desarrollar lo que acabó bautizando como el «índice de idiotas». La diferencia entre el precio de mercado de cualquier producto —ya sea un cohete, una batería o un proyecto de construcción— y el coste real de sus materiales básicos. Cuanto más alto sea el índice, más probabilidades de despilfarro, incompetencia o estupidez pura y dura.

Con los años, Musk desarrolló lo que hoy llama su «algoritmo», un procedimiento que permite pensar de manera poco convencional pero lógica que rompe con la burocracia y las creencias que nos limitan, al tiempo que resuelve problemas complejos.

Sus trabajadores le han oído hablar mil veces de este método. El primer paso, como no podía ser de otro modo, es cuestionarlo todo. Es imperativo analizar de forma crítica cada requisito, cada supuesto, cada normativa y cada restricción. Lo único sagrado son las leyes de la física. Lo siguiente es eliminar, eliminar, eliminar. Hay que eliminar cualquier parte o proceso innecesario que encuentres. Musk dice que es mejor pasarte eliminando, porque, si hace falta, siempre puedes añadir lo que has quitado. Simplifica, pero asegúrate de que no estás simplificando algo que deberías eliminar. Actúa con rapidez; casi todo tarda una eternidad, la gente es muy lenta. Automatiza todo lo posible. Y repito, asegúrate de no automatizar algo que se deba eliminar.

Walter Isaacson, el último biógrafo de Musk, aporta algunas conclusiones basadas en las muchas horas que dedicó a observar su forma de trabajar; la experiencia práctica es clave. Hay que dar ejemplo. La actitud cuenta más que el talento o los conocimientos. «No pasa nada por equivocarse —resume Isaacson citando a Musk—. Lo que no puedes hacer es equivocarte y encima estar convencido de que tienes razón, cuando no es así».

«Una de las reglas de Elon es: "Acércate todo lo que puedas a la fuente de información"», decía un ingeniero. En sus fábricas, pregunta a los trabajadores de la cadena cómo funciona el proceso. Se opone a la burocracia. «¿Por qué tenemos que hacer eso?». Confía en el criterio de la gente con experiencia práctica. El que formula preguntas inteligentes obtiene recompensas y beneficios.

SpaceX logró realizar más de trescientos lanzamientos con éxito, desplegar miles de satélites, enviar a personas a la Estación Espacial Internacional y construir el cohete más alto y potente del mundo, entre innumerables innovaciones. Resulta casi increíble ver los cohetes de la empresa aterrizar en barcos no tripulados en medio del océano o al Mechazilla, unos brazos mecánicos, atrapar con éxito el propulsor de un cohete al regresar al punto de lanzamiento.

Como un auténtico visionario, Musk soñó con un futuro que no existía y lo hizo realidad. Lo logró a base de fuerza de voluntad y perseverancia técnica, superando múltiples lanzamientos fallidos, obstáculos complejos y exasperantes, y la amenaza constante de la bancarrota. Y todo ello a pesar de que el programa espacial estadounidense estaba prácticamente parado cuando él empezó.

Cabe destacar que, mientras Musk aprendía por su cuenta sobre el sector aeroespacial, también se estaba formando a toda velocidad en la fabricación de automóviles e ingeniería eléctrica.* Tras conocer a un equipo que intentaba construir un coche eléctrico, Musk se involucró en Tesla, compañía que él mismo financiaría y acabaría dirigiendo. Así, se convertiría en la primera nueva empresa automovilística estadounidense viable en casi un siglo —desde la fundación de Chrysler en 1925— y en la primera de coches eléctricos para el mercado de masas.

El éxito hace que las cosas parezcan fáciles, pero esto también fue una tarea casi imposible. Tesla empezó fabricando un coche deportivo de gama alta; para que funcionara, hizo falta una revolucionaria innovación en baterías, transmisión y sistemas de carga. Con la intención de que la empresa fuera sostenible, Tesla tuvo que fabricar coches asequibles y accesibles, construir megafábricas, crear un sistema de venta directa y capear la Gran Recesión y la consiguiente crisis financiera.

Incluso las grandes pantallas táctiles que Tesla popularizó eran inéditas y muy difíciles de conseguir en aquel momento. «No

* Aunque, una vez más, estos intereses vienen de lejos. «¿Alguna vez piensas en coches eléctricos?», le preguntó a una mujer en una primera cita mientras estaba en la universidad.

existe nada parecido en la cadena de suministro del sector del automóvil», le dijeron a Musk. «Claro, porque nunca se ha instalado en un puñetero coche», replicó él. Al igual que con los cohetes, su equipo y él encontraron la forma de hacerlo realidad.

Desarrollaron puertas de apertura vertical, motores capaces de pasar de cero a cien kilómetros por hora en 1,99 segundos, sistemas de piloto automático y conducción autónoma, y baterías que permiten recorrer más de 363 kilómetros con una sola carga.

Desde Henry Ford, nadie había revolucionado tanto el transporte o la industria manufacturera como Elon Musk. No solo consiguió que el coche eléctrico fuera una realidad, sino que además lo convirtió en un objeto de deseo. Construyó desde cero toda la infraestructura productiva y logística necesaria para fabricarlos a gran escala y distribuirlos por todo el mundo.

Al igual que ocurrió con SpaceX, Tesla estuvo a punto de fracasar en numerosas ocasiones. Muchos la consideraban un pozo sin fondo al borde de la quiebra. Lo mismo podría decirse de SolarCity, su enorme empresa de paneles solares y baterías. Pero sacó adelante estas compañías y, mientras las construía o las salvaba, también cofundó OpenAI, una empresa puntera en inteligencia artificial. SpaceX puso en marcha Starlink. Y Musk fundó Boring Company y Neuralink.

El valor total de estas empresas supera con creces el billón de dólares.

Lograr una sola de estas hazañas podría calificarse como una proeza de inteligencia extrema, perspicacia empresarial, creatividad, ambición y determinación. Conseguirlo todo en un plazo de apenas dos décadas roza lo inconcebible. El astronauta Garrett Reisman, doctorado en Caltech, dice: «Lo que más me impresiona son sus vastos conocimientos. He conocido a mucha gente superinteligente, pero suelen ser personas expertas en un solo campo. Él es capaz de conversar con nuestros mejores ingenieros sobre el software y sus aspectos más técnicos, y acto seguido debatir con los ingenieros de fabricación sobre una técnica de soldadura muy especializada para aleaciones complejas. Pasa de un tema a otro como si nada. Tiene una capacidad única para dominar campos tan distintos como los que intervienen en los cohetes, en los coches y en el resto de sus proyectos».

Elon Musk parece un personaje salido de las páginas de Plutarco. Una figura que domina el mundo como un coloso. Alguien que puede presumir, y con razón, de que ha dejado huella en el mundo. Aunque Plutarco también habría advertido que bajo su grandeza siempre ha existido un defecto trágico y monumental: un narcisismo equiparable a su talento, una tendencia autodestructiva y delirante que a menudo ha hecho que este hombre tan inteligente pareciera un auténtico tonto.

«Uno de los mayores talentos de Elon es la capacidad de presentar su visión como un designio divino», llegó a decir uno de los socios fundadores de Musk en PayPal. Convenció a sus empleados de que PayPal era el futuro de la banca, que Tesla libraba una cruzada para reducir las emisiones de carbono y que SpaceX llevaría a la humanidad a Marte.

Pero este superpoder también raya en la demencia, prima hermana del complejo de mesías.

Es la historia de siempre. A medida que Elon triunfaba, amasaba miles de millones de dólares y su fama crecía, iba perdiendo poco a poco el contacto con la realidad. Su ambición va de la mano de la inestabilidad emocional, la paranoia y los prejuicios, y de una incesante necesidad de atención. Es un espectáculo cautivador, pero también una tortura para él. «Mi mente es una tormenta —confesó en una entrevista—. En realidad, nadie querría ser yo. Puede que crean que sí, pero no. No tienen ni idea, y tampoco lo entienden».

«Es un imán para los problemas —dijo Kimbal, el hermano de Elon—. Es su obsesión, el *leitmotiv* de su vida». Hablamos de un hombre con catorce hijos que dirige casi otras tantas empresas con decenas de miles de empleados, cuyo objetivo era «convertir a la humanidad en una civilización interplanetaria», y que sin embargo ha publicado más de veinte mil tuits desde que se abrió una cuenta en Twitter (ahora X) en 2010 (a veces hasta quinientos en un solo día).

Y muchos de ellos han sido auténticos disparates.

Disparates puros y duros. *The New York Times* reveló que cerca del 30 por ciento de los 171 tuits (¡171 en una semana!) que Musk había publicado hacía poco eran «falsos, engañosos o carecían de contexto esencial».

«No pasa nada por equivocarse —dijo una vez Musk—. Lo que no puedes es equivocarte y encima estar convencido de que tienes razón cuando no es así».

Incluso puede que no pase nada por equivocarte y estar convencido de que tienes razón en privado. Pero hacerlo delante de cientos de millones de seguidores que te adoran es peligroso.

Cuando un periodista le preguntó a Elon por qué no tenía más cuidado con sus palabras, Musk dijo que eso no le importaba lo más mínimo. «Digo lo que me parece, y si pierdo dinero por ello, mala suerte», respondió, encogiéndose de hombros. Algo extraño para el consejero delegado de una empresa pública y gestor de grandes contratos públicos. Pero ¿qué pasa con las consecuencias para otras personas? ¿O para la sociedad que ha ayudado a construir?

«Con las tendencias actuales, lo más probable es que para finales de abril no haya apenas nuevos casos en Estados Unidos», tuiteó Musk, que no es epidemiólogo, a mediados de marzo de 2020, haciendo referencia a una pandemia que infectaría a más de trescientos millones de estadounidenses y mataría a más de 1,2 millones de ellos en el proceso. También prometió a los inversores que los Tesla serían autónomos en un año. «Estoy seguro de ello», dijo en 2019. «No hay ninguna duda», predijo con absoluta seguridad haciendo referencia a que los humanos colonizarían Marte en 2022. «Financiación asegurada», anunció, presumiendo de que tenía el capital necesario para privatizar Tesla a cuatrocientos veinte dólares la acción ese mismo año. No había tal financiación, y el precio era una burda broma sobre la marihuana que pensó que le haría gracia a su novia. Como consecuencia, la Comisión de Bolsa y Valores le impuso una multa de cuarenta millones de dólares por ese tuit y le amenazó con prohibirle dirigir una empresa pública de por vida. Se vio obligado a dimitir como presidente y se le vetó el ejercicio del cargo durante tres años. Y tuvo suerte porque, si la operación se hubiera llevado a cabo, privatizar Tesla le habría costado miles de millones de dólares.

Ahí lo tienes, diciéndole a la gente que no se vacune, sin ser médico. Advirtiendo a la gente de que tomar antidepresivos puede matar. Diciendo a los inversores que cree que sus propias acciones están sobrevaloradas. Promocionando criptomonedas poco fiables. Burlándose del cuerpo de Bill Gates (no es que el suyo sea para tirar cohetes). Diciéndole a la Comisión de Bolsa y

Valores que le coman la polla. Quejándose del gasto gubernamental, cuando sus empresas se mantuvieron a flote gracias a ayudas estatales y contratos gubernamentales por valor de más de quince mil millones de dólares. Llamando «pedófilo» a un famoso espeleólogo que acababa de rescatar a doce niños de una muerte segura. Y después de pedir perdón por consejo de sus abogados, tuiteó: «¿No os parece raro que no me haya demandado?», ganándose así una demanda de doscientos millones de dólares. Y sí, publicando la dirección del domicilio de un periodista con el que no estaba de acuerdo.

Ahí lo tienes, todo un multimillonario acusando de criminales a los trabajadores de ayuda humanitaria. El mismo que fue ecologista tildando de «comunistas» a los activistas del cambio climático. Llamando «retrasado» a uno de los fundadores de Facebook, y «retrasado total» a un astronauta de SpaceX. Retando al otro fundador de Facebook a un «combate en una jaula», para luego echarse atrás como un cobarde. Fumando marihuana delante de una cámara, a pesar de ser un contratista del gobierno, sujeto a estrictas normas antidrogas. Usando una cuenta falsa con el nombre de su hijo pequeño para insultar a su ex, la madre del niño que él fingía ser. Despotricando contra los inmigrantes, cuando él emigró primero a Canadá y luego a Estados Unidos de forma ilegal, según su familia.

¿Qué tienen en común todas estas conductas erráticas y en apariencia contradictorias?

Pues a él, claro. No solo la desbordante energía, la inmadurez, la impulsividad o la gran cantidad de tiempo desperdiciado, sino la obsesión de Musk por convertir cualquier asunto complejo o polémico en algo personal. Siempre es: «"Voy" a decirte lo que pienso sobre esto. "Yo" sé más que nadie. "Tengo" que intervenir. "Sé" lo que hay que hacer. "Creo" que eres idiota. Esto es facilísimo. Lo que yo siento cuenta más que tus hechos. Las normas no son para mí».

A Musk le encanta considerarse un tecnólogo, y sin duda lo es. Pero también es un narcisista tóxico y, como nos ocurre a muchos, su lado irracional suele imponerse a su lado racional y científico.

¿Por qué ha llegado a este punto? Porque las influencias importan. Los hábitos importan. El hombre que antes se dejaba guiar por su algoritmo basado en los primeros principios ahora es víctima de los algoritmos de las redes sociales. El hombre que solía abordar cada tema como un físico, leyendo todo lo que caía en sus manos, ahora toma decisiones empresariales importantes a base de encuestas en X, se comunica con emojis y obtiene sus opiniones políticas de cuentas como Catturd2 y EndofWokeness. El que antes organizaba encuentros para aprender sobre el espacio vive ahora en una burbuja en la que casi todo el mundo que conoce o con el que habla le teme o quiere algo de él.

Con el éxito extremo, el aire se enrarece. Los comentarios sinceros escasean. La verdad se diluye. El aislamiento se convierte en la norma.

No debe de ser fácil dirigir tantas empresas a la vez, pero sus decisiones no han hecho más que complicarle las cosas. Hace una década, Musk despidió a su asistente de toda la vida, tras doce años de servicio, alegando que ya no la necesitaba y que él podía hacer mejor su trabajo. «En mi opinión, el peor rasgo de Elon, con diferencia, es su absoluta falta de lealtad o empatía —dijo el exdirector técnico de Tesla—. Muchos de nosotros trabajamos sin descanso para él durante años y nos echaron como si fuéramos basura sin pensarlo dos veces». Pero despedir a estas personas no solo fue una crueldad, también fue una estupidez. Fue él quien salió perdiendo. Y aunque cada vez tenía más trabajo y más hijos, no contrató a nadie para cubrir ese puesto.

No es de extrañar que sus decisiones fueran cada vez más erráticas.

Demasiada presión para una sola persona. Una carga diaria aplastante.

Se llega a un lugar oscuro con bastante rapidez...

«Has dicho la auténtica verdad», tuiteó Musk como respuesta a un fanático antisemita que difundía la teoría del Gran Reemplazo. Acto seguido, rehabilitó al infame Alex Jones (y luego se puso de su lado en un pleito contra los padres de las víctimas de Sandy Hook). Compartió propaganda rusa, habló con Vladimir Putin por teléfono. Interactuó en X con un neonazi, apoyó al partido vinculado a grupos neonazis en Alemania y criticó al país por «centrarse demasiado en la culpa del pasado»... apenas unos días después de hacer lo que a todas luces parecía un saludo nazi. Se burló del uso de pronombres incluso mientras su hija de dieciséis años hacía la transición. Acusó sin fundamento a un joven judío de ser un agente federal que participaba en una operación de falsa bandera, y el hombre y su familia tuvieron que abandonar su casa huyendo del acoso de la extrema derecha. En una entrevista con un periodista negro, Musk, nacido y criado en la Sudáfrica del apartheid, soltó con desdén: «¿Qué ventajas me ofrece el color de mi piel?».

En lugar de asumir estos errores, hacer autocrítica o limitarse a cerrar la boca, Musk decidió demandar a la Liga Antidifamación, una de las organizaciones sin ánimo de lucro más antiguas y prestigiosas del mundo, dedicada desde hace décadas a combatir justo el tipo de odio antisemita que sus políticas en X han contribuido a propagar.

Como es natural, Musk niega ser racista, pero, para no serlo, dice muchas cosas que gustan a los fanáticos que le siguen. «Conmigo no hace falta leer entre líneas —dijo una vez a un periodista—. Yo lo digo todo a las claras».

Claro, claro. No hace falta leer mucho entre líneas para llegar a la conclusión de que el Henry Ford de nuestro siglo parece que se esté convirtiendo en..., bueno, en el Henry Ford de este siglo.*

Por supuesto, la mayor estupidez de Elon Musk en Twitter fue comprarlo. En 2022 comenzó a adquirir acciones de la red social, violando, dicho sea de paso, la ley de valores al no informar a tiempo de su participación accionarial. Tras aceptar que iba a formar parte del consejo de administración, cambió de parecer en los cinco minutos que duró una única y tensa conversación por mensajes de texto con el consejero delegado de Twitter (que se produjo porque este le pidió que dejara de decir en esa red social que Twitter se estaba muriendo). Fue una decisión visceral que poco después derivó en una oferta de compra de toda la empresa por 54,20 dólares por acción, es decir, cuarenta y cuatro mil millones de dólares, una cifra desproporcionada. «Lo que Twitter necesita es un dragón que escupa fuego», dijo Musk,

* O tal vez esté asumiendo el legado de su familia. El abuelo materno de Musk, J. N. Haldeman, era —como el *The New York Times* resumió de forma sucinta— «un conspiranoico antisemita y defensor del apartheid que culpaba a los financieros judíos de casi todos los males del mundo».

que consideraba que la dirección de ese momento no era lo bastante enérgica.

Le costó varios meses y muchos millones de dólares en abogados convertirse en ese dragón que escupe fuego. Y, cuando por fin consiguió lo que deseaba, arrasó por completo una de las mayores redes sociales del mundo.

Al cabo de unos meses, la red que compró por casi cincuenta mil millones de dólares valía mucho menos de diez mil. Comprar Twitter no fue un «error» como los que cualquiera puede cometer. Todas las empresas meten la pata. Todos los jefes toman malas decisiones. Todos los deportistas fallan alguna que otra vez. Pero comprar Twitter fue más como cruzarte todo el campo y marcarte un gol en propia puerta, a pesar de que tus compañeros de equipo, el público e incluso el árbitro intentaran detenerte. Según se cuenta, cuando se cerró la operación, Musk lo celebró gritando: «¡QUE TE JODAN, ZUCK!». Fue una provocación dirigida a Mark Zuckerberg, que desde luego no estaba por la labor de impedir que su rival cometiera quizá el mayor error no forzado de la historia de los negocios.

«¿Cómo ganar una pequeña fortuna en las redes sociales? —bromeó más tarde Musk—. Empiezas con una grande». Fue un fugaz momento de lucidez antes de continuar con el mismo tipo de decisiones que habían hecho perder cerca del 80 por ciento del valor de mercado a la empresa.*

La compra de Twitter no fue solo una metedura de pata, sino una interminable sucesión de errores garrafales, un empeño casi

* En realidad, es peor si se tiene en cuenta que vendió valiosas acciones de Tesla para pagar la adquisición.

obsesivo de seguir tropezando una y mil veces con la misma piedra, empeorando las cosas con cada nueva, estúpida e imprudente decisión. La compra fue impulsiva desde el principio, pues Musk aseguró que quería comprar Twitter en parte para «derrotar a los bots», y luego intentó romper el acuerdo alegando que la plataforma tenía demasiados bots. Se apresuró a firmar la compra, renunció a cualquier derecho a realizar una auditoría previa y se fio de su instinto en vez de revisar las cuentas de la empresa. Cuando quiso recular, Twitter le llevó a juicio y se amparó en las condiciones del contrato que él mismo había propuesto. «No sé por qué lo hice —acabó reconociendo Musk—. La jueza básicamente me obligó a comprar Twitter, y ahora estoy jodido».

Pero nadie le obligó a despedir de golpe a más de seis mil empleados (el 80 por ciento de la plantilla), confiando en que una empresa tan compleja como Twitter siguiera funcionando con personal mínimo. Nadie le obligó a realizar los despidos de una forma tan rápida y desorganizada que luego tuvo que pedir a muchos de los empleados clave que regresaran. Fue idea suya prescindir del equipo de relaciones públicas y responder a los medios con el emoji de la caca, asegurándose su enemistad y la mala prensa. Él fue quien decidió vetar a muchos periodistas en la plataforma y censurar la palabra «cisgénero», contradiciendo su argumento de que había comprado la plataforma para «proteger la libertad de expresión».

Fue cosa suya dejar de pagar el alquiler y el servicio de limpieza, de modo que los baños apestaban y los empleados que quedaban tenían que traerse el papel higiénico de casa. Tampoco le pidieron que se peleara con Disney y Apple, dos anunciantes que invertían cientos de millones de dólares en su plataforma.

Solo los sectores más ultras de la extrema derecha querían que retirara el veto a los troles tóxicos y los fanáticos. Solo ellos esperaban que aumentaran los discursos de odio y los insultos racistas en la plataforma, que fue justo lo que pasó. Por supuesto, nadie pensó que fuera buena idea cambiarle el nombre a una de las marcas más conocidas del mundo, rebautizando Twitter como X.

Y desde luego nadie en sus otras empresas —Tesla y SpaceX— ni tampoco sus clientes más exigentes querían esta enorme distracción, y menos aún que semejante fiasco afectara a la reputación de su marca.

Así que eliminó el sistema de verificación que anunciantes y empresas utilizaban para evitar farsantes y suplantadores en la plataforma. Apenas dos días antes de mantener una serie de reuniones críticas para tranquilizar a las preocupadas marcas, compartió un enlace a una web conspiranoica para insinuar que al marido de Nancy Pelosi no lo agredió un perturbado (al que condenaron a cadena perpetua), sino que el agresor fue su amante homosexual. «Es una desinformación partidista tan burda que hace que me preocupe por ti y me cuestione tus fuentes —llegó a decirle a la cara un empleado—. Solo el 10 por ciento de la población adulta es lo bastante crédula como para tragarse esto».

Musk le despidió en el acto.

«Soy un auténtico imbécil», le confesó a un experto en gestión de crisis después de otro absurdo escándalo. «Yo solito me he puesto la zancadilla muchas veces», admitió bajo juramento en un juicio por uno de sus muchos polémicos tuits.

En efecto.

Sus detractores afirman que los últimos años demuestran que el emperador siempre estuvo desnudo. Recuerdan que Musk no fue el único cerebro detrás de PayPal y que ni siquiera fundó Tesla. Señalan las cuantiosas subvenciones gubernamentales que han recibido sus empresas. En *Glass Onion*, la película de misterio dirigida por Rian Johnson, el personaje principal, inspirado en Elon Musk, resulta no ser un genio malvado, sino un payaso torpe con aires de grandeza, un vendehúmos cuyo único mérito real es hacer creer a todos que es un visionario.

En cierto modo, esa es una visión demasiado simplista e indulgente. Porque, si Musk fuera un verdadero tonto, eso le eximiría de la responsabilidad por las barbaridades que ha dicho y las decisiones irresponsables que ha tomado. Lo más curioso y alarmante que se puede decir de Elon Musk es que «es lo bastante inteligente como para saber lo que hace».

Desde luego, no llegó donde estaba actuando de esa forma.

Durante muchos años, no solo parecía que Musk tuviera el don de Midas, sino que lo tenía de verdad. Generó miles de millones de dólares. Hizo cosas que se consideraban imposibles. Apareció en portadas de libros y revistas superventas, fue elogiado por la prensa, protagonizó cameos en películas de superhéroes. Consiguió una de las cifras más altas de seguidores en las redes sociales de la historia. Y en todo lo que emprendía, cada vez que sus detractores le cuestionaban o el mercado desconfiaba de él, Musk siempre demostraba que tenía razón. Si les hubiera hecho caso, ¿dónde estaría él? ¿Y nosotros?

Elon Musk era Midas. Todo lo que tocaba se convertía en oro.

Sin embargo, es demasiado fácil olvidar que el mito del rey Midas es una tragedia, que el poder corrompe, que el éxito genera malos hábitos, que la soberbia precede a la caída. «Llevo oyéndolo toda la vida —dijo, refiriéndose a los que le advirtieron que algo era imposible, que no hiciera esto o aquello, que tuviera cuidado, que fuera más despacio, que aceptara la realidad—. No es nuevo. También decían que los cohetes no aterrizarían». No se le olvida que hasta sus amigos organizaron una intervención cuando se planteó crear SpaceX. «Elon, es una locura montar una empresa de cohetes», le dijeron.

¿Por qué debía hacer caso a nadie? ¿En cualquier tema?

Ashlee Vance, uno de sus biógrafos más entusiastas, destacó que los éxitos imposibles de Musk revelaban «su sello personal: meterse en negocios complejos sin inmutarse lo más mínimo por su falta de experiencia o conocimiento del sector». Por tanto, no es de extrañar que acabara convencido de que podía aprender cualquier cosa, hacer cualquier cosa y que era más listo que todos los demás.

Tener experiencia en un campo es un arma de doble filo. Unas veces se puede aplicar a otros ámbitos; otras veces, no. Distinguir esa diferencia requiere sabiduría, humildad y conocerse a uno mismo.

Elon Musk tomó por costumbre considerar idiota a cualquiera que no estuviera de acuerdo con él. Lo dejó claro en su «índice de idiotas». Sus ataques de ira ante los errores o las diferencias de opinión eran tan habituales que sus empleados acuñaron la expresión «momento idiota». Ya sabes, se produce cuando Musk, uno de los hombres más ricos y poderosos del mundo, se planta delante del trabajador de una fábrica, un gerente, un publicista o un funcionario y le grita: «¡Eres un idiota! ¡Lárgate y no vuelvas!».

Este entorno tan competitivo y agresivo elimina a los que no aguantan la presión. Mantiene a la gente tensa. Pero al final solo quedan los aduladores y la gente medio desequilibrada. En el mundo de Musk, los que le llevan la contraria, le recomiendan que no se meta en polémicas, le dicen la verdad pura y dura o le piden prudencia o consideración, acaban de patitas en la calle. Como dijo un ingeniero: «La sentencia de muerte es demostrar que Elon se equivoca». En sus compañías, todo el mundo sabe que, si cuestionas la seguridad, las normas o si algo es posible, te excluirán de las reuniones y, tarde o temprano, te acabarán echando de la empresa.

No es de extrañar que haya tomado el rumbo que ha tomado. ¿Quién no lo haría?

La actriz Talulah Riley, segunda esposa de Musk, dijo en su momento que su función era evitar que su marido se volviera loco de poder, que se dejara corromper por el estrés, la riqueza y la influencia. Musk, que nunca ha soportado que le impongan límites —ni la Comisión de Bolsa y Valores ni los inherentes a un alto ejecutivo de su talla—, terminó divorciándose de Riley en dos ocasiones. Y, después de eso, Musk se volvió loco de poder.

Lo más peligroso que le puede pasar a la persona más inteligente del mundo es que comience a creerse que es la persona más inteligente del mundo.

Eso lo convierte en un tonto muy peligroso.

Porque empieza a pensar que cada uno de sus actos es brillante, aunque sea claramente una estupidez.

El llamado «modo demonio» de Musk es bien conocido entre sus amigos y admiradores, un estado en el que se convierte en una fuerza imparable para resolver problemas que parecen imposibles o cumplir plazos que rozan lo inhumano. Todos saben la de meses que pasó durmiendo en la fábrica, las inyecciones de capital que evitaron la quiebra en el último momento o sus proezas logísticas y en la cadena de suministros.

Musk pasó las Navidades de 2022 lejos de su familia y dejó de lado sus otras empresas. Junto con un pequeño equipo de empleados leales, se dedicaron a desenchufar y cargar a toda prisa cientos de servidores de Twitter en camiones para recortar gastos. Más tarde reconoció que fue un error, ya que muchas funciones del sistema estaban vinculadas mediante referencias fijas a los servidores eliminados, lo que provocó graves fallos en la plataforma.

¿Por qué nadie le avisó? Seguramente ya los había despedido..., o temían que les llamaran idiotas si decían algo.

El propósito de la sabiduría es salir del modo «demonio» que el autor Robert Greene define de un modo más acertado como «infierno táctico». El deber de un líder no es conducir a su empresa al desastre y luego sacarla del hoyo. Su auténtica función es pensar de forma estratégica, ser proactivo y mantener la cabeza fría y el control para prevenir los problemas, en lugar de generarlos.

Aunque Musk lograse reflotar Twitter —y no sería la primera vez que saca un conejo de la chistera—, nadie puede negar que la crisis fue obra suya. Y cualquier éxito financiero será una victoria pírrica.* Porque durante el proceso ha echado a perder su

* No faltan quienes en la actualidad claman que la compra de Twitter fue una jugada maestra porque influyó en las elecciones de 2024. Pero desembolsar cuarenta y cuatro mil millones de dólares para influir en unas elecciones en las que los dos candidatos solo reunieron dos mil millones entre los dos sería, por definición, una de las peores decisiones empresariales de la historia. Y encima no tardó nada en pelearse con Trump.

reputación, antes intachable. Se ha convertido en una figura polémica, partidista y divisiva a escala global, y eso es un serio problema para un empresario que también depende del dinero del Estado. Perdió la claridad mental.

Malgastó muchísimo tiempo y energía.

Ese es el problema de permitir que tu mente sea una tormenta, como Musk describió la suya. Invitas al caos. Ignoras las advertencias. Vas de crisis en crisis, de conflicto en conflicto; gastas ingentes cantidades de energía que podrías haber empleado en otra cosa.

Los devotos de Elon celebran sus gestas empresariales salvando sus empresas, ¡pero la mayoría eran crisis evitables que él mismo provocó!

A Musk siempre le ha obsesionado arriesgarlo todo. Tanto es así que sus amigos bromean con que esa manía de apostarlo todo en cada mano le convierte en un pésimo jugador de póquer. Aun así, la decisión de invertir el dinero ganado con Zip2 en PayPal y después el de PayPal en SpaceX y Tesla fueron apuestas brillantes que le salieron muy rentables. Pero Peter Thiel, uno de los cofundadores de Musk, al que casi mata en el año 2000 cuando estrelló un McLaren F1 mientras gritaba: «¡Mira esto!», ha llegado a temer que «Elon busca el riesgo por puro placer. Da la sensación de disfrutarlo. De hecho, a veces parece estar enganchado». Más tarde, Thiel comentó que, si alguien escribiera un libro sobre el riesgo, titularía el capítulo sobre Elon «El hombre que no sabía nada sobre el riesgo».

No hay que ser muy listo ni tener un título en estadística para darse cuenta de que el problema de apostarlo todo una y otra vez es que al final es inevitable que lo pierdas todo.

Hay una escena en el libro de Isaacson que retrata a Musk en su nuevo papel y deja al descubierto la decadencia que le ha invadido. Isaacson observa mientras Musk ve a un grupo de trabajadores de Tesla que están instalando paneles solares en el tejado de una casa. Pero Musk ya no va a la fuente para aprender de primera mano; al parecer, está allí para dar lecciones. Regaña de forma airada al equipo por utilizar demasiados herrajes para asegurar los paneles solares y exige que reduzca el número de clavos en un 50 por ciento. «Si hay un huracán, el vecindario entero se irá a la mierda, así que ¿qué más da? —razona Musk—. No hace falta que sea estanco como un submarino. Mi casa de California tenía goteras —les dice, quizá refiriéndose a una de sus mansiones de Bel Air, las cuales vendió por ciento treinta millones de dólares—. Vale con algo intermedio».

Las cosas nunca acaban bien para los dictadores y los magnates que viven en una burbuja. No terminan bien para los egoístas, los que carecen de curiosidad o empatía. Si alguien no es capaz de ver eso, ¿de verdad es tan inteligente?

Pocos han conseguido tanto en tan poco tiempo en la historia de la humanidad como Elon Musk. Sus logros no admiten comparación con los de otros emprendedores, sino con sectores industriales completos; en algunos casos, solo con países enteros.

Quizá era inevitable que esa misma obsesión enfermiza tuviera también un lado destructivo, que el deseo de notoriedad que lo elevó a la categoría de héroe acabara por convertirle en un villano de dibujos animados. Ha hecho grandes cosas. Pero eso no le exime de responsabilidad por sus palabras y actos ni le disculpa por el daño que ha causado y que parece empeñado en seguir haciendo.

Porque esa es la parte más peligrosa, estúpida y trágica de toda su historia. No solo metió la pata con la compra de Twitter, sino que aprendió justo la lección contraria ¡e intentó repetir el desastre en el gobierno federal! Se dice que empeñarse en algo a pesar de todas las señales en contra es la definición de la locura.

Ya veremos si el karma le pasa factura o acaba cayendo por su propio peso. Lo que debería preocuparnos es que lo mismo que le ha pasado a Elon Musk puede ocurrirnos también a nosotros.

La inteligencia puede transformarse en estupidez con una facilidad sorprendente. Todos podemos caer en la arrogancia y el engaño. Libramos una lucha constante contra la radicalización, la intransigencia y la ira. El algoritmo puede llevar a cualquiera por el mal camino.

La sabiduría no es cosa de un día, sino algo que hay que trabajar siempre. La mente lucha contra sí misma, contra sus prejuicios, sus atajos, su vanidad, sus hábitos y sus demonios.

Todo científico tiene su punto de locura. Todo genio tiene algo de demente. Todos llevamos un loco en nuestro interior.

Tenemos una parte racional y otra irracional. Una parte que construye y otra que destruye.

¿Cuál se impondrá?

Vencer a estas fuerzas es una lucha que deberemos librar toda la vida.

¿Cuál ganará?

Vacía la taza

Hay una vieja historia zen sobre un maestro que recibe a un alumno para tomar el té. Cuando el estudiante tiende su taza, el maestro le sirve..., y vierte y vierte y la taza empieza a rebosar.

Al final, el alumno exclama:

—¡Pare! La taza está llena. No cabe más.

—Sí —responde el maestro—. Y tu mente es como esta taza, llena de opiniones y especulaciones. ¿Cómo voy a mostrarte el zen si no vacías tu taza?

Por supuesto, es un mensaje sobre los peligros del ego. Es un mensaje sobre mantener la mente abierta.

Porque el vaso tampoco tiene que estar lleno para causar problemas. «Si este vaso no está limpio —decía el poeta romano Horacio en el siglo I a. C.—, lo que se vierta en él se agriará».

La mente humana es increíble, el motor cognitivo más exquisito y avanzado que jamás ha existido. Pero también es muy vulnerable y frágil. Se supone que somos criaturas racionales, capaces de pensar para resolver cualquier problema. Sin embargo, los científicos han descubierto cerca de doscientos sesgos cognitivos que hacen que la mente trabaje en nuestra contra y en contra de nuestro deseo de ver la verdad.

Creamos patrones e historias donde no los hay.

Extraemos conclusiones precipitadas y nos fiamos de las primeras impresiones.

Nos dejamos llevar por pensamientos ilusorios y supersticiones.

Damos por hecho que todos ven el mundo como nosotros.

Nos aferramos a fragmentos de información; damos más valor a la información que tenemos delante o a la más reciente.

Nos contagiamos de la energía del momento o del ambiente que nos rodea.

Nos cuesta menos seguir defendiendo creencias absurdas que enfrentarnos a la vergüenza de admitir que estamos equivocados.

Nos doblegamos ante los que mandan.

Actuamos con arrogancia y condescendencia.

Y lo peor es que nos creemos inmunes a estos prejuicios, ¡lo cual ya es un sesgo peligroso de por sí!

Podría resultar hasta cómico si estos errores no acarrearan consecuencias tan graves. Si la gente no perdiera la vida por culpa de las mentiras. Si no se enviaran soldados a guerras perdidas porque los que mandan son incapaces de reconocer que se equivocan y les cuesta más rectificar que persistir en el error.

«Cada mentira es un veneno; no hay mentiras inofensivas», dijo Tolstói, parafraseando a Schopenhauer.

Somos la única especie con una mente poderosa y capacidad de razonar, pero ¿para qué las usamos? Para inventar excusas que justifiquen lo que ya habíamos decidido hacer. Para no salir de nuestra zona de confort. Para alejarnos de la sabiduría, para impedir nuestro crecimiento.

Debemos estar atentos a lo que vertemos en nuestra taza. Tenemos que asegurarnos de que está vacía. También tenemos que lavarla.

De lo contrario, el veneno se acumula. No solo nos arriesgamos a tomar una mala decisión de vez en cuando o a cometer un error embarazoso. Terminamos amargados.

Esto es lo que le ocurrió a Louis Agassiz en Harvard. El mismo que había enseñado a generaciones de alumnos a estudiar a los peces con rigor acabó volviéndose un hombre intolerante y ajeno a la realidad en su vejez. Cuando Darwin publicó *El origen de las especies* en 1859, se lo envió a Agassiz con una bonita nota, esperando que este biólogo de ideas avanzadas supiera apreciar la belleza de su nueva teoría.

No fue así. Agassiz no tardó en condenar la evolución como «el colmo de los disparates». En artículos y conferencias, cargó contra Darwin y sus ideas, convencido de que de algún modo contradecían su visión de la naturaleza y el universo. Nunca había sido un creacionista acérrimo, pero, al sentirse cuestionado, se convirtió en uno de ellos. Ignoró todas las evidencias que había visto con sus propios ojos. En una de sus últimas conferencias, Agassiz dijo, con absoluta falta de autocrítica, que un científico «pierde su objetividad cuando afirma sin pruebas lo que no puede demostrar [...]. Hay que tener el valor de decir "no lo sé"».

Una proyección de manual; un traicionero recurso psicológico. «Acuso a otros de algo para no tener que hacerle frente yo mismo». Como les ocurre a muchas personas al hacerse mayores, dejó de investigar. Dejó de estar abierto a nueva información. «La ciencia aborrece las creencias», solía decir a sus alumnos. Pero el hombre que antes buscaba pruebas para sustentar los hechos ahora rechazaba toda evidencia que no respaldara sus opiniones.

Donde más se evidenció esta deriva fue en el racismo seudocientífico del que fue un nocivo e influyente defensor. Agassiz abrazó el poligenismo, una teoría absurda y sin fundamento según la cual los negros descendían de antepasados distintos de los blancos. En cartas privadas, expresaba su preocupación por el mestizaje entre las razas, que consideraba un «pecado contra natura». «El cerebro del negro —decía sin la más mínima base científica— equivale al cerebro imperfecto de un feto blanco de siete meses».

Era justo lo que los esclavistas querían oír. Y también sirvió como consuelo para los que no poseían esclavos, liberándolos de las injusticias de la época. De hecho, diversos investigadores atribuyen algunas de las posturas raciales de Agassiz, un inmigrante suizo con un acento muy marcado, a su afán por integrarse en la sociedad estadounidense. Lo más probable es que se tratara de una grave disonancia cognitiva. Era inmigrante en un país con un sistema de castas racial, y se convirtió en ciudadano en plena Guerra de Secesión. Estaba rodeado de flagrantes injusticias. Como tantos otros estadounidenses, tuvo que elegir entre enfadarse por el orden establecido o buscar una justificación para que no resultara tan indignante.

Era un hombre inteligente, pero tomó la salida del cobarde.

Resulta sorprendente ver aquella célebre fotografía de la estatua de Agassiz que cayó de un edificio de Stanford durante el terremoto de San Francisco de 1906, décadas después de su muerte. La imagen lo muestra tal cual vivió Agassiz sus últimos años: boca abajo, con la cabeza enterrada en la tierra hasta los hombros, como si fuera un avestruz que negara lo que no quiere ver.

Da mucha pena que una mente brillante se autosabotee, ya se manifieste en los excéntricos desvaríos de Elon Musk o en el racismo de Agassiz. Cuando alguien trabaja durante años para dominar un campo, pero luego olvida lo que le hizo avanzar, su seguridad se convierte en una especie de kriptonita que acaba por destruirle. Es un espectáculo triste y desolador. Asa Gray, ferviente defensor de Darwin, dijo lo siguiente de Agassiz: «Este hombre, que podría haber aportado tanto a la ciencia y parecía destinado a grandes cosas, lleva años siendo un fraude, una farsa y una decepción, y nos está haciendo más mal que bien».

El genio científico vivió lo suficiente para convertirse en un enemigo de la ciencia.

Es algo trágico, pero muy habitual.

¡Oh, qué cantidad de cosas decidimos no ver!

Imagina que te presentan a un profeta. Ha congregado enormes multitudes. Se ha ganado enemigos muy poderosos. Dicen que es el hijo de Dios. Aunque no lo creas, hay algo distinto en él, una especie de luz, una nueva forma de pensar y de vivir. No se parece a nadie que hayas conocido antes.

Poncio Pilato, el gobernador provincial romano, hace comparecer ante él a este hombre que se llama Jesús. «Para esto he nacido —le dice el prisionero—. Para esto he venido al mundo, para dar testimonio de la verdad». Pilato, convencido de que lo sabe todo, sin tiempo ni ganas de escuchar, lo despacha con un gesto. «¿Qué es la verdad?», replica, y se marcha sin esperar respuesta.

Tus ideas preconcebidas, tus certezas, tus sesgos te vuelven estúpido. Pilato no tenía por qué creer que Jesús era el Hijo de Dios, pero... ¡ni siquiera mostró un mínimo interés por conocer lo que tenía que decir! Alguien afirmaba saber la verdad absoluta y él solo quería acabar rápido para seguir con su agenda.

La cerrazón nos limita. Nos vuelve crueles.

Debemos entender que la mente no siempre es nuestra amiga.

Podemos ilustrar la metáfora de las tazas de muchas otras maneras. Una ventana abierta permite que entre aire fresco y ahuyenta las enfermedades. El agua estancada se corrompe, mientras que un río caudaloso suele ser mucho más seguro para beber.

Debemos estar vacíos, debemos estar abiertos, debemos seguir moviéndonos.

Los estoicos sabían que estar en guardia contra las percepciones erróneas requiere un gran esfuerzo. Decían que hay que examinar cada impresión, sin confiar en las emociones ni en los pensamientos. Hay que comprobar, cuestionar y cerciorarse de no caer en viejos hábitos ni falsas promesas. Debemos evitar autoengañarnos y comprender que nos pueden engañar con mucha facilidad.

«¿Tienes una mente?», se preguntó Marco Aurelio, en la época posterior a Pilato.

«Sí».

«Entonces ¿por qué no usarla? ¿Acaso no quieres que haga su trabajo?».

Y eso es lo que hacía en las *Meditaciones*, su diario personal. Ponía a prueba su pensamiento, forzaba a la mente a trabajar por medio de la pluma, en lugar de conformarse con suposiciones o primeras impresiones.

Protegernos de nuestros prejuicios es una ardua labor. Hay que ser fuerte para mantener la mente abierta, sobre todo con el paso de los años. El cansancio hace mella en nosotros. Nos volvemos arrogantes. Nos convencemos de que ya lo sabemos todo.

Vamos acumulando opiniones a lo largo de la vida.

Y por eso nos cuesta más aprender; hay menos espacio en nuestra taza.

Si queremos sentarnos a tomar el té con los maestros, si queremos alcanzar la iluminación, tenemos que vaciar y limpiar nuestra taza una y otra vez.

Escribe para pensar bien

Para ser un monje trapense, Thomas Merton hablaba mucho. Al menos por escrito.

Tras convertirse al catolicismo en los años cuarenta, ingresó en un monasterio de la Orden Cisterciense de la Estricta Observancia (también conocidos como trapenses) en Kentucky. Como el nombre de la orden indica, Merton sabía que se comprometía a cumplir con los votos de obediencia, pobreza y castidad, además del trabajo físico y una vida llena de rituales. Aunque los trapenses no hacen voto de silencio en sentido literal, su vida gira en torno al recogimiento y al silencio. Se les conoce desde hace siglos como «los monjes que no hablan».

Para vivir en la abadía de Getsemaní, Merton renunció a casi todo menos a su pasión por escribir. En 1949 anotó en su diario: «También debo dejar constancia por escrito de en quién me he convertido. No es una vocación fácil. Ser tan buen monje como pueda, seguir siendo yo mismo y escribir sobre ello; volcar en el papel..., con absoluta sinceridad e integridad, sin ocultar nada...».

Un superior comprensivo estaba de acuerdo con él, y le encomendó la traducción y el estudio de diversos textos antiguos y religiosos, una tradición arraigada en los monasterios.* No era una tarea fácil. Según sus palabras, a veces era una tortura, casi una especie de calvario; un suplicio que a cualquiera que haya escrito alguna vez no le costará entender.

Pero de eso se trataba; lo hizo porque era difícil. Escribir puede ser una especie de penitencia, una voluntad de exponerse, de someterse al escrutinio. Sin embargo, escribir y editar es también una ardua tarea, como cualquier trabajo manual. Merton lo convirtió en un proceso espiritual, parte de su viaje y su vida en la fe. Publicó libros de poesía y una autobiografía de quinientas páginas titulada *La montaña de los siete círculos* que se convirtió al instante en un éxito de ventas y lo sigue siendo. Escribió biografías de santos y místicos, mantuvo correspondencia con monjes y fieles de otras religiones. Comenzó a implicarse en la política. Solo sus textos inéditos suman casi un millón de palabras.

Sus escritos marcaron a toda una generación de buscadores y pensadores. Con su trabajo, contribuyó a mantener a su orden. Era su manera de crecer y conocer a Dios.

Sin embargo, no a todos les gustaba la idea de que hubiera un monje con voz propia.

«Que le digan a ese trapense parlanchín que ha hecho voto de silencio que se calle», escribió un crítico furioso. Pero su editor, el gran Robert Giroux, consideró que la crítica era un auténtico disparate. «Escribir es una forma de contemplación», dijo.

* Muchas de las grandes obras de la Antigüedad han sobrevivido gracias a un sinfín de monjes anónimos.

Tanto es así que ese sería el título de una de sus mejores obras, *Semillas de contemplación*, un clásico espiritual.

En sus libros, cartas y cuadernos, Merton no exponía sus pensamientos, sino que los descubría a medida que escribía. Escribir era su forma de meditar, de compartir con el mundo sus pensamientos con generosidad y coraje.

Más que escribir, «pensaba con los dedos».

Peter Burke, uno de los biógrafos de Montaigne, creía que sus ensayos eran, en esencia, el «intento de un hombre de capturar el pensamiento en el momento en que se produce». Montaigne decía que escribía como si hablara con otra persona. Pero eso no significaba que sus ensayos fueran triviales o improvisados. Al contrario, tras cada línea había horas de profunda reflexión; las ideas fluían desde el cerebro y viajaban por el brazo hasta la pluma, que las plasmaba en el papel. Ese proceso recogía gran cantidad de reflexiones, que fue puliendo a lo largo de toda su vida.

Solo los tontos se conforman con lo primero que les viene a la cabeza. Una persona sabia se toma su tiempo para pensar.

En 1941, pocos días después del ataque a Pearl Harbor, un prometedor general llamado Dwight D. Eisenhower fue llamado al despacho de George Marshall, jefe del Estado Mayor del ejército estadounidense. Este le informó de que Japón planeaba apoderarse de Filipinas y de docenas de islas del Pacífico. Estados Unidos se enfrentaba a una guerra en dos frentes con líneas de abastecimiento que se extenderían miles de kilómetros. «¿Qué estrategia debemos seguir?», le preguntó Marshall a Eisenhower.

Es posible que cualquier otro oficial se hubiera puesto a pensar en voz alta, a improvisar o a soltar ideas sin más. Pero Eisenhower no. Era consciente de que su carrera y tal vez millones de vidas estaban en juego.

«Deme unas horas», dijo. Eisenhower pidió papel, un bolígrafo y una máquina de escribir y se puso a trabajar en un escritorio libre que había al final del pasillo, en la División de Planes de Guerra. ¿Cuáles eran los objetivos de Marshall? ¿Qué opciones eran viables? ¿Qué era lo prioritario? ¿Qué riesgos valía la pena asumir? ¿Qué recursos le hacían falta?

Tras un periodo de reflexión, Eisenhower empezó a escribir sus pensamientos, y comprendió que lo que Marshall necesitaba de él era «un análisis conciso y categórico», no «discursos floridos, argumentos rebuscados ni frases grandilocuentes». Este ejercicio le sirvió para sintetizar todo lo que había aprendido; las conversaciones con su mentor, el general Fox Conner; los libros que había leído; su formación en la Escuela de Guerra del Ejército; el trabajo realizado para el exjefe del Estado Mayor; y la experiencia de treinta años de servicio. Al anochecer, Eisenhower entregó a Marshall un informe de trescientas palabras en papel pautado amarillo titulado «Asistencia al Lejano Oriente/Pasos que hay que seguir», que completó con una exposición verbal.

Lo más probable es que Marshall ya hubiera considerado la mayoría de las propuestas de Eisenhower. En cierto modo, aquella tarea era una prueba. ¿Qué clase de pensador era ese joven oficial? ¿De qué forma abordaba los problemas? ¿Mantenía la cabeza fría bajo presión? ¿Podía tener una visión de conjunto? ¿Sabía transmitir sus ideas y lo que quería hacer?

«Estoy de acuerdo contigo», respondió Marshall sobre el plan de Eisenhower, y luego le dijo que lo ejecutara.

Y así comenzó una de las alianzas más eficaces de la guerra, que condujo a la victoria y llevó a Eisenhower a la presidencia.

El éxito en cualquier ámbito, ya sea militar, religioso o comercial, radica en este tipo de pensamiento.

Hace unos años, los directivos de Amazon se cansaron de perder su valioso tiempo en reuniones inútiles o absurdas. Por eso prohibieron las presentaciones en PowerPoint y las sesiones de lluvia de ideas. En su lugar, establecieron que, antes de celebrar cualquier reunión, el ejecutivo al cargo debía invertir varios días en redactar un informe estructurado de seis páginas que expusiera toda la información pertinente sobre el tema que se iba a tratar, las alternativas que había que valorar y los objetivos que se pretendían conseguir.

Según explicó Bezos a los accionistas de Amazon, los informes se redactan, los revisan otros compañeros, se dejan reposar unos días y, por último, se repasan para pulir los detalles. Las reuniones de la empresa no empiezan con charlas triviales, sino con media hora de lectura silenciosa para reflexionar, casi como si fuera una sesión de estudio.

En vez de sacarse las respuestas de la manga, primero los ejecutivos de Amazon deben ordenar sus ideas, como hacía Eisenhower. Bezos lo resume de este modo: «Solo después de ese ejercicio de concentración y de que todos estén de acuerdo respecto a los puntos clave del problema y las posibilidades de solución, puede empezar un debate abierto. Prefiero que los informes sean como ángeles que cantan desde el cielo —aclaró—; algo puro y hermoso. Y luego la reunión puede llegar a ser un caos».

Joan Didion consideraba que escribir era un «acto hostil». Con eso se refería a que el autor trata de «conseguir que otros vean las cosas como tú, imponer tu idea, tu visión». Pero fue Keynes quien lo expresó de forma más precisa; se refirió al acto de escribir como «el embate de los pensamientos sobre los que no piensan».

Nos enfrentamos a nuestros pensamientos desbocados, a los prejuicios ajenos, a las ideas alternativas y los datos tentadores que existen. Vencer requiere contemplación y lucidez. No podemos hacer que los demás comprendan algo que antes nosotros no hemos meditado a fondo.

¿Podrías dejar que la inteligencia artificial lo hiciera por ti? ¿Y un escritor en la sombra? Tal vez, pero perdería todo el sentido.

Pensamos mientras escribimos. De hecho, no podemos terminar una frase hasta que no hemos desarrollado del todo el pensamiento. Entre tecla y tecla, reflexionamos sobre ideas opuestas, el bolígrafo se convierte en nuestro tercer ojo. Ni siquiera hace falta que sean palabras: un dibujo puede ayudar, un esquema nos permite ver el problema desde otra perspectiva.

En la página identificamos el patrón. Cuando transcribimos un pasaje o una cita, llegamos a sentir el verdadero genio y el conocimiento que fluyen por nuestra mente y nuestros dedos, asimilando cada palabra y comprendiendo la sabiduría que hay en ellas.

Vemos cosas que antes se nos escapaban. Y, cuando aceptamos las sugerencias y los puntos de vista de los demás, ampliamos nuestra perspectiva. Corregir es una especie de interrogatorio, un proceso que nos permite pulir y enfocar los pensamientos, una forma de poner en orden nuestra historia.

Da igual que publiquemos o no, da igual lo que piense el público; lo que cambia las cosas es el acto mismo de escribir.

«Cada libro que escribo es el reflejo de mi carácter y de mi alma», dijo Merton.

Escribimos para pensar con claridad. Para entender lo que sentimos y sabemos..., y lo que somos.

Forma tu consejo de administración

Cómodo lo tenía todo para ser un gran líder.

Cinco grandes emperadores consecutivos habían gobernado antes que él. Su padre, Marco Aurelio, fue un hombre sabio y paciente, el ejemplo perfecto de lo que debe ser un predecesor y un padre.

Entonces ¿qué salió mal?

No sabemos con certeza por qué el hijo de un filósofo acabó haciendo tan mal las cosas que lo asesinaron (un gladiador, según las crónicas) y derribaron sus estatuas. Marco Aurelio sabía por experiencia lo duro que era suceder a un gran hombre, pero hizo todo cuanto pudo para preparar a su hijo y legarle el equipo necesario para gobernar con éxito.

«Cómodo tenía diecinueve años cuando murió su padre —escribió Casio Dio, un historiador que vivió durante su reinado—. Le dejó numerosos tutores, entre los que se contaban los hombres más destacados del Senado. Pero Cómodo rechazó sus sugerencias y consejos». Marco Aurelio había observado con admiración que su padrastro, Antonino Pío, «sabía delegar en los expertos en oratoria, leyes y psicología», y que eso le permitió alcanzar su potencial y tomar decisiones con acierto. En cambio, Cómodo no fue capaz de seguir su ejemplo, y tanto él como el pueblo romano lo pagaron muy caro.

Sin ir más lejos, Nerón no es más que otro capítulo de la misma triste historia.

Los primeros años de su reinado transcurrieron sin grandes sobresaltos, en parte gracias a los consejos de Burro, un gran estratega militar, y de Séneca, el filósofo. Durante lo que se conoció como el «quinquenio Neronis», Nerón escuchaba a sus consejeros, les consultaba las decisiones importantes y respetaba los límites de su poder. Sin embargo, con el paso del tiempo se convenció de que era especial, brillante, y empezó a confiar cada vez más en sus instintos y emociones.

Hay una famosa estatua de Séneca en la que este aparece dando su informe diario a Nerón. La postura del emperador, recostado en el trono con la cabeza cubierta por la toga y expresión torva y hastiada, deja claro que le es del todo indiferente tener delante a una de las personas más sabias de la historia. Ya no es un niño, ya no es el alumno. Está convencido de que ya lo sabe todo. Ya ha decidido qué quiere hacer y qué es lo que importa. «¿Por qué este hombre está siempre tan serio, por qué habla sin parar?».

Como era de esperar, Nerón fracasó y acabó perdiendo el contacto con la realidad, presa de la paranoia y de sus fantasías.

Por algo las empresas tienen un consejo de administración. Por algo los jefes de Estado tienen un gabinete. Por algo los deportistas y los actores tienen entrenadores, mánagers, agentes y asesores.

Para no acabar como Nerón o Cómodo.

Plutarco lo sabía. «Del mismo modo que un capitán de barco debe confiar en su tripulación, un político debe saber delegar, escuchar con humildad, dejar que otros tomen la palabra, rodearse de personas íntegras y de carácter firme, y asignar a cada uno el papel que mejor pueda desempeñar», escribió.

Pericles consultaba las decisiones más difíciles con su esposa, la filósofa Aspasia. Los presidentes de Estados Unidos no solo cuentan con un gabinete oficial, sino también con un gabinete personal al que recurren en busca de asesoramiento, nuevas perspectivas y esas verdades incómodas que otros prefieren callar. Al final, por listo que seas, nunca serás más sabio que tu equipo.

En 1953, hacía ya mucho que Eisenhower no tenía tutores. Ya era presidente, así que quedaban muy pocas personas vivas suficientemente preparadas para decirle cómo tenía que desempeñar su cargo o lo que debía tener en cuenta. Pero justo ahí, en la cima del poder, comprendió que debía reinventar la forma de recibir asesoramiento y buscar consejo.

Por eso, pocos meses después de ser elegido, Eisenhower reunió a un grupo de expertos en política y funcionarios del gabinete en el solárium de la Casa Blanca, una sala privada situada en el tercer piso con amplias vistas del National Mall. Aunque dominaba la política exterior como pocos, le preocupaba el rumbo que estaba tomando la estrategia del país con respecto a la Unión Soviética. Así que dividió el grupo en tres equipos y les dio seis semanas para que trabajaran en distintas propuestas de seguridad nacional. Les ordenó que no compartiesen ideas entre los grupos; de hecho, quería que le presentaran propuestas políticas distintas y bien argumentadas entre las que poder elegir.

Al igual que la conversación que tuvo con Marshall quince años antes, lo que se conoció como Proyecto Solárium fue un ejercicio de pensamiento concentrado e independiente. Eisenhower no quería limitarse a aceptar sin más los planteamientos de sus predecesores; pretendía replantear desde cero los asuntos geopolíticos más importantes y delicados. En última instancia, las decisiones le correspondía tomarlas a él, pero era lo bastante sabio como para recabar todos los puntos de vista posibles antes de hacerlo.

Todos deberíamos adoptar esta forma de abordar los problemas, ya sean personales, profesionales o en puestos de liderazgo. Tener un consejero está bien. Tener un círculo de confianza también es importante. Pero en los niveles más altos es imprescindible contar con un consejo de administración que nos oriente y asesore bien, que a veces nos cuestione e incluso nos corrija.

No se trata de una mera formalidad, sino de una práctica esencial para aprender sin parar y seguir creciendo. ¿En qué experiencias colectivas te apoyas? ¿A qué contactos y recursos acudes para resolver tus problemas? ¿Quién de tu entorno tiene la libertad de decirte que estás equivocado? ¿Quién puede decirte que estás actuando como un idiota?

Los consejos de administración de Elon Musk, como muchos otros en el mundo empresarial, son conocidos por aprobar sin rechistar todo lo que él propone, incluso cuando esas peticiones son poco éticas, imprudentes o interesadas. ¿Quieres comprar una empresa que fundaron tus primos? ¿Quieres pedir un crédito millonario para comprar una red social? ¿Quieres tuitear lo primero que se te pase por la cabeza? ¿Quieres cargarte las agencias gubernamentales? ¡Qué gran idea, jefe! Puede que fuera lo que Elon quería, pero desde luego no siempre le convenía.

Marco Aurelio conocía los peligros de «cesarizarse» o de verse «teñido de púrpura» por la capa del emperador. Se esforzó por evitarlos e intentó que tampoco le sucediera a su hijo.

Sabía que el poder a menudo está reñido con la sabiduría, que no escuchar nunca un «no» suele volver muy estúpidas a las personas inteligentes. Los asesores nos muestran lo que no vemos. Hacen de padres para nuestro niño interior, de espacio para contrastar ideas, de freno a los impulsos.

Todos estamos limitados por nuestras experiencias y por la educación que hemos recibido. ¿Por qué no vamos a querer ampliar nuestros horizontes y recursos? No hace falta tener un doctorado cuando podemos contar con alguien que sí lo tiene. Puede que nunca nos hayamos enfrentado a una negociación o sorteado una crisis como esta, pero podemos recurrir a personas que sí lo han hecho. Pueden enriquecer nuestro bagaje histórico y las experiencias que hemos tenido.

¿Acaso a veces los grupos no promueven el apocamiento y el conformismo?

Sí, claro.

Pero con la misma frecuencia previenen catástrofes y evitan el caos.

Tenemos que desarrollar la capacidad de distinguir entre ambas cosas. Saber pedir consejo sin dejarnos intimidar. Ser excepcionales sin creernos por encima de los demás.

Necesitamos otras voces a nuestro alrededor. Necesitamos ayuda. Necesitamos aprender a dar paso a otros.

Solo un necio rechaza un recurso tan valioso.

No seas un sabelotodo

Harry Belafonte abandonó el instituto.

Consiguió trabajo de conserje.

Pero su educación comenzó cuando se alistó en la Marina.

De repente, se vio rodeado por otros soldados negros mucho más cultos que él. Leían muchísimo. Seguían la actualidad política. Aunque les daban los peores trabajos, ya que la Marina asignaba a las tropas negras las tareas más denigrantes, se respiraba un ambiente intelectual, y Belafonte soñaba con formar parte de él.

Uno de ellos le prestó un libro de W. E. B. Du Bois que se leyó de un tirón. Belafonte se aficionó a la lectura y, con la intención de impresionar a sus amigos, fue a una biblioteca de Chicago para sacar algunos libros de un autor que no dejaba de ver en las bibliografías de las obras que leía.

—Se lo pondré fácil, señora —dijo Belafonte con confianza—. Deme todo lo que tenga de Ibid.

—No hay ningún escritor con ese nombre —replicó la mujer, revisando el catálogo.

—Vuelva a comprobarlo —le pidió Belafonte—. Me gustaría averiguarlo antes de que acabe la guerra —añadió al ver que tardaba demasiado.

Al final se marchó furioso, convencido de que la bibliotecaria era racista.

Por supuesto, no existía tal autor. «*Ibid*» es la abreviatura de *ibidem*, término que se usa para referirse al mismo libro varias veces en una bibliografía, pero Belafonte desconocía su propia ignorancia, hecho que a sus amigos les resultó muy divertido cuando les relató el episodio con suma indignación. Por suerte, esa experiencia le enseñó a reírse sobre todo de sí mismo, hasta el punto de que años más tarde, cuando ya era uno de los músicos con más éxito del mundo, le contó la historia al mismísimo W. E. B. Du Bois en persona. Una de las pocas cosas de las que se arrepentía en la vida era de no haber podido disculparse con aquella pobre bibliotecaria que tuvo que sufrir su arrogancia.

El escritor David McCullough vivió una experiencia similar cuando tenía treinta años. Tras haber trabajado en el mundo editorial y la administración pública, decidió probar suerte escribiendo sobre la inundación de Johnstown, que se convirtió en su primer libro. Mientras se documentaba en la Biblioteca Pública de Nueva York sin avanzar demasiado, se acercó a la bibliotecaria y le pidió ayuda.

—¿Ha mirado en el DAB? —le sugirió la bibliotecaria.

—Ah, no, no se me había ocurrido —dijo McCullough con ese mismo cóctel de aplomo e inseguridad que mostró Belafonte, antes de volver a su mesa. La verdad era que McCullough no tenía ni la menor idea de lo que era el DAB.

Este miembro de Skull and Bones educado en Yale, que había estudiado con profesores ganadores del Premio Pulitzer y había trabajado en la Agencia de Información de Estados Unidos, tuvo que armarse de valor para acercarse de nuevo a la bibliotecaria y confesar que había fingido saber algo que no sabía.

—El *Dictionary of American Biography* —le aclaró la bibliotecaria con amabilidad, mientras le señalaba una colección de más de veinte volúmenes que le proporcionarían muchas ideas para lo que acabó siendo su primer gran éxito editorial.

Si crees que eres tonto, es probable que lo sigas siendo; es una condena autoimpuesta. Por desgracia, creer que eres inteligente también puede convertirte en estúpido.

«Recordad —decía Epicteto a sus alumnos, muchos de los cuales no solo eran superdotados y brillantes, sino también hijos de las familias más poderosas de Roma—, es imposible aprender lo que uno ya cree saber».

O finge saber.

O se niega a reconocer que no sabe.

Qué poco sabemos cuando creemos que sabemos..., qué tontos podemos seguir siendo por miedo a parecer tontos.

«Muchos hubiesen podido alcanzar la sabiduría —dijo Séneca en una famosa frase—, si no se hubiesen creído demasiado sabios». El joven Mark Zuckerberg encontró un mentor en Donald Graham, editor de *The Washington Post*. Graham, sabedor de que Facebook necesitaba abrirse camino en Washington D. C., le recomendó un libro. A Zuckerberg no le interesaba la política ni seguía las noticias, así que el libro se quedó cogiendo polvo por falta de tiempo e interés. ¿Qué tenía esto que ver con su trabajo? Además, ya había conseguido superar a muchas personas de éxito en el mundo de la tecnología sin necesidad de leer un montón de libros sobre el tema.

Graham, que había tratado con muchos presuntuosos arrogantes a lo largo de los años, se negó a aceptarlo. «Hay muy pocas cosas sobre las que todos estén de acuerdo —le dijo a Zuckerberg, refiriéndose al mundo—, pero una de ellas es que leer libros es una buena forma de aprender. Es algo que nadie discute».

Si crees que nadie puede enseñarte, no solo eres insoportable, sino que además tienes razón. No aprenderás nada..., excepto la inevitable y dolorosa lección del fracaso.

Esto es lo que le ocurrió a Sam Bankman-Fried, otro chico con una inteligencia excepcional. Al igual que Montaigne, desde muy joven lo catalogaron como un genio precoz único en su generación. Todo el mundo daba por hecho que llegaría a hacer grandes cosas, y así fue. Primero trabajó en un despiadado fondo de inversiones antes de crear su plataforma de criptomonedas y otra de negociación, que en su punto de máximo esplendor llegó a estar valorada en unos veintiséis mil millones de dólares.

Pero la arrogancia que suele acompañar a todo niño prodigio sembró la semilla de su caída. De pequeño era muy poco curioso para ser tan inteligente y se aburría en las excursiones escolares a edificios antiguos y lugares de interés histórico que no le parecían interesantes. En algún momento de su etapa escolar decidió que odiaba los libros. «Empecé a asociar los libros con algo que no me gustaba», dijo al recordar su infancia. Incluso llegó a rechazar de plano las clases de Literatura. Tenía especial manía a Shakespeare, al que consideraba poco realista y muy sobrevalorado.

Una cosa es ser joven y engreído, pero Bankman-Fried se aferró a esa actitud petulante de «yo sé más que nadie» hasta bien entrada la edad adulta. En 2022, cuando más fama y poder tenía, protagonizó una conversación muy reveladora con un periodista. Este le confesó que prefería leer a perder el tiempo con las tonterías superficiales que circulan por internet.

«¿En serio? —respondió Bankman-Fried—. Yo jamás leería un libro. Me generan mucha desconfianza. No quiero decir que no haya ninguno que merezca la pena, aunque en realidad es más o menos lo que pienso. Si has escrito un libro, la has cagado; debería haber sido un post de seis párrafos en un blog».*

Los sabelotodo son muy aburridos. Son odiosos. También son peligrosos para sí mismos y para los demás.

De todos modos, donde está ahora tendrá tiempo de sobra para descubrir el valor de los libros.

Zenón decía que darse aires no ofrece una buena imagen, y menos entre los jóvenes. Esto era justo lo que no soportaba de Aristo. La vanidad y el orgullo han truncado tantas carreras prometedoras y mentes brillantes como el racismo, los obstáculos externos y la censura.

Es la razón por la que tanta gente inteligente acaba haciendo tonterías.

A veces parece que tenemos más miedo de parecer o sentirnos estúpidos que de serlo, y eso es justo lo que somos cuando nos

* Sin embargo, incluso el periodista cayó en su juego, y escribió, con absoluto convencimiento: «Dado que Sam Bankman-Fried es sin duda un genio, hay que asumir que, comparado conmigo, siempre irá un paso por delante. Nivel N + 1».

negamos a hacer preguntas, cuando tachamos de inútiles asignaturas enteras, cuando rechazamos a mentores, profesores y entrenadores.

Hace falta tener muchas agallas y confianza en uno mismo para dar la cara y pronunciar esas mágicas y humildes palabras: «No lo sé». Para decir: «Cuéntame más». Para preguntar: «¿Qué más debería saber?».

Estar dispuesto a escuchar a gente con menos éxito, con menos títulos que tú, personas que te caen mal, que no te soportan, que se han equivocado, gente a la que no entiendes. No basta con buscar un mentor o un maestro; hay que prestar verdadera atención a lo que dicen. Sobre todo cuando te critiquen o te pongan a prueba.

Debemos tomarnos en serio el aprendizaje, pero nunca a nosotros mismos.

Ya hay suficientes obstáculos en el camino hacia la sabiduría. Lo que nadie puede permitir, por listo que uno sea, es convertirse en su propio obstáculo.

Cerrar los oídos o los ojos por orgullo. Rechazar a profesores o cualquier crítica. Fingir que se sabe algo.

Creerse sabio y, justo por eso, ser incapaz de llegar a ser más sabio.

Cuida tu dieta informativa

Imagina a alguien que está pegado al teléfono desde que se despierta. Tiene tres televisores en el dormitorio y nunca se pierde *Fox & Friends* por la mañana ni ninguno de los programas nocturnos de la cadena. Hojea los periódicos, pero se queda solo en los titulares. Se pasa horas en X y otras redes sociales. Su móvil está lleno de artículos reenviados, vídeos de YouTube y clips virales sobre la última polémica y el comentario más incendiario del momento. Le llaman sin parar para contarle cotilleos. «¿Has visto lo que acaba de pasar?».

Tiene la televisión encendida a todas horas, casi siempre sin sonido, porque cree que así puede absorber solo las vibraciones. Este atracón continúa hasta altas horas de la noche, entre semana e incluso el fin de semana. Indignación sin fin. Cada noticia de última hora. Opiniones expertas que no dejan de metérsele por los ojos y los oídos.

¿No es esa la receta para perder la cabeza?

Pues bien, así es un día normal para Donald Trump: se alimenta de tertulias televisivas, artículos sensacionalistas y publicaciones en las redes sociales en vez de prestar atención a los informes que le entregan los servicios de Inteligencia y los asesores cualificados. Desprecia los libros sobre historia o liderazgo, y tiene un asistente que se encarga en exclusiva de llevarle a diario «artículos impresos que hablen bien de él para mantenerle animado». Amigos y aduladores salen en la tele diciendo lo que esperan que él vea, actuando para una audiencia compuesta por una única persona.*

Cuando el médico del presidente Kennedy se enteró de que este estaba tomando unas pastillas muy potentes y peligrosas para tratar sus diversas dolencias, se llevó las manos a la cabeza. «Un presidente con el control del botón nuclear no debería estar tomando eso», declaró el doctor.

Los asesores de Trump opinan lo mismo sobre la dieta mediática de su jefe. «¿Cómo crees que le afectaría a tu cerebro hacer eso?», le comentó una vez su jefe de estrategia a un periodista en referencia al denominado «tiempo ejecutivo» de Trump, que, en la Casa Blanca, todos saben que consiste en ver durante horas programas de televisión que le encolerizan. Han intentado convencerle de que pase tiempo con su familia, pero él prefiere pasar las mañanas (y las tardes) enganchado al aparato que en más de una ocasión ha dicho que es el mayor invento de la historia de la humanidad: el TiVo.

Pero dejando a un lado lo que sin duda son adicciones, todos los líderes —junto con la gente corriente que intenta entender el

* «Iba a decirle que voy a salir en el programa de Laura Ingraham —le dijo el músico Kid Rock a un periodista mientras llamaba por teléfono a Trump—. A él le encanta verme cuando salgo en Fox».

mundo— se enfrentan a alguna variante del mismo problema: ¿qué información dejamos que nos influya? ¿Qué excluimos? ¿Cómo nos mantenemos informados de lo que ocurre sin volvernos locos con tantas distracciones?

Es tan importante cuidar lo que comemos como lo que dejamos entrar en nuestra mente.

Los presidentes de Estados Unidos sufren este problema más que nadie. Cada uno, en función de su personalidad, ha lidiado con la presión de todo lo que necesita saber y todo lo que en realidad puede saber. Uno de los ayudantes de Jimmy Carter creía que «el mayor problema de Carter como presidente era que lo leía todo». Recordó con pesar un episodio en el que se leyó un memorándum de trescientas cincuenta páginas sobre una cuestión fiscal sin importancia. Incluso corregía las faltas de ortografía de los informes que le entregaban. Aunque parezca admirable, no era la mejor forma de emplear su tiempo, ya que era una persona muy ocupada. «No debimos darle ese informe —reconoció el ayudante—, pero él tampoco debió leerlo».

Incluso lo bueno en exceso puede resultar perjudicial, ya sea comida o información.

Esto refleja el problema al que nos enfrentamos todos. Estamos saturados de información —mucha de la cual es fascinante— que antes era inaccesible. Nos corresponde aprender a filtrarla, entenderla y saber actuar con criterio. Saber en qué momento prestar atención y cómo ignorar todo lo demás.

Los buenos líderes saben dominar este arte. Para el presidente de Estados Unidos, la información se condensa en el denominado Informe Presidencial Diario, un documento confidencial de tres páginas que resume los temas y acontecimientos internacionales que, como su nombre indica, se entrega todos los días, acompañado de breves sesiones informativas. Los mejores presidentes escuchan con atención, formulan preguntas y luego aplican lo aprendido a sus decisiones cotidianas.

Trump nunca ha mostrado verdadero interés por acceder a la mejor inteligencia del planeta. «No necesito que me repitan lo mismo con las mismas palabras todos los días durante los próximos ocho años», declaró durante su primera campaña. Este consumidor compulsivo de noticias tampoco tuvo prisa por familiarizarse con el cargo tras su victoria en 2016. Otros presidentes electos comenzaron sus sesiones informativas diarias meses antes de su investidura, conscientes de que cualquier trabajo duro conlleva un largo periodo de aprendizaje. Pero en las diez semanas de la transición, el presidente electo Trump apenas asistió a catorce sesiones informativas.

Daba la impresión de que su vieja aversión a la escuela, junto con esa mentalidad de abusón que considera un insulto la palabra «profesor», afloraba en forma de rechazo cuando se le exigía que prestara atención. Una de sus primeras peticiones fue que la sesión informativa fuese más corta y que el informe oral tuviera forma de relato para que se pareciera más a las noticias que veía por televisión. Y aun con estos ajustes, Trump no se mostró muy dispuesto a aprender.

«Lo tocó —dijo el primer informante de Trump en la CIA cuando se le preguntó si el presidente había leído su informe—. En realidad no lee nada».

En su lugar, solía hojear el documento —un resumen de información obtenida con gran esfuerzo, a menudo fruto del trabajo, incluso del sacrificio, de agentes de Inteligencia e informadores—, y solo prestaba atención de vez en cuando a gráficos e imágenes. Prefería las viñetas. Hablaba más de lo que escuchaba. Según un analista, «en una hora de reunión, tal vez había unos ocho o nueve minutos de información real». E incluso esta opinión experta tiene que competir con la última persona con la que había hablado Trump; como dijo un asesor: «El presidente le pide la opinión a cuarenta y nueve personas y se queda con la número cincuenta..., si le gusta la respuesta».

Un tonto solo oye lo que quiere oír.

Quizá por eso, cuando Trump se quejó ante los medios de comunicación de que no se le había advertido de la creciente amenaza del coronavirus, tenía parte de razón. En realidad, le habían mencionado la amenaza docenas de veces en el invierno de 2020. Sus asesores le presentaron los hechos. Le expusieron lo que opinaban los científicos. Llevaron el caballo al agua, pero el animal no quiso beber.

Todos estamos manipulados por algoritmos. Todos pasamos por alto lo que nos incomoda y nos sentimos atraídos por lo fácil antes que por lo complejo. Forma parte de la naturaleza humana preferir el entretenimiento a la información. La burbuja de filtros acaba envolviéndonos a todos.

Todos nos engañamos a nosotros mismos. Todos consumimos demasiada basura.

Pero hay quienes pagan un precio más alto.

Elon Musk pasó de leer manuales de cohetes a actualizar su Twitter de forma obsesiva. Cambió la ciencia por los pódcast y vídeos virales. A medida que empeoraba la calidad de su dieta informativa, también lo hacía su estado mental; el pensador brillante y único de repente se dejó impresionar por teorías absurdas de supuestos genios. Abandonó los primeros principios y empezó a tomar decisiones mediante encuestas en Twitter.

Ha criticado las dietas mediáticas de los demás, afirmando que «quienes ven las noticias en la televisión tradicional vive en una falsa realidad alternativa». Tanto él como Trump padecen versiones similares del mismo mal: la adicción a los medios, que son lo opuesto a la transmisión de sabiduría. Musk podría pagar por una sesión informativa diaria que rivalizara incluso con la de los jefes de Estado más poderosos, pero prefiere alimentarse de su muro de troles y comentaristas.

Incluso una persona corriente tiene hoy acceso a una cantidad de información con la que los emperadores solo podían soñar. Esto es poder real, pero, como siempre, el poder corrompe, desorienta y distrae. Disponemos de más información que nunca en la historia, pero también estamos expuestos a más desinformación de la que cualquier emperador podría haber concebido en sus peores pesadillas.

Audio, vídeo, texto... Todo nos llega a velocidades de vértigo.

Hace falta disciplina y sabiduría para mantener una dieta informativa saludable que te permita filtrar con inteligencia y criterio toda la información que te bombardea.

«El arte de no leer es de vital importancia», dijo Schopenhauer, refiriéndose a evitar el contenido sin valor. No es cuestión de cuánto sabes, sino de saber lo que de verdad importa. No se trata de leer por leer, sino de elegir bien qué y cómo se lee. «Cuidado con querer saberlo todo —se recordaba Demócrito en el siglo v a. C.—, no sea que acabes siendo un ignorante».

Ve directo a la fuente siempre que puedas. Sé riguroso y comprueba de dónde sale la información.

Elige calidad en lugar de cantidad.

Busca expertos en los que puedas confiar. Pero primero asegúrate de que lo sean.

Da prioridad a la información que resiste el paso del tiempo sobre lo que es urgente o acaba de publicarse. Intenta tener una visión de conjunto. Intenta establecer conexiones entre lo que está ocurriendo ahora y lo que ha ocurrido antes.

Busca cosas que te saquen de tu zona de confort. Escucha incluso a quien no piensa como tú.

No te distraigas con nimiedades y no ignores los detalles esenciales.

Cuidado con la sobrecarga de información. Ojo con la tendencia a leer malas noticias de forma compulsiva.

Y nunca confundas informarte y leer opiniones sobre un tema con hacer algo para resolver un problema.

Piensa por ti mismo

Richard Feynman era un iconoclasta. Un librepensador. Alguien que hacía las cosas de forma distinta en su campo. Un personaje.

Sus memorias se titularon *¿Está usted de broma, señor Feynman?*, un guiño al tipo de reacción que provocan los inconformistas. «¿Lo dices en serio? ¡Es una locura!».

Sin embargo, el título no hacía referencia al innovador trabajo de Feynman en la electrodinámica cuántica ni a sus contribuciones a la bomba atómica. Ni siquiera era una expresión de sorpresa ante sus pasatiempos poco tradicionales, incluido dibujar gráciles figuras humanas mientras estaba en un club de estriptis de la zona.

No. Lo que hacía que los colegas de su esposa no dieran crédito era que Feynman pidiera limón y crema de leche para el té.

¡Qué horror!

No hace falta mucho para que la gente se escandalice, porque suele ser muy estrecha de miras respecto a lo que es normal y lo que no. Por lo general, hace lo mismo que los demás, quiere lo mismo que los demás y se espanta cuando alguien quiere algo distinto.

Así lo entendió el filósofo René Girard, que acuñó la teoría del deseo mimético. Creía que, como no sabemos lo que queremos, terminamos sintiéndonos atraídos —consciente o inconscientemente— por lo que quieren los demás. No pensamos por nosotros mismos, sino que seguimos una tradición o a la multitud. Imitamos en vez de innovar.

Para alcanzar la sabiduría, para hacer algo importante, hay que nadar contracorriente contra esta tendencia. Así es a nivel más básico el pensamiento de los primeros principios. En vez de empezar a hablar de un tema partiendo de un titular o de un tuit —algo que hacen todos los demás—, la persona sabia va al principio. La persona sabia se acerca al problema con una mirada nueva y la mente abierta.

Los individuos o las instituciones rara vez cuestionan el funcionamiento estándar. Se sabe que Musk les decía a sus empleados: «Conmigo no uses la palabra "presupuesto", porque eso significa que has apagado el cerebro». «Tienen la cabeza tan aplastada por los tablones de la disciplina del Ejército —se asombró una vez Florence Nightingale mientras luchaba con las capas burocráticas— que les harán seguir siendo niños toda la vida». Tal es el caso de las palabras de los antiguos. Que alguien lo dijera hace mucho tiempo no significa que sea cierto ahora. ¡Puede que ni siquiera entonces lo fuera!

Cuando un estudiante de posgrado intentó discutirle a Feynman que una teoría de la que él dudaba se había aprobado durante un tiempo, él le respondió: «Ah, vale. O sea que no solo es una sandez, sino que es una sandez con solera». «Solo estoy haciendo mi trabajo» y «Así me lo contaron a mí» han justificado estupideces increíbles durante generaciones. Aceptamos muchas cosas porque las hemos heredado, porque no nos hemos molestado en comprobarlas, en someterlas a escrutinio, ni nos hemos preguntado: «¿Y si hay una manera mejor de hacerlo?».

Debemos cuestionar el *statu quo*. Debemos pensar por nosotros mismos..., y aun así hay una razón por la que tenemos primeros principios. Si nos replanteáramos cada cuestión cada vez, no llegaríamos a ninguna parte. Si nos opusiéramos a cualquier asunto, a menudo nos equivocaríamos, porque a veces las cosas son como deberían ser.

De este modo, tener una opinión contraria que resulte ser la correcta —y más inteligente que las demás— puede ser una experiencia que destruya el cerebro. Nada es seguro.

Se cuenta que una vez Musk bajó la capota de un prototipo del Model S. «¿Qué coño es esto?», exclamó al fijarse, por lo visto por primera vez, en la etiqueta de advertencia obligatoria, blanca y amarilla, que recuerda a los padres que desactiven el airbag si ponen a un niño en el asiento delantero. El empleado intentó explicarle los motivos por los que el Gobierno había exigido esas etiquetas, pero Musk decidió que eran innecesarias. «La gente no es imbécil —dijo—. Estas pegatinas son una bobada».

Pero, sin duda, las pegatinas estaban ahí porque la gente es imbécil.* Porque, por lo general, es preferible prevenir que curar

* También es una perspectiva curiosa, porque Musk es famoso por llamar a la gente imbécil.

cuando se trata de niños y accidentes de tráfico. En vez de ceder ante la inofensiva sabiduría popular, Musk y su equipo pasaron infinidad de horas probando una solución tecnológica que desactivara el airbag de forma automática y discutiendo con la Administración Nacional de Seguridad del Tráfico en las Carreteras de Estados Unidos. El modelo se retiró al menos dos veces del mercado por este motivo.

«Los ajustes de fábrica son siempre una estupidez», dijo una vez a sus empleados mientras aceleraba una máquina en la cadena de producción. Por supuesto, fue una estupidez que dijera algo así; en ocasiones hay que ignorarlos, pero a veces le salvan la vida a alguien.

Creer a ciegas en lo que se ha hecho siempre es una tontería..., pero también lo es confiar a ciegas en tu instinto, suponer que sabes más que la convención porque has demostrado que antes se equivocaban.

Los primeros principios suelen ser el resultado de una sabiduría conseguida con esfuerzo. No puedes descartarla sin más. Un colega de Churchill observó una vez que este «veneraba la tradición, pero ridiculizaba la convención». Esta quizá sea la mejor manera de llegar a un punto medio: lo cuestionamos y lo respetamos; de hecho, cuestionamos la tradición porque la respetamos.

El deseo mimético funciona como un atajo. Es una cortina que oculta todo aquello que nos da miedo, que nos resulta incómodo o complicado.

Nos ahorramos el problema de tener que hacernos esas preguntas fundamentales sobre nosotros y sobre la vida: «¿Qué pienso? ¿Qué quiero? ¿Qué hay de verdad en esto?».

Cuando todo el mundo piensa lo mismo, en realidad nadie piensa.

Hay un famoso experimento científico que muestra cómo la gente cambia de opinión sobre cuál de dos líneas es más larga basándose en lo que dicen otros participantes, aunque estos contradigan su propia observación.

Todos lo hemos hecho. Casi nunca sale bien.

Al final termina estallando la burbuja. La fiebre se pasa. La verdad se revela. Miramos atrás y pensamos: «Hemos sido muy tontos, y lo que es peor, ya lo sabíamos».

Está bien estar solo. Está bien que llegues a tus propias conclusiones. De hecho, está más que bien.

Eso es lo que tienes que hacer.

«Si quisiera formar parte de la masa, no me habría hecho filósofo», dijo uno de los primeros estoicos. «No seguirás a la mayoría para hacer el mal».

No te pareces a nadie que haya existido antes..., ¿por qué ibas a pensar y actuar como los demás?

En estos tiempos de «agitación de masas», como Stefan Zweig se referiría al auge del fascismo en Europa así como al fervor religioso que había en los tiempos de Montaigne, hace falta coraje, determinación y sinceridad. Debemos contener el impulso de asumir y aplazar. No debemos sumarnos a la masa. No debemos dejarnos llevar por las opiniones más fáciles, cómodas y poco meditadas.

Debemos pensar por nosotros mismos.

Debemos ir a por los primeros principios.

Debemos respetar los primeros principios, pero cuestionarlos. Desafiarlos sin deshacernos de lo que importa.

No seas vago.
Trabaja.
Tienes cerebro.
Úsalo.

No te rompas la cabeza

Como Montaigne, John Stuart Mill tuvo una educación poco habitual. Le enseñaron griego a los tres años. A tan tierna edad, leía a Jenofonte en su idioma original y poco después pasó a Heródoto, al que no solo se esperaba que lo leyera, sino que lo comprendiera. A los siete años le asignaron los diálogos de Platón, que debía descifrar por sí mismo.

Esa era la norma: su padre no le explicaría nada hasta que su hijo no hubiese agotado todas las vías por su cuenta.

A los ocho años, Mill ya conocía el latín y a los grandes escritores ingleses. Cicerón, Tácito, Livio, Juvenal, Quintiliano, Tucídides, Demóstenes, Aristóteles, Shakespeare, Gibbon, Smith, Hume; lógica, filosofía, literatura, política, historia. Hora tras hora, día tras día, se empapaba de los grandes pensadores, al principio con esfuerzo, pero poco a poco los fue dominando, para sorpresa de todos los que se encontraban con este prodigio.

«Mi padre —contaba Mill— me exigía no solo el máximo posible, sino también lo que no había mucha posibilidad que hiciera». Porque no solo debía aprender todo aquello, sino que además tenía la responsabilidad de enseñar cuanto había aprendido a sus ocho hermanos y hermanas pequeños.

No cabe duda de que estos métodos crearon una gran mente antes de la pubertad. A los diecisiete años, Mill trabajaba como administrador en el Ministerio de las Colonias, deslumbraba a las grandes mentes de su época en debates sociales y tenía por delante una carrera increíble. Se le ocurrían grandes ideas. Era el producto de una ambición implacable, un joven dispuesto a cambiar el mundo, formado con una educación que pocos reciben.

De cara a la galería todo iba bien, pero por dentro lo embargaba una corriente peligrosa y destructiva. Cualquiera sometido a tanta presión se acaba desmoronando.

De pronto se le ocurrió una pregunta aparentemente inofensiva: ¿y si triunfaban todas sus ideas intelectuales? ¿Y si alcanzaba la iluminación por la que tanto había trabajado? «¿Me produciría una gran alegría y felicidad?», se preguntó Mill.

Y la demoledora respuesta lo arrolló como un tren: «¡No!».

Más tarde escribiría que los cimientos de su vida se vinieron abajo en ese instante. No era una depresión pasajera, sino una crisis emocional e intelectual en toda regla. Los libros que en muchos sentidos habían sido sus amigos ya no le llamaban la atención. Se desmotivó. Todo le parecía inútil. No había nadie con quien pudiera hablar, no había forma de explicar lo que sentía. Perdió la esperanza. Estuvo a punto de suicidarse.

Con el tiempo, esa experiencia se conocería como «crisis nerviosa». Hoy lo llamamos *burnout*. Fue una depresión provocada por el esfuerzo, la sobrecarga de trabajo y el peso abrumador de unas expectativas que él nunca eligió para sí mismo.

No hace falta ser un psicólogo titulado para señalar con el dedo a su padre, que había tratado a su hijo más como a una máquina que como a un niño (de hecho, Mill escribió que su padre era la última persona a la que le revelaría la angustia mental que sufría).

La tensión fue aumentando hasta que la mente le estalló. Por desgracia, no es un caso aislado. «Tanto estudiar te ha vuelto loco», le dice Festo a Pablo en la Biblia. Nietzsche perdió la cabeza. Agassiz se volvió un racista delirante. Hunter S. Thompson sucumbió a los efectos de la dexedrina que tomaba para obtener energía y concentración. Hizo que su cerebro funcionara a tope hasta que se agotó, y convirtió los últimos treinta años de su vida en un desierto creativo.

«De lo sublime a lo ridículo —observó Voltaire— hay tan solo un paso».*

Es un viaje particularmente corto cuando la excelencia de alguien se basa en plantearse preguntas. Puedes terminar tambaleándote, ya que no te queda un lugar en el que apoyarte. Si te lo cuestionas todo, ¿qué te queda? Eres tan bueno discutiendo que terminas haciéndolo contigo mismo.

La concentración compulsiva y obsesiva fue lo que te llevó a la excelencia, pero ese es un juego peligroso. ¿Cómo sabes diferenciar entre tu arma secreta y un exceso de pensamiento poco saludable? Al meterte tanta presión porque la disciplina ha sido tu fuerte, pero no duermes y estás desequilibrado, es imposible diferenciar una idea transgresora de una locura.

* Se dice que Napoleón repitió esta observación tras su desastrosa derrota en Rusia.

La gente solía decir de Musk que era brillante, pero ahora se preguntan qué le ha pasado.

Hay muchas explicaciones plausibles para el comportamiento de Elon Musk, pero la combinación de drogas, fama y exceso de trabajo es la más verosímil... y la que más se puede evitar. No es normal ni saludable recibir la atención de cientos de millones de personas a lo largo del día y, aunque pueda producir una especie de subidón, al admitir que consume ketamina (una droga que altera la cognición, la concentración y la toma de decisiones) esas horas extenuadoras son aún más alarmantes. «Una lección que he aprendido es a no tuitear sobre Ambien —dijo una vez Musk—. Te arrepentirás». Esa lección no se debería aprender por las malas cuando diriges varias empresas públicas de tanta importancia.

Demasiada información. Demasiada mala información. Demasiado estrés. Demasiados estímulos. Sin tiempo suficiente, sin alimentarse bien, sin descansar lo suficiente, sin cuidarse lo suficiente.

Sin tranquilidad suficiente. Sin amistades suficientes. Sin amor suficiente.

No puedes quedarte ahí sentado, pensando todo el rato. No puedes vivir sin dormir, sin aficiones ni alegría.

Solo un tonto abusa de la única mente que tendrá.

Esto es lo principal: proteger el don que nos han concedido, nadar contracorriente y no volvernos locos cuando alcancemos más éxito.

Pero hay buenas noticias: con cuidado, mimo y autocompasión, la mente puede repararse. Incluso pueden recomponerse las partes rotas.

La crisis que sufrió Mill a los veinte años quizá lo salvara. Fue una llamada de atención. Fue un momento clave.

Se dio cuenta de que los métodos de su padre no eran sostenibles. Mill se decantó por la poesía y el arte. Se enamoró de la música.

Tras abandonar la sociedad de debate en la que había pasado tantas horas discutiendo sobre temas arcanos, Mill empezó a acercarse a la filosofía de una manera distinta. Ya no era una competencia académica, sino algo real en el mundo real. Fue a Francia a conocer a Lafayette. Se comprometió con los problemas políticos de su época. Su esposa también le abrió las puertas de su mundo, no solo a los derechos de las mujeres sino a la luminosidad, la felicidad y la conexión que no había conocido en su infancia.

Sus grandes contribuciones llegaron después de la crisis nerviosa. Llegaron después de recomponerse. Llegaron porque fue lo bastante valiente como para ser vulnerable, lo bastante valiente para reinventar su vida y sus prioridades.

La sabiduría surge cuando bajamos el ritmo. Cuando estamos tranquilos. Cuando nos cuidamos.

La sabiduría es darse cuenta de que, aunque lo que hagas sea importante, no lo es tanto.

La sabiduría es darse cuenta de que no participas en un experimento carcelario. Que no eres una máquina, sino un ecosistema.

Nada funciona si algo no funciona.

Ten cuidado. Cuídate.

Cambia de opinión

Richard Wright introdujo a Ralph Ellison en el comunismo. Es lógico que estos dos escritores se sintieran atraídos por las ideas de la izquierda radical. ¿Cómo no iba a pasar? El mundo parecía desmoronarse. Al sinsentido y a la masacre de la Primera Guerra Mundial le siguió una gran depresión global.

El imperialismo se había declarado en bancarrota. El capitalismo parecía estar fracasando: las colas en los comedores sociales de los años treinta lo demostraban. Y, sin duda, la humanidad había fallado a esos dos hombres en particular, sometiéndolos a una terrible discriminación y a la violencia racial de las leyes Jim Crow.

Además, el partido comunista había hecho planes muy concretos para reclutar y cultivar a artistas y trabajadores negros en Harlem, convirtiéndolo en el epicentro de sus operaciones en Estados Unidos.

Así que, por supuesto, ambos se unieron al movimiento en los años treinta, ya que era el único en el país —tal vez en todo el mundo en esa época— que afirmaba reconocer la igualdad entre las razas. Afiliarse al partido no era gran cosa: te apuntabas y de repente entrabas en un ambiente en el que las personas te trataban con respeto, te ofrecían oportunidades y decían preocuparse por mejorar el mundo. Ellison y Wright prosperaron en los círculos comunistas y se desarrollaron como escritores para publicaciones comunistas como *Daily Worker* y la revista literaria *New Challenge*. Ellison solía quedarse a dormir en las oficinas. Ambos fueron capaces de sobrevivir como artistas gracias al dinero que ganaron y al apoyo de los donantes del partido.

Allí tuvieron un lugar. ¡Había energía! ¡Luz! Toda pregunta obtenía respuesta. Todo tenía sentido.

Pero, como todos los movimientos políticos radicales, no era oro todo lo que relucía. Había algo asfixiante en el comunismo. En uno de sus libros, Wright menciona que, al escuchar a los dirigentes del partido, le sorprendía su «intolerancia fanática..., mentes cerradas a nuevas ideas, nuevos hechos, nuevos sentimientos, nuevas actitudes, alusiones a nuevas formas de vivir». Ellison y él creían profundamente en la lucha de clases, pero no les gustaba que les dijeran qué tenían que pensar. Encontraron muchas desavenencias con el partido en cuestiones raciales y en el papel de la literatura.

Como novelistas, entendían que la gente y la vida son complicadas, que los seres humanos contienen multitudes que jamás podrán captarse en simples teorías. A pesar de todo lo que se decía sobre las artes, percibían un profundo antiintelectualismo en el movimiento (de hecho, Wright recordaba el torpe comentario de uno de los líderes del partido sobre cuántos «intelectuales» tuvieron que ser ejecutados en Rusia). Había llegado a esa ideología buscando ideas, pero empezaba a convertirse en un callejón sin salida intelectual. «Denunciaban libros que nunca habían leído, a personas a las que no conocían, ideas que jamás entenderían y doctrinas cuyos nombres no sabían pronunciar», se quejaba Wright. El comunismo, en vez de hacerlos dar un gran salto hacia delante con fuego en el corazón para convertirse en maestros de las ideas y la vida, los paralizó en un nivel de ignorancia aún más bajo que el que tenían antes de conocerlo.

Y entonces llegaron los juicios de Moscú, el auge de la policía secreta, el pacto de Stalin con Alemania y el estallido de la Segunda Guerra Mundial, que fueron minando la fachada revolucionaria.

Durante un tiempo, los dos hombres fueron capaces de racionalizar todas estas contradicciones, como la mayoría de nosotros. Se dice que es muy difícil razonar para salir de una posición en la que no se ha entrado razonando. En parte, Ellison y Wright se sintieron atraídos por el comunismo debido a su seducción emocional y a la promesa de resolver problemas irresolubles de la condición humana. Compraron un sueño, no una realidad.

Y no fueron los únicos: toda una generación de jóvenes serios se dejó arrastrar por estas ideas en los años que transcurrieron entre la Revolución rusa y el auge del Estado soviético totalitario. ¡Las alternativas no eran mucho más halagüeñas! ¿Qué argumentos esgrimían la democracia y el capitalismo en 1935, cuando los estadounidenses vivían en barracas y hacían colas para comprar pan? Al menos, el partido afirmaba que le preocupaba la gente.

La esperanza defrauda. Los deseos distorsionan.

Pero, con el tiempo, tanto Wright como Ellison saldrían del partido, Wright en 1942 y Ellison un poco antes. «Entonces

¿Wright y tú estáis juntos?», le preguntó un profesor a Ellison cuando dejó el partido. «No, Wright va por su cuenta y yo por la mía. Somos individuos».

Cambiar de opinión y de creencias no fue fácil. Wright terminó exiliado en Europa y le dijo a Ellison que fue porque «después de salir del partido comunista, no tenía adónde ir». Ambos lidiaron con la culpa y la vergüenza por el tiempo que pasaron bajo la influencia (y el control) del partido. Ambos se comieron el marrón que les echaron encima las autoridades por su vínculo con el partido. Aun así, fue un paso fundamental en su evolución como artistas y activistas. «Romper con el [partido comunista] —le diría Ellison a Wright— me ha permitido resucitar».

Una vez le preguntaron al filósofo Diógenes el Cínico si había algo en lo que creyera siempre. «Hubo un tiempo en el que me meaba en la cama —dijo a modo de respuesta—, pero ya no». John Maynard Keynes tuvo una buena contestación para un caso similar: «Cuando los hechos cambian, cambio de opinión. ¿Qué opina usted, señor?». Al fin y al cabo, de eso va la letra de la canción *Amazing Grace*, escrita por un exesclavista que había visto la maldad de sus acciones: «Una vez estuve perdido, pero ahora me he encontrado. Estaba ciego, pero ahora veo».

Sí, mejor si se hubiera encontrado antes, si hubiera cambiado antes.

La mayoría de la gente permanece ciega. Reconozcamos el mérito de la que no.

Cambiar es duro porque significa que probablemente deberías haberlo hecho antes. Significa que hiciste y dijiste cosas que da la casualidad de que se basaban en creencias erróneas. Cosas horribles, en algunos casos. Muy vergonzosas en otros.

Algunas personas no soportan quedar mal y se reafirman.

No solo nos cuesta cambiar de opinión, sino que a veces somos tan frágiles que nos molesta que la gente lo haga. Acusamos a los políticos de «ser unos veletas». Lo llamamos «traición». O nos burlamos de alguien por lo que creía antes. ¿Cómo puede haber sido tan estúpido como para pensar eso?

Sin embargo, el auténtico fracaso es no haber cambiado nunca. ¡Imagínate creer aún en todo lo que creías de niño! Imagínate pensar y actuar como lo hacías antes de que sucediera algo. Cuando alguien te llama cabezota, ¡no es un cumplido!

Solo un tonto se queda igual.

«Dudar de los primeros principios de uno mismo es la marca del hombre civilizado», dijo el almirante Hyman Rickover a los futuros oficiales de la Armada. «Una consistencia absurda —afirmó Emerson, expresando la idea en negativo unos cien años antes— es el duende de las mentes insignificantes». «Si siempre soy fiel a mí mismo —afirmó Gandhi, justo después de usar la palabra "duende" para desestimar la virtud de la consistencia—, no me importan todas las inconsistencias que puedan arrojarme a la cara».

La sabiduría es la capacidad de ir por la vida dispuesto a cambiar de opinión. Esto no significa que tengamos que abandonar nuestros valores porque nos resulten incómodos, sino que se supone que el pensamiento debe evolucionar. Se supone que debemos crecer. Saldrán a la luz cosas nuevas. Las opiniones van unidas a una creencia y a una acción que deberían crear nuevas creencias y acciones.

Desde luego, esto explica gran parte del cambio que sufrió Ellison. Cuando se acercó por primera vez al comunismo, era un joven músico de Oklahoma. En el transcurso de esos años, leyó, conoció a mucha gente, escribió y vivió mucho. El mundo se convulsionó con una guerra mundial. Stalin reveló lo que ninguna propaganda ni las ilusiones pudieron ocultar. El movimiento de los derechos civiles empezó a trompicones. ¿Cuánto vio de la naturaleza humana en aquella época? ¿Cuánto más conoció?

«Dije muchas tonterías cuando trabajaba con el partido conservador —reconoció Winston Churchill cuando cambió de partido a los veintinueve años—, y lo dejé porque no quería seguir diciendo tonterías». Sería mejor no equivocarnos, claro, pero también podemos cambiar de opinión ahora.

Una pregunta interesante que puedes plantear a las personas de las que quieres aprender es: «¿Sobre qué cambiaste de opinión la última vez? ¿Lo que opinabas antes era muy distinto a lo de ahora? ¿En qué estabas equivocado?».

Las respuestas sinceras son indicios de fortaleza mental e integridad moral.

Nadie pensó que Lyndon Johnson fuera débil por cambiar de opinión respecto a la segregación. Al contrario, pensamos que ya era hora.

Consideramos nuevos hechos. Escuchamos consejos. Hacemos preguntas. Cuando nos topamos con algo que no encaja, no lo ignoramos, sino que seguimos explorando hasta que aceptamos que se habían equivocado o que el error era nuestro.

Así funciona la ciencia. La gente cree que los avances se producen en momentos de grandes descubrimientos o de inspiración divina. Las epifanías ocurren, pero son una excepción, no la norma. No, la ciencia es un proceso gradual, y suele darse un cambio en ella como resultado de la lenta ruptura de un antiguo paradigma, de una sabiduría convencional cada vez menos adecuada para explicar lo que está sucediendo, hasta que al final surge y se adopta un nuevo paradigma.

El mundo es complicado. Las cosas cambian constantemente. Nosotros siempre estamos aprendiendo y nos exponemos a cosas que no sabíamos o que no habíamos considerado.

Nuestra mente debe ser lo bastante flexible y abierta para aceptarlo.

Crece

Debió de tener una infancia horrible.

Aunque su familia era rica y privilegiada, el mal del apartheid se cernía sobre Sudáfrica. Una sociedad construida alrededor de la opresión oprime a todo el mundo, encuentra la manera de infectarlo todo con la opresión. De este modo, Elon Musk fue acosado cruel y violentamente por ser raro y diferente.

Uno de esos acosadores lo mandó al hospital, algo por lo que su padre enseguida culpó a su hijo.

Se supone que la casa de un niño debe ser su lugar seguro. Para Musk, era todo lo contrario. «Era un ser humano terrible —dijo de su padre, Errol Musk. Se sabe que lloraba cada vez que intentaba hablar de su infancia—. No tienes ni idea de lo malo que era. Ha cometido casi cualquier delito que se te pueda ocurrir. Casi todas las cosas malas que se te ocurran, las hizo».

Ningún niño debería tener que decir eso. Nadie debería crecer creyendo que eso es normal.

«[Nuestro padre] tenía un grave desarreglo químico», dijo el hermano de Elon. «Estoy seguro de que Elon y yo lo hemos heredado». Su padre solía referirse a ellos como idiotas y retrasados mentales. Solía soltar comentarios racistas y de desquiciado a los reporteros. «Cambia la realidad que lo rodea —dijo Kimbal de su padre—. Se inventa cosas y se cree esa falsa realidad».

¿Te suena?

«Dentro del hombre —declaró una vez la exmujer de Elon sobre él— sigue habiendo un niño, un niño delante de su padre».

En cierto modo, todos somos ese niño delante de nuestros padres. Sobre todo si la infancia fue dura desde el punto de vista emocional, físico o de otro tipo. Los psicólogos llaman «niño adaptado» a los mecanismos que crean los niños heridos para proteger a su yo asustado, desatendido o abrumado. Se supone que debemos convertirnos en «adultos funcionales», pero algunos niños adaptados, desmotivados por lo que no recibieron, no pueden hacerlo.

«Cuando era pequeño, hablaba como un niño, entendía como un niño, pensaba como un niño». Y así siguen.

El problema es que ya no somos niños y no nos podemos permitir seguir siéndolo. De lo contrario, nos arriesgamos a tomar decisiones infantiles. A tener reacciones infantiles. A volver a las opiniones infantiles.

Tienes que crecer. O te pasará factura.

Alejandro Magno fue a los confines de la Tierra para superar a su padre e impresionar a su madre. Leonardo da Vinci, que nunca se sintió del todo aceptado por su padre, desperdició años de su vida tratando de encontrar al mecenas perfecto que lo apoyara y lo agasajara. A Richard Nixon, el hombre más poderoso del mundo, incapaz de verse como un triunfador, le aterraba que los demás le considerasen una persona débil y vulnerable. «¿Puedes imaginarte lo que habría sido este hombre si alguien le hubiera querido?», dijo una vez Henry Kissinger de Nixon.

Imagínate que dejas que un niño de nueve años al que nadie quiere tome decisiones de importancia mundial. Imagínate poner el futuro de tu vida en manos de un adolescente inseguro. Imagínate esperar que un niño de cuatro años desorientado entienda la complejidad de las motivaciones humanas o que sepa elegir entre intereses a corto y largo plazo.

Sin embargo, ¡esto es lo que hace mucha gente brillante y con éxito!

> Nadie está dispuesto a creer que los adultos, como los niños —escribió Goethe en una de sus novelas—, vayan por el mundo aturdidos, ni que, como los niños, no sepan de dónde vienen ni adónde van, que casi nunca actúen por motivos auténticos y que se les pueda doblegar con galletas, pasteles y azotes.

Pero eso es lo que debe ser la iluminación, como decía un filósofo: salir de nuestra «inmadurez autoprovocada».

No puedes ser sabio si sigues actuando según lo que suponías que era el mundo en la infancia. No puedes ser racional si aún te dominan las emociones que sentías cuando eras un niño. No tomarás buenas decisiones si te siguen motivando las mismas cosas que cuando eras un crío. No has progresado si no has dejado atrás tus costumbres infantiles.

Los necios intentan mantener su perspectiva infantil del mundo. El ego, el engreimiento y las inseguridades nos compensan por algo. La necesidad de validación, las ansias por controlar, el miedo al fracaso, la aversión a la incomodidad y la incapacidad de enfrentarnos a la verdad pura y dura... Todos estos impulsos enmascaran vulnerabilidades más profundas.

Puede que seamos brillantes. Puede que seamos expertos en un tema. Pero, si no estamos atentos, puede que nos dirijan inconscientemente suposiciones que hicimos de pequeños.

Las decisiones que toma Musk no solo afectan al sustento de decenas de miles de personas, sino a la vida de los millones de personas que conducen sus coches y usan su piloto automático, cuyos satélites e internet dependen de sus cohetes, cuya cultura está determinada por la red social que él controla, regida por un gobierno al que ha lanzado una bola de demolición. Él, como cualquier líder, está obligado a no dejarse gobernar por los caprichos de sus impulsos o las sombras de sus demonios. Es inaceptable que un hombre tan poderoso esté dominado por un niño tan inmaduro.

De pequeño, Musk no recibió el amor que necesitaba, así que lo obtiene de los fanáticos. Al carecer de estabilidad, busca el caos y la atención. ¿Nos debería sorprender, entonces, que tenga catorce hijos? ¿O que, según dicen, ofrezca su esperma a desconocidos para fecundaciones *in vitro*? ¿O que se haya referido a uno de sus hijos pequeños como su «humano de apoyo emocional»? Musk, tal vez imitando a su padre, no muestra empatía por su hija trans, y dice: «El virus de la mentalidad *woke* ha matado a mi hijo». Como muchas personas rotas, parece pensar que no superar su trauma es una medalla al honor. Cuando su biógrafo le preguntó cómo afronta sus problemas de salud mental, Musk suspiró y respondió: «Trágate el dolor y asegúrate de que realmente te importe lo que haces».

Tan solo un tonto deja sus heridas sin tratar. De hecho, se convierten en un trauma, ya que crean un ciclo que se autoperpetúa en las futuras generaciones. Hacen que sea imposible crecer, cambiar y avanzar.

Es nuestra responsabilidad enfrentarnos a nuestros demonios, no abrazarlos ni justificarlos.

No podemos ser demasiado importantes para la introspección. Demasiado egoístas para ser vulnerables. Nunca se es demasiado mayor para crecer

No te hagas el ofendidito

Los antiguos propietarios de esclavos estadounidenses sabían que lo que hacían estaba mal.

Lo admitían en privado. Se sentían culpables y avergonzados. Los escritos de Jefferson lo revelan (como sus esperanzas de un futuro en el que la esclavitud hubiera desaparecido). Hubo, al menos durante un tiempo, debates y discusiones sobre la legitimidad de la institución junto a serios intentos por reformarla. Estas preocupaciones fueron las que Thomas Clarkson fue capaz de poner en marcha en el movimiento abolicionista, que eliminó la esclavitud del Imperio británico.

Pero en Estados Unidos, a finales del siglo XIX, se publicaron una oleada tras otra de ridícula seudociencia para ayudar a los esclavistas a racionalizar lo que sin duda estaba mal pero era muy rentable. Las críticas a la esclavitud fueron perseguidas. Se prohibieron libros y se penalizó tener algunos en concreto, como *La cabaña del tío Tom*. Los abolicionistas fueron linchados y expulsados del Sur. La culpa sublimada de los dueños de esclavos era tan frágil que necesitaban un poder blando y duro —de hecho, toda la fuerza de la cultura y el Gobierno— para mantener la mentira de que la esclavitud no solo no era mala, sino además un bien positivo.

No bastaba con ocultarla y recoger los beneficios, tenía que justificarse.

La guerra civil fue impulsada por la codicia y la crueldad, pero otra manera de verlo es que la empezaron precipitada y tontamente hombres y mujeres que vivían en una burbuja delirante y paranoide en la que ellos eran las víctimas, los perseguidos (por el Norte), en vez de ser los villanos que esclavizaban, violaban y asesinaban. Los esclavistas eran monstruos, pero también muy sensibles y frágiles. Eran incapaces de enfrentarse a lo que habían hecho y les aterraba vivir en un mundo en el que no pudieran seguir haciendo lo que hacían.

Como señaló Tocqueville en 1835, los hombres y las mujeres del Sur habían sido educados durante generaciones como «dictadores domésticos»: sus deseos eran órdenes, y cada creencia se confirmaba con un «Sí, amo». El sistema educativo —y la cultura— habían dado al propietario de esclavos el carácter de un «hombre apresurado y altanero; irascible, violento y ardiente en deseos, impaciente ante los obstáculos, pero que se desanimaba con facilidad si no lo conseguía al primer intento».

En resumen, los esclavistas eran unos ofendiditos a los que el concepto de igualdad les parecía opresión y para los que el desacuerdo era una ofensa duelística.*

* En 1856, el senador Preston Brooks casi mató a golpes en el suelo del Senado a su compañero Charles Sumner por criticar a su primo en un discurso sobre la esclavitud. Así de peligrosos son los bebés intelectuales con remordimientos de conciencia.

¿Te suena? Debería, porque los de ese tipo siempre han existido. Incluso las personas más inteligentes pueden desarrollar sistemas de refuerzo absurdos para proteger su ego, sus presunciones y su comodidad intelectual.

Los fundamentalistas llevaban siglos prohibiendo y quemando libros y a personas que no les gustaban, como podría contarte Montaigne. La gente siempre ha combatido lo que no quiere oír. La gente siempre ha tenido miedo de las ideas. ¿Qué son las culturas del honor, salvo ofendiditos ritualizados? ¡Oh, no! ¿Alguien te ha insultado? ¡Supongo que ahora tendrás que luchar hasta la muerte!

¿Cómo respondió Elon Musk a la crítica y competencia de Mark Zuckerberg en 2023? Lo retó a un combate en jaula. El tipo que una vez dijo que «una crítica bien pensada de lo que sea que estés haciendo es tan valiosa como el oro» ha llegado a prohibir la presencia de los medios de comunicación y a echar los perros a los periodistas que no le gustaban. Musk parece que defiende la libertad de expresión, pero una palabra que censura es «cisgénero», porque lo señala directamente a él.

Mira, la gente puede ser estúpida. Lo que no puede ser es que otras personas consientan tus tonterías porque la verdad hace que te sientas frágil.

Es un cliché quejarse de lo débiles y sensibles que son los jóvenes hoy. A lo mejor es cierto, pero, si así fuera, ¿de quién es la culpa? En algún sitio lo han aprendido...

Dicen que la verdad nos hará libres, pero no es así. La verdad pesa. Es incómoda. Te desafía o, peor aún, te obliga. Cuando sabes cómo vive la otra mitad, tu sentido de lo que está bien y lo que está mal te obliga a hacer algo al respecto.

Cuando te enteras de que has metido la pata, tienes que solucionarlo.

Una vez Emerson dijo que nos ofrecen elegir entre la verdad y la calma. «Quédate con la que quieras, pero nunca podrás tener las dos». En cuanto tomas conciencia de la falsedad de tus ideas sobre algo o de que careces de conocimientos sobre algo, se te acaba la libertad. Ahora tienes que aprender. Ahora tienes que cambiar de opinión. Ahora tienes que admitir que estás equivocado. Ahora tienes mucho trabajo por delante.

Es doloroso. Da miedo. No es divertido.

Pero el valor y la sabiduría están relacionados: el primero permite la segunda. Si no soportas el compromiso con la nueva información, no puedes aprender. Los cobardes son tontos, y los tontos suelen ser cobardes.

Cuando tienes éxito, cada vez es más fácil resguardarte en tu propia certeza cómoda. Este es también uno de los inconvenientes de encontrar a tu gente. Puede que te rodees de personas que piensen como tú, que actúen como tú. Mientras tanto, tu sistema inmunitario intelectual se debilita cada vez más porque ya no se expone a ideas nuevas e interesantes.

Exponerse a ideas opuestas y desafiantes nos hace más fuertes. ¿Por qué la gente cae en estafas e ideas tontas? Porque no saben identificar un buen argumento. ¡No conocen sus propios argumentos! ¿Por qué la gente inteligente se excede? Porque han dejado de someter su trabajo a la disciplina de los desafíos y las discrepancias. Se han convencido de su propia infalibilidad, de su propia genialidad.

Debemos buscar el desacuerdo. Debemos buscar la incomodidad. No podemos amañar el juego a nuestro favor.

La historia debería hacerte enfadar. El arte debería entrar en ti y tocarte en sitios sensibles, en carne viva. ¿Te saltan las alarmas? El propósito del arte es provocar. Estás avisado.

Hay todo un mundo de puntos de vista, experiencias y opiniones distintas. La gente tiene creencias y filosofías diferentes. Pretender lo contrario no te ayuda ni te ayudará a cambiar la opinión de otras personas (si están equivocadas).

¿Este profesor o este tema te hace sentir estúpido? Bien. Cuesta mejorar, a menos que te sientas así. Y si lo que crees te hace sentir cómodo y superior..., cuestiónatelo.

No eres especial.

Tampoco eres una delicada florecilla que haya que proteger.

Lo políticamente correcto, la censura o hacer callar a los demás no convierte a nadie en una persona mejor, más lista o más prudente. De hecho, nos hace más débiles, más susceptibles al pensamiento colectivo, más megalómanos y más propensos a excedernos o a malinterpretar las cosas.

Los líderes del Sur estaban convencidos de que ganarían la guerra civil. Estaban convencidos de que Inglaterra —que se oponía frontalmente a la esclavitud— reconocería a esta nueva nación y apoyaría su causa. Aquella locura se vio desmentida por hechos evidentes casi para todos los demás, tan obvios como el monstruoso mal de su iniciativa.

«Si los esclavos se convierten en buenos soldados —escribió un general al secretario de Guerra de la Confederación—, será errónea toda nuestra teoría de la esclavitud, pero no serán soldados». Así que el Norte armó a antiguos esclavos —unos cien mil sirvieron en las filas de la Unión—, poniendo de este modo el último clavo en el ataúd sureño.

Los ofendiditos toman malas decisiones porque cada decisión se toma por la variable menos relevante: «¿Esto coincide con lo que quiero que sea cierto?».

No hay sabiduría posible para los frágiles.

No hay crecimiento. No hay verdad.

Busca la crítica

En torno al año 138, el joven Marco Aurelio recibió el mismo día dos cartas que le había enviado su profesor de Retórica y consejero, Frontón. La primera era una crítica detallada de un ensayo reciente que Marco había escrito. La segunda elogiaba sus esfuerzos.

«Te juro —le respondió a su querido mentor— que la primera carta ha sido todo un gusto y que, mientras la leía, he exclamado varias veces: "¡Qué suerte tengo!"».

Quizá te parezca raro, pero tenemos suerte cuando recibimos críticas. Sobre todo, porque las críticas significan que estás vivo y que haces algo en lo que la gente se ha fijado, pero también porque nos hacen mejores.

Como posible heredero natural del Imperio romano, Marco Aurelio sabía que las críticas sinceras eran un bien escaso y que escasearían más cuanto más poderoso fuera. Por eso apreciaba tanto los fallos y las directrices que le mandaba Frontón. Entendía que provenían del cariño, como suelen hacerlo las observaciones agudas.

«Las críticas hostiles me hacen un favor —le dijo una vez Gandhi a un amigo—. Me enseñan a examinarme. Me brindan la oportunidad de comprobar si no reacciono con enfado. Y, cuando voy a la raíz de su ira, no encuentro más que amor».

Pero hay que trabajar para verlo así..., en especial cuando recibes muchas críticas. Sobre todo cuando a primera vista las críticas no parecen cariñosas.

Martin Luther King Jr. fue atacado física y verbalmente por personas a las que no les gustaba. Le difamaron en la prensa y en las mansiones de los gobernadores. En 1966, solo un tercio de los estadounidenses tenían una opinión favorable de él, y casi la mitad tenían una opinión negativa. Tampoco gozaba de la simpatía de sus partidarios ni de todos los negros de Estados Unidos. Algunos lo acusaban de ser demasiado radical y otros de no serlo lo suficiente.

Es difícil ser una figura pública. Se necesita una piel dura. Pero si tu piel es demasiado gruesa, no serás capaz de recibir la información que necesitas para mejorar y conectar.

Este fue uno de los motivos más impresionantes del ascenso de King: su capacidad para escuchar y aprender, incluso de aquellos con los que no estaba de acuerdo, para mantener el corazón y la mente abiertos a pesar de todos los que intentaban entrar en ellos, su capacidad para separar los ataques de las reacciones, para corregir el rumbo y, poco a poco, hacer que mucha gente se uniera a su causa.

Fue capaz de escuchar a los estudiantes del Comité Coordinador Estudiantil No Violento, que creían que King estaba protegido, que no estaba del todo en las primeras filas, dispuesto a que lo arrestaran con ellos. Y entonces, cuando surgió el movimiento Black Power y King no estuvo de acuerdo con muchas de sus tácticas (ni ellos con las de él), tuvo que ingeniárselas para gestionar opiniones discrepantes dentro del movimiento y evitar que se dividieran. «Si Stokely [Carmichael] dice lo mismo que yo —respondió King cuando el movimiento Black Power le criticaba—, se convierte en mi ayudante».

De hecho, King esperaba que sus ayudantes también fueran críticos y que se pronunciaran si no estaban de acuerdo, lo que era especialmente importante cuando tantos activistas creían en su causa con un fervor casi religioso.

En una reunión, Andrew Young, un empleado en el que King solía apoyarse para que fuera la voz de la razón en los debates en grupo, estuvo más callado de lo normal y King se dio cuenta. «Oye —le dijo apartándolo a un lado—, sabes que la mayoría de nosotros estamos locos de atar». King añadió que no podía permitirse el lujo de tener aduladores, porque había demasiado en juego. Quería que la gente se expresara, que señalara los problemas que había en distintas ideas y que evitara que sus planes fueran demasiado lejos. «No me importa arriesgar la vida —le dijo King a Young—, pero no quiero tirarla por la borda por una estupidez».

Mantener los pies anclados en la realidad es uno de los retos clave del activismo. Pero también es esencial en la búsqueda de la sabiduría. ¿Sabes escuchar? ¿Puedes aprender? ¡Imagínate a Martin Luther King siendo lo bastante fuerte como para aguantar palizas, pero no lo suficiente para soportar la disconformidad! Demasiado sensible para que lo corrijan, hundiéndose ante el más mínimo cuestionamiento, o demasiado ofendidito para que pongan en duda sus suposiciones.

«Las críticas pueden no ser agradables —dijo una vez Churchill—, pero son necesarias; cumplen la misma función que el dolor en el cuerpo humano: dirigen la atención al desarrollo de un estado poco saludable».

El primer paso para ser capaz de soportarlo es aguantar el dolor. El segundo paso es ir más allá de ese aguante, es ir a buscarlo de forma activa, llegar a disfrutarlo y apreciarlo.

Poseemos la extraordinaria capacidad de convencernos de que tenemos razón. Tenemos ángulos muertos. Tenemos prejuicios. Por eso necesitamos ayuda. ¡Para eso sirven las críticas!

Y Gandhi estaba en lo cierto: es un servicio que suele venir del amor.

Si tu enemigo se equivocara, ¿le darías tu opinión? No. Esa es una de las máximas en los negocios y en la guerra: nunca interrumpas a tu oponente mientras está equivocándose. Solo nos arriesgamos a decir algo cuando no queremos que alguien fracase.

Para el almirante Rickover, los pelotas eran una lacra. «Si un subordinado está de acuerdo con su superior —decía—, es una parte inútil de la organización». Hablaba con admiración de un almirante que llamó a un buenísimo oficial para una evaluación de rendimiento. El hombre estaba fallando, le estaba decepcionando. ¿Por qué? El almirante dijo que, durante todo el tiempo que habían trabajado juntos, el oficial había estado siempre de acuerdo con él, nunca le había llevado la contraria.

Los tontos asienten ante todo. Los tontos que están por encima de ellos suelen tomarse ese asentimiento como algo más de lo que es.

«La mayoría de las veces tus ideas no poseen una magnificencia innata —advirtió Mark Twain a Cornelius Vanderbilt, por aquel entonces el hombre más rico del mundo—, pero brillan con el resplandor de tus setenta millones».

Una de las cosas más absurdas que puede engendrar el éxito es una sensibilidad hacia el desacuerdo y la crítica. La relación de Elon Musk con la prensa se agrió cuando los medios de comunicación empezaron a tratar sus empresas menos como un negocio emergente desorganizado y más como los gigantes industriales que son. «¡Que te jodan!», dicen que le gritó Musk a un empleado por llamarle la atención respecto al desagradable tuit de Paul Pelosi. En otra conversación famosa, despidió a un ingeniero de Twitter cuando el hombre intentó darle razones en contra de manipular el algoritmo de la página para que los tuits de Musk fueran más populares (y por decirle a su jefe que, en realidad, cada vez era menos popular). Pero lo más extraordinario fue la pregunta que Musk le hizo inmediatamente después a la sala vacía: «¿Por qué nadie más dice nada?», exclamó sorprendido.

Creemos que si eliminamos la disidencia y los ataques tendremos una vida más fácil. De hecho, a la larga nos ponemos las cosas más difíciles y nos obligamos a aprender lecciones más caras que nos podríamos haber ahorrado con opiniones y desacuerdos.

¿Significa eso que todas las críticas y los desacuerdos son valiosos? No.

La sabiduría es la capacidad de separar los buenos consejos de los malos, de saber qué notas tomar y cuáles ignorar, cómo separar la aparición de un problema de la propuesta de una solución, cómo quedarnos con lo que podemos usar y descartar el resto. La sabiduría es, en todos los aspectos, cuestión de discernimiento.

Sin crítica, sin competencia, sin disidencia, la probabilidad de que mejoremos es nula.

No vayas de ofendidito. Busca la crítica. Haz una criba. Aplica lo que puedas aprovechar y descarta el resto.

Comete errores

Lou Gehrig no era un deportista nato. Se convirtió en uno en el gimnasio.

Tampoco era un jugador de béisbol nato. Se convirtió en uno... gracias a cometer un error tras otro.

En 1921, Gehrig dejó que una bola le pasara entre los pies en la primera base durante una prueba con los New York Giants y le costó su puesto en el equipo. En 1931, adelantó a un corredor mientras rodeaba las bases y le llamaron la atención. Le costó un *home run*, lo que fue aún peor. Entre los errores que definieron su carrera (se le atribuyen ciento noventa y seis, según las estadísticas), cometió unos fallos más dolorosos que otros.

¿Crees que le hizo gracia que lo enviaran a las ligas menores, donde jugaba en 1923? «Hace falta coraje», dijo después de recibir la noticia. Pero no. Entendió que jugar era la mejor manera de aprender, y que en Hartford, Connecticut, tendría tiempo de cometer más errores y mejorar más rápido.

«Cuando llegó aquí —dijo una vez el mánager de los Yankees, Miller Huggins—, era uno de los jugadores más tontos que había visto en mi vida. Pero tenía una gran virtud: jamás cometía el mismo error dos veces. Cometía todos los errores, así era, pero no dos veces».

De eso trata la experiencia, de aprender en tiempo real con riesgos reales.

No era que Gehrig fuera dando tumbos como un memo. Estudiaba el deporte y buscaba de forma activa las opiniones y críticas de sus entrenadores. «Al principio hacía una jugada fatal por partido —dijo—. Luego fue una mala jugada a la semana y al final tenía una jugada pésima al mes».

Cometer errores no te convierte en tonto. Como dice la expresión romana que a veces se atribuye a Catón, un tonto es alguien que «tropieza dos veces con la misma piedra». La capacidad de mejorar y aprender de las lecciones dolorosas es el sello distintivo de la sabiduría. Al menos, la señal de progreso en el camino hacia la sabiduría.

Cada error es un recordatorio. Un conocimiento. Una verdad. El mundo nos está diciendo: «Eh, así funcionan las cosas», «Eh, existe una razón para eso», «Eh, te has olvidado de algo importante».

Aun así, nuestra vergüenza, nuestro ego y nuestra terquedad frenan este proceso. Negamos el error. Justificamos el error. Seguimos en el error.

Todos cometemos errores, pero no todos aprendemos de ellos. Porque es más fácil no aprender. Porque es menos caro. Porque somos lo bastante listos para salirnos con la nuestra. Porque somos unos cobardes.

Uno de los comentarios más mordaces de Churchill hacia un político rival (uno de tantos) fue que el hombre de vez en cuando «tropezaba con la verdad..., pero siempre se levantaba y enseguida continuaba como si nada hubiera pasado».

Todos lo hemos hecho, aunque rechazamos la sabiduría cuando decimos: «No, quiero seguir como antes».

Y más tarde pagamos por ello, con intereses.

Nadie puede obligarnos a aprender de los errores, sobre todo a medida que ascendemos en la vida. Imagina que eres Marco Aurelio. Diriges un ejército enorme. Eres la persona más poderosa del mundo. Te adoran como si fueras un dios. La gente tapará siempre tus errores, intentará decirte por qué las cosas no son culpa tuya y lo grande que eres.

Esta es la razón por la que las *Meditaciones*, su cuaderno privado, era tan importante. Era el lugar donde reflexionaba sobre sus fallos y errores. Era donde se responsabilizaba de ellos, o al menos lo intentaba. «Recuerda que cambiar de opinión y aceptar la corrección también son actos libres —se decía—. La acción es tuya, se basa en tu voluntad, en tu decisión y en tu opinión». Quería que la gente le dijera la verdad (como él se la había dicho a Adriano de niño, abriéndole así el camino para que se convirtiera en emperador). Quería que le consideraran un hombre, no un mito viviente. «Si alguien puede rebatirme —pedía—, mostrarme que estoy cometiendo un error o viendo las cosas desde una perspectiva equivocada y cambiaré con gusto. Persigo la verdad, y la verdad jamás ha hecho daño a nadie. Lo que nos hace daño es persistir en el autoengaño y la ignorancia».

Todos hemos dicho estupideces. Todos suponemos cosas que no son así. Todos cometemos errores.

¿Lo arreglaremos o lo repetiremos una y otra vez?

Esa es la diferencia entre un hombre sabio y un tonto.

No tienes que ser perfecto. De hecho, no lo eres ni lo serás. Pero si eres alguien que mejora con el tiempo, que se enfrenta a los errores sin miedo y los corrige, entonces, al final, de forma inevitable, obtendrás más logros que los que son preciados y frágiles.

Hablando de Churchill, él cometió bastantes errores durante sus casi setenta años de carrera. Pero, como le dijo en una famosa carta a su mujer refiriéndose al catastrófico fracaso en la batalla de los Dardanelos, de la que aún estaba recuperándose: «No habría hecho nada si no hubiera cometido errores».

De hecho, años más tarde, mientras los Aliados contemplaban las invasiones de Italia y luego de Francia, el antaño impulsivo Churchill se convirtió en la voz de la razón y la prudencia.

La sabiduría no es solo cometer errores y aprender de ellos, sino también no avergonzarse de haberlos cometido. Es más, hablamos abiertamente de los errores para aprender lecciones no solo para nosotros, sino también para los demás.

Escucha consejos. Reflexiona. Descubre la lección. Mejora. No vuelvas a meterte en el mismo lío si puedes evitarlo.

«Errar y errar», como dice el famoso poema, pero cada vez menos.

Profundiza

Da Vinci tenía muy buen ojo. Podía captar lo que veía con relativa facilidad.

Pero para él no era ni remotamente suficiente.

Lo sabemos por sus cuadernos. En las trece mil páginas que se conservan, vemos a un hombre empeñado en averiguar cosas. No se conformaba con pintar a una persona. Nunca se conformaba con un primer vistazo.

«Parpadea y vuelve a mirar —advertía Da Vinci—. Eso que ves ahí no estaba antes y lo que estaba ya no está».

Los tontos se quedan en la superficie. Los sabios quieren saber qué hay debajo.

Por eso Da Vinci diseccionó unos treinta cadáveres. Decía que necesitaba un mínimo de tres disecciones para empezar a comprender una zona del cuerpo humano. Hacía moldes de órganos. Medía las proporciones. Estudiaba cómo el corazón bombea la sangre por el cuerpo. Comparaba cuerpos femeninos y masculinos, y observaba las sutiles diferencias que hay entre ellos. Hizo tantas disecciones que la gente le acusó de practicar el ocultismo, y al final el papa tuvo que prohibirle que siguiera haciéndolo. Pero el trabajo ya estaba hecho. Las observaciones de Da Vinci sobre anatomía se documentaron en decenas de miles de palabras y cientos de imágenes que superaron en volumen y comprensión a las mentes médicas no solo de su época, sino también de varios siglos después.

Era así con todo lo que le interesaba.

Se negaba a confiar en los autores antiguos. Necesitaba verlo. No podía pintar el agua sin entender casi todos los aspectos del funcionamiento de los océanos y los ríos. Estudió cómo la luna afecta a las mareas, exploró los registros fósiles de los antiguos fondos marinos y siguió el sinuoso curso de los ríos. No podía diseñar la estatua de un caballo sin verlo correr, sin medir sus proporciones y sin examinar otras estatuas famosas. No podía representar un monstruo horrible en un escudo militar sin antes coleccionar lagartijas, grillos, murciélagos y serpientes, y estudiarlos, combinando sus características para crear algo nuevo y aterrador.

> Tienes que ir por ahí y, mientras caminas, no dejar de observar, tomar notas y considerar las circunstancias y el comportamiento de los hombres que hablan, discuten, ríen o se pelean, sus acciones y las de los transeúntes que los separan o los observan —aconsejó Da Vinci—. Y toma nota con trazos ligeros en un librito que debes llevar siempre contigo... Porque las formas y posiciones de los objetos son tan infinitas que la memoria es incapaz de retenerlas, así que guarda estos esbozos como guías y maestros.

Bajo las pinturas, los inventos o las ideas de Da Vinci se escondía mucho más de lo que se veía, como el proverbial iceberg. Aunque los expertos lamentarían la pésima caligrafía de Da Vinci, seguimos asombrados, más de quinientos años después, por la profundidad de la exploración que llevó a cabo incluso sobre los temas más sencillos. Y solo tenemos una parte de lo que creó, puesto que dos tercios de sus cuadernos no han llegado a nuestros días.

Ya anciano, Marco Aurelio reflexionaría sobre la lección más importante que había aprendido de su maestro de Filosofía, Rústico: «Leer atentamente, no conformarse con "captar lo esencial"».* Al parecer, Da Vinci ni siquiera entendía lo que significaba esa frase.

No aprendía a medias. Su curiosidad le exigía llegar lo más lejos posible para entender algo. No le parecía aceptable la comprensión superficial.

Ni debía serlo.

Si queremos entender algo, no nos limitamos a leer un libro sobre ese tema. Tenemos que leer todo lo que encontremos sobre él. No nos limitamos a plantear una pregunta o buscar a un experto, sino que queremos encontrar a todos los expertos que podamos y plantearles todas las preguntas que estén dispuestos a contestar. No nos limitamos a mirar lo que está ahí, sino que debemos explorar los lugares más recónditos, todas las facetas, desde todos los ángulos.

Queremos escuchar a las personas con las que estamos de

* Fue Rústico quien le prestó a Marco su ejemplar de las lecciones de Epicteto, un libro que Marco leyó miles de veces y citó de memoria a lo largo de su vida y en sus escritos.

acuerdo. Queremos escuchar a las personas con las que no estamos de acuerdo. Tenemos que salir y adquirir una experiencia real.

¿No fue eso lo que hizo el abolicionista Thomas Clarkson? Creía que la esclavitud estaba mal. Escribió un ensayo convincente sobre el tema. Pero entonces se dio cuenta de que, si iba a ser la persona que hiciera algo al respecto, tendría que entender de verdad la esclavitud como un negocio, como una empresa logística, como una serie de supuestos culturales que los humanos habían transmitido para justificarla durante miles de años. Su primer mentor fue el editor James Phillips. No solo estaba interesado en publicar el ensayo antiesclavista de Clarkson, sino que lo sumergió en la escena abolicionista. Se lo presentó a los cuáqueros, que habían sido los primeros activistas en este campo. Se lo presentó a Granville Sharp, cuyo trabajo jurídico había ayudado a prohibir la esclavitud en Gran Bretaña; y a Olaudah Equiano, un brillante escritor y pensador que probablemente también fue el primer esclavo liberado que Clarkson conoció en su vida. Y se lo presentó a James Ramsay, un médico y sacerdote que había tratado a esclavos en barcos negreros y los había acogido en su casa y en la iglesia de St. Kitts, un lugar con muchísimas plantaciones de azúcar.

Después de esto, Clarkson visitó su primer barco de esclavos, que había llegado a Inglaterra pasando por Massachusetts y Ghana. Lo que presenció —los cuartuchos casi inhabitables, las cadenas y las rejas— lo llenó de «melancolía y horror», y encendió en él, dijo, «un fuego de indignación». Pero su enfado se alimentaba de hechos reales, y quería más. Clarkson se esforzó por hablar con todas las personas que pudo encontrar que hubieran estado en África. Las entrevistó y anotó en sus cuadernos lo que le contaron. Buscó en los registros de la aduana y examinó las listas de embarcados y los diarios de a bordo. Revisó transcripciones de juicios y archivos de seguros.

Clarkson solía quedarse dormido encima de los papeles, rodeado por sus investigaciones. Pero al final de este periodo, que duró años, nadie sabía más sobre el comercio de esclavos que él: estaba más informado que muchos de los traficantes de esclavos y sus inversores, ya que gran parte del horror de lo que hacían requería una ignorancia deliberada.

No puedes resolver un problema que no entiendes. No puedes liderar un campo en el que no te has sumergido. Debes adentrarte en la madriguera del conejo. Debes meterte de lleno en el tema. Debes profundizar.

> Tengo la ventaja de haber descubierto lo difícil que es llegar a conocer algo de verdad —dijo Feynman—. Lo cuidadoso que tienes que ser al comprobar tus experimentos. Lo fácil que es equivocarse y engañarse. Sé lo que significa saber algo, y por eso veo cómo obtienen su información, y no puedo creer que afirmen saber algo. No han hecho el trabajo necesario. No han realizado las comprobaciones necesarias. No han prestado la atención necesaria.

A un tonto no le importa lo suficiente como para hacer ese trabajo.

La leyenda del jazz Miles Davis no se limitaba a ir al club a escuchar música. «Iba a la biblioteca y pedía en préstamo las partituras de grandes compositores como Stravinsky, Alban Berg o Prokofiev. «Quería ver qué pasaba en toda la música», dijo. Toda la música. La antigua. La nueva. Los grandes. Los raros. «El conocimiento es libertad y la ignorancia es esclavitud —dijo—, y no podía creer que alguien estuviera tan cerca de la libertad y no la aprovechara».

Está ahí mismo. ¿Iremos a por ella?

Los hermanos Wright no descubrieron el secreto del vuelo en una epifanía única; fue el resultado de incontables horas observando pájaros en el aire. «No pudimos evitar pensar que eran un par de pobres locos —recordó un habitante de Kitty Hawk—. Pasaban horas de pie en la playa mirando cómo volaban, planeaban y bajaban en picado las gaviotas». Observaban incluso cómo el papel caía y flotaba hasta el suelo, una y otra vez.

Los cuadernos de Wilbur están llenos de dibujos de pájaros, de observaciones sobre las diferencias en la técnica de vuelo entre las distintas especies y cómo las condiciones meteorológicas parecían afectar a su capacidad para volar. Están llenos de dibujos y anotaciones sobre cómo funcionaban los diferentes diseños en el túnel de viento que construyeron. Por supuesto, otras personas antes que ellos ya habían observado detalles sobre el vuelo de las aves, pero nadie había profundizado tanto, nadie había dedicado tanto tiempo a observar atentamente la mecánica del vuelo y de las alas.

Esa es la diferencia.

Todos vemos a través de un cristal oscuro, pero luego, cara a cara, esa mirada extra, esa hora extra observando pájaros, una disección más, un libro más, un ángulo más, una reflexión más... Ese «extra» es lo esencial.

Hay que dedicarle tiempo.

Siempre hay algo más que aprender.
Siempre hay algo nuevo.
Búscalo.

No te dejes engañar

Hubo un tiempo en el que Kyrie Irving estaba seguro de que la Tierra era plana. Vio algo en internet y se convenció. «Os lo digo yo, está clarísimo. Nos mienten», dijo refiriéndose a los científicos que afirman que es redonda. Y luego fue aún más lejos y empezó a dudar de que la Tierra incluso girase alrededor del Sol.

No es de extrañar, entonces, que un chat de internet convenciera también a Irving de que no se pusiera la vacuna contra la COVID-19 durante la pandemia mundial, decisión que le costó casi una temporada entera de la NBA. Después de eso, cayó en una de las teorías conspirativas más antiguas y oscuras que existen —que los judíos controlan el mundo— cuando le recomendaron un documental horrible, así como un vídeo de Alex Jones. Cuando le pidieron que renegara de su antisemitismo, Kyrie respondió: «Puedo ignorar cualquier etiqueta que me pongas porque estudio. Conozco el diccionario Oxford».

Bueno, eso lo aclara todo.

El problema no es que Kyrie Irving sea tonto. Muchas personas son tontas y van así por la vida. El problema es que Kyrie

Irving está tan convencido de que es listo —de hecho, más que nadie— y eso lo convierte en un blanco fácil. Un blanco para las chorradas. Un blanco para los extremistas. Un blanco para las teorías conspirativas. Un blanco para los estafadores.

«Si eres vanidoso —dijo Angela Merkel—, pueden engatusarte».

En otras palabras, te pueden engañar y volverte tonto.

Kyrie Irving pagó muy caro sus palabras: destrozó uno de los equipos con más talento de la historia del baloncesto y perdió su contrato con Nike por esas polémicas. Pero el público también lo pagó. La estupidez de negar a la ligera la pandemia y otras enfermedades es contagiosa. Los tontos infectan y crean a otros tontos que hacen tonterías con lo que «aprenden».

Una de las cosas que Marco Aurelio dijo que había aprendido de Rústico fue el discernimiento para «no dejarse engañar por ningún pico de oro». Marco también debió aprender de él a «evitar la imprudencia y la credulidad».

A alguien se le olvidó decírselo a Kyrie Irving.

A muchos nos ha pasado lo mismo.

Caemos en teorías conspirativas. Nos estafan. Apoyamos a timadores. Participamos con entusiasmo en burbujas y modas pasajeras. Probamos remedios de charlatanes. Nos precipitamos a la hora de extraer conclusiones. Asumimos que entendemos un tema complejo sobre el que llevamos pensando unos dos minutos.

Siempre ha sido así.

Las sirenas de la *Odisea* no solo entonaban bellos cantos para hacer descarriar a los marineros. Los seducían con la voz, les decían lo que querían oír, les prometían conocimientos secretos, les acercaban cada vez más a las rocas que los destruirían.

La historia nos muestra que esto se repite una y otra vez. «La humanidad ha picado los mismos anzuelos en todas las épocas —observó David Hume en 1752—. Una y otra vez, siguen cayendo en las mismas trampas».

No solo engañan a los tontos, sino también a personas muy inteligentes.

Steve Jobs y Gandhi creyeron a unos científicos charlatanes cuando buscaban consejo médico. Sir Arthur Conan Doyle, el creador de Sherlock Holmes, cayó en el famoso bulo de las hadas de Cottingley (creyó en unas fotografías que probaban la existencia de las hadas). Mary Todd Lincoln estaba desesperada por creer que los médiums podían ayudarla a comunicarse con los hijos que había perdido, incluso celebraba sesiones de espiritismo en la Casa Blanca. A Linus Pauling, ganador de dos premios Nobel, lo convencieron para que recomendase altas dosis de vitamina C como tratamiento contra el cáncer. Elon Musk, al que se le daba tan bien detectar sandeces cuando se las oía a burócratas y abogados, incluso a sus empleados, ahora se traga propaganda tuiteada por agentes rusos y enlaces de sitios web basura.

Nos tragamos cualquier cosa. Aceptamos la teoría, el truco, ¡la gran idea explosiva que lo explica todo!

¿Por qué? Porque queremos que sea verdad.

Ahí es donde somos vulnerables, no solo ante nuevas creencias idiotas, sino ante lo que ya piensa nuestra parte tonta. Y los malhechores están más que dispuestos a ayudarnos con este autoengaño.

En la Antigüedad, los sofistas eran la clase de charlatanes de los que Marco Aurelio aprendió a sospechar. Discutían para ganarse la vida: un día le decían una cosa a un grupo y al siguiente le soltaban lo contrario a otro público. Eran la idea que tenía la gente tonta de la inteligente, y eran expertos en quitarles a los idiotas su tiempo y su dinero. Aún siguen en activo: venden sus productos en canales de pago y por las redes sociales, alteran el algoritmo y, como antaño, se aprovechan de la rabia, la confusión y la desinformación.

Siempre ha habido charlatanes y vendedores de humo. Siempre ha habido líderes de sectas y gurús. Nos venden lo que desearíamos que fuera verdad. Nos prometen que podemos cambiar nuestra realidad, que por un módico precio nos absolverán de nuestros pecados, que iremos al cielo o que nos haremos ricos si seguimos los pasos que nos dan..., si pasamos por alto sus antecedentes penales..., si compramos su fórmula secreta..., si ignoramos las claras incongruencias, los motivos cuestionables y el sentido común.

Uno de los secretos para acumular riquezas es no dejarse engañar por estafas ni atajos. La mayoría de las investigaciones nos muestran que al inversor medio le va mejor cuando deja de pensar que puede ganar al mercado y se limita a invertir de forma pasiva en varios fondos indexados. Pero cuesta resistirse a las deslumbrantes promesas de riqueza, de beneficios enormes o inmediatos. Sabia es la persona que sabe qué es demasiado bueno para ser verdad, qué es razonable y realista. Un tonto se entusiasma cuando un príncipe nigeriano le envía un correo electrónico, cuando un amigo le invita a participar en un plan de marketing multinivel o cuando ve una presentación del último bombazo. No sabe distinguir un juego amañado de uno real, ni separar una oportunidad fascinante de algo demasiado bueno para ser cierto.

Por eso, como se suele decir, a los tontos no les dura el dinero. Tampoco logran mantener la dignidad ni la sensatez durante mucho tiempo.

Los sofistas tenían colegas que, por desgracia, también siguen con nosotros. Se trata de los demagogos, agitadores de la plebe a los que se les daba muy bien convencer a la gente corriente de que el sistema estaba amañado y que solo ellos tenían soluciones. «El demagogo —dijo James Fenimore Cooper en 1838— es un pícaro, un detractor de los demás, un maestro de la humildad y del desinterés..., un hombre que actúa por las esquinas y evita mostrar su rumbo de forma abierta y viril, llama "señores" a los canallas y "amigos" a los señores, apela a las pasiones y a los prejuicios más que a la razón, y es, en todos los aspectos, un hombre de intriga y engaño, astuto y taimado».

¿Te resulta familiar?

Los atenienses tenían a Cleón y Roma, a Catilina. La época de Montaigne conoció a los Savonarolas, que quemaban libros y perseguían herejes. Alemania tuvo a Hitler e Italia, a Mussolini. En ese mismo periodo aparecieron el padre Coughlin y Huey Long en Estados Unidos. Hoy tenemos a Orbán en Hungría y Netanyahu en Israel. Tenemos a una estrella de los *realities* casado tres veces y seis veces en bancarrota que convence a los cristianos evangélicos de que es su salvador, que convence a los pobres, los oprimidos y los incultos de que él —un tío cuyo padre le dio cientos de millones de dólares y movió hilos para que lo metieran en una de las universidades más prestigiosas— es su arma contra «las élites».

Desde siempre ha habido predicadores y místicos, políticos y gente de la farándula, emprendedores y comerciantes que han sabido jugar con las personas, convencerlas de que los asuntos complicados son sencillos y de que los asuntos sencillos son complicados, y de que ellos, los calumniados o incomprendidos, son los únicos que conocen la verdad.

A veces, las oportunidades que venden no carecen de valor. Quizá el mercado inmobiliario sí que está en auge o es cierto que haya un nuevo tipo de tecnología que es un gran negocio. El carisma es un arma poderosa..., y sienta bien creer. A veces, las injusticias que se esgrimen son legítimas. Los estragos de la Gran Guerra y la Gran Depresión crearon las condiciones óptimas para que existieran tantos demagogos a mediados del siglo XX. El sistema está amañado en muchos sentidos.

Pero ahí no acaba todo.

Aunque seamos inteligentes, aunque tengamos éxito, podemos ser un blanco fácil. Platón fue embaucado varias veces por Dionisio, un tirano espabilado que lo convenció de que le interesaba la democracia, cuando en realidad lo que quería era aprovecharse de su reputación. Séneca sucumbió bajo los encantos de Nerón por la mentira más vieja del mundo: que las personas pueden cambiar. También se tragó lo que muchos esperamos: que somos los únicos que podemos provocar el cambio.

Malcom X se convirtió a la Nación del Islam mientras estaba en la cárcel, y las repetidas injusticias e hipocresías de Estados Unidos en esa época le hicieron creer en los argumentos del grupo. El problema fue que el grupo en cuestión era una secta y tenía su propia hipocresía. Se convirtió en un demagogo que predicaba el separatismo y la violencia, como si eso pudiera resolver los eternos problemas de raza y religión. En 1961, los musulmanes negros invitaron a George Lincoln Rockwell, dirigente del partido nazi estadounidense, a que fuera a hablar con Malcolm. Ese mismo año, Malcolm X se reunió en secreto con líderes del Ku Klux Klan en Atlanta. Estos extremistas estaban en lados muy distintos del espectro, pero sus tácticas y tentaciones —y, en cierto modo, lo que vendían— eran lo mismo.

«Lo que hay que entender sobre los negros musulmanes es que todos creíamos al cien por cien en la divinidad de Elijah Muhammad —afirmó más tarde Malcolm—. En realidad, creíamos que Dios (en Detroit, por cierto) se lo había enseñado».

Lo que resulta sorprendente es que, años después, las creencias en las que se basan las peores acciones que los seres humanos han tomado contra otros, desde la esclavitud hasta el Holocausto, sean incomprensiblemente estúpidas. No es solo que sean ofensivas y peligrosas, sino que son infantiles hasta un punto absurdo. Sin embargo, mantuvieron a la gente encadenada y la metieron en hornos por ellas.

Voltaire decía que, si pueden hacerte creer disparates, pueden hacerte cometer atrocidades. Por eso debemos ser escépticos, por eso debemos revisar nuestras creencias.

El mérito de Malcolm X es que acabó dándose cuenta de la estafa que se había perpetrado contra él: primero se puso en contra de Elijah Muhammad, que explotó la fe de sus seguidores en beneficio propio mientras mantenía un montón de relaciones extramatrimoniales, y al final, durante una visita a La Meca en los últimos meses de su vida, Malcolm se alejó del odio y de las teorías conspirativas que habían deformado su comprensión del mundo.

Eso es algo muy difícil de hacer.

¿Quién quiere admitir que ha sido engañado?

Desde luego, deberíamos «investigar», por tomar prestado el término popular entre los teóricos de la conspiración, pero de verdad, es decir, leer a autores reales y creíbles sobre un tema, a muchos de ellos. Pensar en serio, no hacer como si pensáramos. Formular preguntas de verdad, en vez de limitarnos a plantear preguntas. Escuchar a nuestros oponentes. Permitir que nos demuestren lo contrario de lo que creemos. Aprender cosas nuevas. ¡Un pódcast no nos ofrece suficiente información sobre un tema!

Debemos estar siempre atentos a las mentiras que hoy se difunden de una forma que los antiguos no podían ni imaginar. Estamos asediados por falsedades diseñadas para aprovecharse de nuestros prejuicios, para agotarnos, para mermar la capacidad de ver lo que está claramente delante de nosotros.*

Porque la inteligencia no solo es útil para resolver los misterios del universo o crear ideas innovadoras. También tiene fines más prácticos. Te mantiene alejado de sectas y estafas. Te ayuda a ver lo que te están vendiendo, a ver más allá de esas creencias atractivas, tranquilizadoras y emocionantes que te ofrecen.

Es paciencia y escepticismo, no prisas y credulidad.

Eso es la sabiduría.

Que no te la cuelen los charlatanes ni los astutos vendedores.

Ignora a las sirenas y las ficciones tentadoras.

No te engañes.

* La inteligencia artificial es muy inteligente, pero también «alucina» unas tonterías impresionantes.

Entiende a la gente

Sócrates fue valiente, luchó con honor en la guerra del Peloponeso.

Fue brillante, bajó la filosofía del cielo.

También fue bastante odioso.

Aunque muchas de sus incisivas preguntas han perdurado a través sus diálogos filosóficos, no debieron de ser muy divertidas para las personas reales que se encontraban al otro lado.

No había tema alguno que estuviera fuera del alcance de Sócrates. Tampoco lo estaba ninguna persona. Cuestionaba y cuestionaba, a veces hasta humillar a sus interlocutores, sus víctimas. ¿Y qué demostraba? ¿Qué afirmaba Sócrates en esos intercambios? ¿Con qué posición se comprometía?

¡Ah, ese era el truco de su método!

Es irónico que Sócrates pareciera un sabelotodo, pero eso es lo que era.

También era un poco raro. No tenía un trabajo real. Pasaba el rato en el mercado y el liceo. Vagaba por la ciudad, felizmente ajeno al resentimiento que casi con toda seguridad esto provocaría. Y lo que resultaba aún más irritante era que parecía pensar que su estilo de vida era superior al de los atenienses trabajadores y «normales» que se limitaban a hacer su vida. Es más, intentaba persuadir a sus hijos para que se parecieran más a él.

Sócrates decía que era el «tábano» de su país..., pero a la gente no le gustan las moscas.

En el año 399 a. C., le devolvieron el golpe al acusarle de insolencia y de corromper a la juventud. De hecho, lo único sorprendente de su arresto es que pareció sorprenderle. El tipo que cuestionaba a los dioses, que se interponía entre padres e hijos, no vio venir una reacción violenta.

Sin embargo, incluso después de su condena, no todo estaba perdido para Sócrates. Si se le hubiera dado la oportunidad de hablar durante la sentencia, podría haber llevado a su familia y pedido clemencia. Podría haber sugerido el exilio o una cuantiosa multa. Podría haber demostrado que al menos había aprendido algo de la experiencia, que podía estar dispuesto a reconsiderar algunos de sus métodos y decisiones.

Pero, en lugar de eso, Sócrates propuso que aquel airado tribunal le concediera una pensión, el mismo honor que se otorgaba a los atletas campeones o a los héroes de guerra. «No he tenido el atrevimiento, la insolencia o la inclinación de dirigirme a ustedes como ustedes habrían querido que lo hiciera —dijo a las personas que tenían el destino del filósofo en sus manos—, llorando, gimiendo y lamentándome, diciendo y haciendo muchas cosas que están acostumbrados a oír de otros, y que, como digo, son indignas de mí... Prefiero morir hablando a mi manera que hablar a su manera y vivir».

¿Fue valiente? Sí. ¿Fue estúpido? También.

Atenas no estaba dispuesta a pagarle, pero estaba encantada de dejarle morir.

Una ligera mayoría de los quinientos miembros del jurado votaron a favor de condenar a Sócrates. Sin embargo, después de que el hombre más sabio de Atenas se dirigiera al jurado, una mayoría más amplia votó por la cicuta.

Qué mal tienes que captar el ambiente para hacer que un jurado que acaba de votar para absolverte —que ha prestado juramento para descartar «favor o enemistad»— piense que deberías ser condenado a muerte.

«Cuanto más leo sobre Sócrates —dijo Macaulay—, menos me extraña que lo envenenaran». Sócrates era brillante, pero le faltaba gracia social e inteligencia social. Al final fue eso, y no sus supuestos «crímenes», lo que determinó su destino.

Alguien dijo una vez de la escritora Gertrude Stein que «conocía a las personas, pero no a la gente». Quizá ese era el problema de Sócrates. Entendía la condición humana, pero era ajeno al efecto que él tenía en los seres humanos. El sabio era, en este sentido, un poco tonto.

Si alguien es arrogante y desagradable, ajeno a los problemas en los que se mete y a las controversias y ofensas que provoca, no lo consideramos muy inteligente.

Aun así, por alguna razón, a menudo justificamos a personas obviamente brillantes cuando hacen lo mismo: el profesor distraído, el escritor arrogante, el científico despistado, el ingeniero superestrella sin amigos, el empresario de éxito que cae en una estafa.

¿Hasta qué punto es inteligente una persona sin habilidades sociales? ¿Cuán eficaz puede ser?

La inteligencia social es un atributo como cualquier otro. Es algo que se acumula con trabajo duro y experiencia. Algunos la dominan. La historia está llena de ejemplos de personas que la ejercieron. También está llena de ejemplos de personas que la han echado a perder.

Está el caso del general George McClellan, cuyo don estratégico no pudo superar su altanería y su ansiedad incapacitante. Plutarco nos cuenta que Cicerón convirtió su mayor logro (salvar la República) en un lastre, de tal manera que «no se podía asistir al Senado o a una reunión pública... sin tener que escuchar sus interminables repeticiones». ¿De verdad creyó Elon que el trato con Trump iba a acabar de forma diferente a como ha acabado con cualquier otro?

Podemos contrastar estas torpezas personales con las acciones de alguien como Benjamin Franklin.

Franklin era brillante. También nos dio cosas divinas (¡la electricidad, nada menos!). Se le consideraba el hombre más inteligente de su tiempo, y era también uno de los más famosos de la época, agasajado por reyes de todo el mundo. Sin embargo, también era muy querido por el pueblo llano. A pesar de su inteligencia y riqueza, no despertaba envidias. Logró pasar años en el mundo de los negocios sin muchas disputas ni caras rivalidades.

A diferencia de Sócrates, no disfrutaba de las discusiones, sino que puso su inteligencia al servicio de inventos que beneficiaban a la gente común, desde la estufa de hierro fundido hasta las bibliotecas públicas y el cuerpo de bomberos. Le gustaban las personas, así que podía transmitir ideas importantes, a veces revolucionarias, de manera que eran bien recibidas y celebradas.

Nuestra curiosidad, nuestro deseo de comprender, no debe limitarse a la persona que tenemos delante, sino que debe extenderse a cómo funciona la gente dentro de un grupo. Tanto porque es un tema infinitamente fascinante como porque es fundamental para obtener resultados.

Si no le caes bien a nadie, si cada dos por tres te ves envuelto en desacuerdos y chocas con la resistencia, ¿qué dice eso de ti? Si no puedes entender a la gente, no solo serás poco popular, ¡también serás ineficaz!

Es posible que algunos de nosotros no estemos tan predispuestos a interpretar las pautas sociales, o no se nos dé demasiado bien, pero eso solo significa que tenemos que trabajar más en ello.

Adquirir habilidades sociales es un deporte de contacto. Pasar innumerables horas en las redes, como hace Elon Musk, no ayuda a desarrollar las habilidades sociales, sino más bien todo lo contrario: deforma y distorsiona nuestra humanidad y nos impide conectar con los demás. La riqueza y el éxito pueden eximirnos, hasta cierto punto, de algunas obligaciones sociales, pero dejar de preocuparse por los demás es peligroso.

Ser un gilipollas es una mala estrategia, pero la destreza social no va solo de cómo tratas a los demás. También es la capacidad que tienes para captar y entender cómo actúan los otros en relación contigo, lo que es fundamental para motivarte e identificar las intenciones. Nadie se deja engañar más fácilmente que un narcisista, porque nadie tiene más claro lo que quiere oír.

Sócrates vivió con coraje y según sus principios. Su sentencia no fue justa. Ser molesto no debería ser un delito, y los ciudadanos más importantes de Atenas se comportaron como unos ofendiditos, incapaces de gestionar las preguntas de un hombre que solo quería ayudar a la gente a descubrir la verdad.

Pero aun así, ¡se podría haber evitado tanto sufrimiento! Con un poco más de destreza y algo más de moderación, Sócrates podría haber seguido adelante.

Una cita que se suele atribuir a Andy Warhol dice que el arte, en especial el transgresor, consiste en salirte con la tuya.

Sócrates no se salió con la suya.

El mundo lo perdió pronto. Su familia lo perdió pronto.

Todos somos más tontos por eso.

Ignoramos las dinámicas sociales por nuestra cuenta y riesgo.

De la humildad a la sabiduría...

> Saber que uno no sabe es lo mejor. No saber pero creer que se sabe es una enfermedad. Solo quien reconoce esta enfermedad puede curarse.
>
> Los sabios no tienen esta enfermedad porque reconocen su enfermedad y se libran de ella.
>
> *Tao Te Ching*

No deberíamos ser demasiado duros con los necios, no suelen pasarlo muy bien. Tampoco son conscientes de la sabiduría que se están perdiendo. Alguien les ha fallado. Alguien se ha aprovechado de ellos.

Aunque la Biblia puede ser dura con los necios, Jesús sentía mucha compasión por ellos. En especial, por aquellos que, como los describió Platón, fueron privados de la verdad en contra de su voluntad.

> Como todos los poetas, Jesús amaba a los ignorantes —escribiría Oscar Wilde desde su celda en prisión—. Sabía que en el alma de un ignorante siempre hay sitio para una gran idea. Pero no soportaba a los estúpidos, en especial a aquellos a los que la educación ha convertido en estúpidos: personas llenas de opiniones que ni siquiera comprenden, un tipo peculiarmente moderno, resumido por Cristo cuando lo describe como el tipo de persona que tiene la llave del conocimiento, que no sabe usarla ni permite que otros la usen, aunque pueda abrir la puerta del Reino de Dios.

Equivocarse no es pecado. ¿Estar equivocado y convencido de ello? Ese es el problema. Esa es la diferencia entre la ignorancia y la estupidez.

Los ignorantes no son tan peligrosos como los imbéciles engreídos y arrogantes que se creen con derecho a decir a los demás lo que tienen que hacer. El fanatismo es el responsable de la mayor parte del mal que hay en el mundo. Los que causan más daño son los fundamentalistas.

Todos hemos tenido creencias absurdas. Algunas de nuestras opiniones actuales no se sostendrán bien en el tiempo.

Pero no es nada de lo que avergonzarse. Esa es la cuestión.

Queremos superar nuestra falta de madurez y evolucionar más allá de prejuicios y egos. Queremos alcanzar no solo el conocimiento, sino también el autoconocimiento. Queremos no solo hechos, sino comprensión.

La ignorancia es un problema que se puede resolver..., pero primero hay que admitir que existe.

No puedes aprender lo que crees que sabes.

No puedes aprender si crees que lo sabes todo.
No puedes mejorar si crees que eres perfecto.
Debemos ser humildes. Debemos ser abiertos.
Debemos querer crecer, que nos desafíen, que nos cuestionen.
Esta es la clave de la sabiduría.

TERCERA PARTE

La apoteosis (tocar lo divino)

El conocimiento llega,
pero la sabiduría permanece,
y yo permanezco en la orilla,
y el individuo se marchita,
y el mundo es cada vez más...

TENNYSON

Todos nacemos iguales..., y luego algunos descubrimos la filosofía. Hay personas que intentan acumular dinero; otras, experiencia. Hay personas que esculpen el cuerpo, otras que cultivan la sabiduría. Hablan con los muertos. Se lo trabajan. Adquieren conocimiento, serenidad y comprensión. Se distinguen de la chusma. Se resisten a la idea imperante, siguen su camino. Eso requiere coraje. Eso requiere disciplina. Eso es lo que las hace grandes. Así es como se trae la justicia al mundo. ¿Aprovecharemos a las mejores mentes que han vivido jamás? ¿Buscaremos la verdad? ¿Nos cuestionaremos a nosotros mismos y nuestras suposiciones?

¿Iniciaremos ese viaje que no termina nunca? Debemos luchar por la iluminación contra el cinismo y la desesperanza. Debemos ser pacientes. Debemos ver lo que hay detrás. Debemos alcanzar nuestro potencial. Debemos compartir lo que hemos aprendido, usarlo y progresar gracias a ello.

Sagaz, sensible, sensato, sólido...

Al final de su vida, León Tolstói visitó a una tribu lejana de la región del Cáucaso septentrional, donde Europa del Este se convierte en Asia. Mientras el escritor ruso les contaba historias de viejos héroes, su jefe lo interrumpió y le preguntó por qué no había hablado del «mejor general y gobernante del mundo».

El hombre podía referirse a varios conquistadores, aquellas imponentes figuras que, a lo largo de los siglos, habían rehecho continentes enteros a su imagen y semejanza. Pero el héroe del que quería oír hablar la gente de aquel remoto campamento lejos del centro de la civilización era un presidente de Estados Unidos fallecido hacía mucho..., un hombre con el que Tolstói no había coincidido, cuya foto no había visto nunca, al que solo podía conocer a través de fragmentos de leyendas y mitos.

«Háblanos del hombre que se abrió paso de la nada —dijeron—, del hombre con voz de trueno y actos firmes como la roca».

Querían saber de Abraham Lincoln.

¿Por qué?

Porque a un nivel intuitivo, según Tolstói, incluso ese pueblo lejano parecía entender que «de todos los grandes héroes nacionales y estadistas de la historia, Lincoln es el único gigante de verdad». Que Lincoln superaba a Alejandro, César y Napoleón en sabiduría, carácter y autoridad moral. «Lincoln fue un hombre del que un país tiene derecho a sentirse orgulloso —escribió Tolstói más tarde—; fue un Jesús en versión reducida, un santo de la humanidad cuyo nombre pervivirá miles de años en las leyendas de las futuras generaciones. Su genio sigue siendo demasiado intenso y poderoso para el entendimiento común, del mismo modo que el sol es demasiado ardiente cuando nos da de forma directa».

Y, sin embargo, ese hombre se crio en una primitiva cabaña en el monte que apenas se podía llamar «casa», no muy distinta de las que debían de conocer los miembros de aquella tribu.

El joven Abraham Lincoln no disfrutó de escuelas especiales ni de profesores privados. Su educación formal duró menos de un año. Simplemente no había oportunidades. En lugar de mandarlo a la universidad, su padre se lo alquiló a las granjas vecinas. Era un trabajo agotador: arrancar tocones, sembrar semillas, trabajar con los animales, talar troncos, cortar leña, subsistir a duras penas en un lugar violento e implacable.

No nació en un entorno rico. Su familia no tenía una mina de esmeraldas ni fincas inmensas que llevasen su nombre. Su abuelo había muerto a manos de los indios delante de su familia. «El grito de la pantera llenaba la noche de miedo —escribió Lincoln—. Y los osos se cebaron con los cerdos». El hombre no solo se enfrentaba a la naturaleza salvaje, sino también a la sociedad: la familia Lincoln fue estafada en repetidas ocasiones por especuladores de terrenos y personas adineradas.

Años más tarde, cuando le pidieron que describiese su niñez, Abraham Lincoln dijo que su familia entera se podía retratar con un solo verso del poeta Thomas Gray: «los breves y sencillos anales de los pobres».

A Montaigne le habían enseñado el latín como lengua materna. De crío, Lincoln no conocía a nadie que supiera leer una palabra en ese idioma: recordaba entre risas que un hombre que hablaba latín en su provinciano mundo era «considerado un brujo». Montaigne tenía un acuerdo con un maestro que le dejaba leer obras no incluidas en el plan de estudios. Al padre de Lincoln, que ni siquiera sabía firmar con su nombre, le molestaba que su hijo leyese, lo consideraba una distracción y un lujo, y a veces destruía sus preciados libros por inquina.

Leer era la vía de escape de una existencia opresiva, su primer contacto con un mundo mayor que el suyo. «No tengo intención de estar siempre cavando, desbrozando, pelando maíz, cortando troncos y demás», le dijo a un amigo de la familia. Leía y leía y leía…, por muchos azotes de su padre que le costase.

«Después de los doce años, nunca vi a Abe sin un libro cerca», declaró un primo. «Leía todos los libros que caían en sus manos —recordaba su madrastra—. Leía con diligencia; se acostaba temprano y se levantaba temprano para leer». Después de trabajar, cogía un trozo de pan de maíz de la despensa, se despatarraba en una silla y leía durante horas. Ella observaba cómo aquel chico extraño y larguirucho, agotado por el trabajo en la granja, no solo leía, sino que, cuando daba con un pasaje especialmente llamativo, lo anotaba y volvía a anotarlo para sentir las palabras entre los dedos. A la mujer le partía el corazón cuando no podían permitirse comprar papel, pero a Lincoln no le importaba; tallaba los pasajes en viejas tablas de madera. No era el método más glamuroso del mundo, pero servía, y las cosas que leía y escuchaba se le quedaban «grabadas en la memoria..., nunca olvidaba el dato o su noción de él».

En cierta ocasión, Lincoln narró: «Recuerdo haber ido una vez a mi cuartito, después de oír a los vecinos hablar de una velada con mi padre, y pasarme buena parte de la noche paseándome de un lado a otro tratando de entender el significado exacto de algunas de sus expresiones, que se me antojaban enigmas. Cuando iba tras una idea, como en esa ocasión, no podía dormir, aunque a menudo lo intentaba, hasta que la atrapaba; y, cuando pensaba que la tenía, no me quedaba satisfecho hasta que la repetía una y otra vez..., hasta que la expresaba en un lenguaje lo bastante llano, como yo pensaba, para que cualquier muchacho que conocía pudiera comprenderla».

Tal vez fue ese laborioso proceso el que inspiró a Lincoln una metáfora sobre cómo funcionaba su cerebro. «Mi mente es como un pedazo de acero —le diría más adelante a un amigo—: dura faena es imprimir algo en ella, pero, si lo logras, borrarlo te resultará casi imposible». Como Cleantes, Lincoln aprendía despacio, pero no olvidaba lo que aprendía, y esa es una combinación extraordinaria.

Tampoco es que el hombre estuviese hecho de acero. «Todo lo que soy o espero ser algún día lo he heredado de mi madre», dijo de la dulce y amorosa mujer que falleció cuando él tenía nueve años. Sus últimas palabras, después de llamar a sus hijos a su lecho de muerte, fueron para recordarles que «fuesen buenos y amables... entre ellos y con el mundo». También debía mucho a su cariñosa madrastra, que se fue a vivir con los Lincoln y encontró a los niños prácticamente en estado salvaje en una choza. Era ella la que los lavaba, la que les brindaba la ternura y el afecto que ayudarían a moldear a un hombre muy alejado de la crueldad extendida de su época.

Un libro que Lincoln leyó hasta la saciedad fue *Lessons in Elocution*, de William Scott, que su madrastra le había regalado. Estaba lleno de frases que grabó no solo en tablas, sino también en su alma. Contenía el fragmento de Gray sobre los anales de los pobres. «Debes amar el aprendizaje si quieres poseerlo —decía otro pasaje del libro de Scott—. Se puede decir que, en cierto sentido, un hombre que conoce la historia ha vivido desde el principio del mundo». «No juegues nunca con el dolor o el sufrimiento en ninguna de tus diversiones, ni trates al peor de los insectos con crueldad gratuita».

Su educación, pues, no fue algo que recibió, sino algo por lo que tuvo que luchar y que se dio a sí mismo. Un amigo lo describió como un lector «obstinado». No dejaba un tema o a un escritor porque fuesen difíciles. «Busca los libros —declaró Lincoln una vez—, léelos y estúdialos hasta que entiendas sus principales aspectos; eso es lo más importante». Nunca sería tan culto como sus coetáneos que pudieron ir a Harvard o West Point. Había algunas obras de teatro de Shakespeare que nunca tuvo la ocasión de leer, dijo, pero las que leyó, las leyó tanto como cualquiera.

Sus ansias por aprender se sumaban a una gran fortaleza: disciplina mental para absorber las opiniones de las personas que lo rodeaban y disciplina física para soportar la dura vida que le había tocado vivir. El futuro presidente llegó a un acuerdo con sus vecinos: si había un libro al que pudiese acceder, aunque tuviese que andar varios días, iría a leerlo adonde fuese. Leer entonces implicaba andar kilómetros y kilómetros, incluso después de horas de trabajo en el campo.

«Puedo levantar más peso que nadie», seguía diciendo ya como presidente. «De joven, no me tumbaban nunca», aseguraba sobre su destreza para la lucha libre. Solo unos días antes de su muerte, después de estrechar manos durante un largo día, un Lincoln de cincuenta y seis años dejó pasmado a un grupo de soldados cuando agarró un hacha de tres kilos por el mango y la sujetó extendida, en paralelo al suelo, totalmente inmóvil. Ni uno solo de aquellos jóvenes pudo igualar la proeza del antiguo leñador. «Un hombre con una constitución menos fuerte —observó un amigo— habría sucumbido a las enormes responsabilidades con las que tuvo que cargar durante cuatro años, caracterizados por problemas ejecutivos sin parangón en la historia».

Aunque había recorrido muchas tierras lejanas y había visitado todas las épocas del pasado a través de las lecturas de su infancia, Lincoln tenía diecinueve años cuando hizo su primer viaje por el floreciente país. Veintitrés siglos antes, Heródoto se había asombrado de la forma en que los babilonios construían los barcos para el comercio por el río Éufrates, que luego desguazaban y vendían por partes al llegar a su destino. Lincoln haría lo mismo dos veces durante una travesía por el Mississippi, viajando de Illinois a Nueva Orleans —por Memphis, Vicksburg, Natchez, St. Louis y Baton Rouge—, en la que sus barcos de madera de cuatro metros y medio por doce fueron reconvertidos en viviendas, mientras él recorría a pie buena parte del viaje de vuelta. Por el camino, se defendió de bandidos y oyó nuevos idiomas (criollo, francés, español). Vio mucha riqueza y mucha pobreza, enormes edificios y nuevas tecnologías.

Poco podía imaginarse entonces que su íntima relación con el «Padre de las Aguas» inspiraría su plan estratégico para ganar la Guerra de Secesión. O que el esfuerzo para desencallar su barco en New Salem lo llevaría a solicitar la patente de un sistema para levantar barcos en ríos, lo que lo convierte en el único presidente de Estados Unidos que ha patentado algo.

Pero en eso consiste la educación: en la siembra de semillas que más adelante recogeremos.

Es posible que no exista un líder mundial que haya probado suerte en tantas profesiones distintas como Lincoln. Además de sus primeros trabajos en el campo, Lincoln trabajó como topógrafo, secretario electoral, tendero, barquero de chalana, capitán de la milicia, jefe de oficina de correos, abogado rural, legislador local y molinero, entre otras ocupaciones.

Con solo veintitrés años, decidido a no ser un «idiota», se introdujo por primera vez en los asuntos públicos al presentarse como candidato a legislador del estado de Illinois. Aunque perdió, tuvo ocasión de conocer a los primeros de los numerosos mentores que tendría, entre ellos a John T. Stuart, que le prestó muchos de sus libros de Derecho. Como siempre, fue un alumno muy aplicado. «Si deseas ser abogado —recomendaría más adelante Lincoln a un joven—, no des importancia al lugar en que te encuentras ni a las personas con las que estás; busca libros, siéntate en cualquier parte y ponte a leer. Así llegarás a ser abogado más rápido que con cualquier otro método».

Ejercería la abogacía durante los siguientes veinticinco años. A pesar de lo que aprendió de los libros, fue la experiencia en los tribunales y en el sistema legal lo que lo forjó como abogado y como estudioso de la experiencia humana. Entre 1837 y 1860, trabajaría en más de cinco mil casos. Se encargaría de testamentos y escrituras, de casos de difamación y disputas por la propiedad. Tramitó quiebras. Representó a esclavos y dueños de esclavos, a criminales y condenados por delitos que no habían cometido, a compañías ferroviarias y jornaleros. Llevó no uno sino varios casos de clientes acusados de bestialismo y diecisiete homicidios (de dos de ellos como fiscal). Alegó ante el Tribunal Supremo. Medió entre cónyuges enfrentados.

Tras un único mandato como diputado en el Congreso de 1847 a 1849, Lincoln volvió a la abogacía «haciendo el circuito», como decían los letrados en aquellos tiempos, recorriendo decenas de miles de kilómetros por caminos accidentados y llenos de barro a través del Medio Oeste. Llevó casos en Tremont y Metamora, Bloomington y Mount Pulaski, Urbana y Danville, Shelbyville y Decatur. Compartió habitación en lóbregas posadas de localidades rurales. Pasó horas a caballo. Vadeó ríos crecidos. Conoció a extraños y rufianes. Durmió en trenes. Trató con jueces corruptos. Se entretuvo en tabernas y sedujo a camareras de grasientos restaurantes. Encontró decencia humana. Echó de menos a su familia. Durante todo ese tiempo, llevó los volúmenes de Euclides en las alforjas para aprender algo nuevo en los ratos muertos.

«El señor Lincoln poseía una aguda intuición de la naturaleza humana y de la fortaleza y la debilidad del carácter individual —escribirían más tarde sus dos ayudantes más leales—. Su vida entera había sido un estudio práctico de los detalles y las rivalidades del partidismo local». Lincoln conocía a la gente. Conocía el mundo. Lo conocía de primera mano.

El ejercicio de la abogacía, tanto en la frontera como en la gran ciudad, puede alterar el carácter. Al fin y al cabo, es una profesión conflictiva, una que se basa en la búsqueda y el aprovechamiento de vacíos legales, en la que un fuerte sentido del bien y el mal puede ser un obstáculo para una carrera lucrativa. Pero fue precisamente en su condición de abogado como Abraham Lincoln se ganó la fama de Abe el Honrado. Sus honorarios eran modestos. No estafaba a sus clientes. No engañaba al tribunal. Se tomó su juramento en serio. Recomendaba no litigar e instaba a las dos partes a que llegasen a un acuerdo, a menudo a costa de sus horas facturables. Llegó a detestar la idea de que los abogados son, por lo general, deshonestos. «Si no puedes ser un abogado honrado —dijo—, proponte ser honrado sin ser abogado. Elige otra profesión».

Aun así, no era un incauto. Sabía cómo ganarse al jurado. Era un interrogador implacable que hacía que sus adversarios se confiasen engañándolos con su estilo modesto y su uso abundante de la frase: «Debo de estar equivocado». Listo como un zorro, era famoso por utilizar el ego de los testigos contra ellos mismos. «Todo aquel que tomaba a Lincoln por un ingenuo —dijo un abogado que se enfrentó a él en muchos casos— no tardaba en despertar tirado en una zanja».

¿Para qué le servía todo ese aprendizaje? «Se dice que cada hombre tiene una ambición particular —dijo Lincoln—. Yo no tengo otra mayor que ser estimado de verdad por mis semejantes y hacerme digno de su estima». Quería ser importante. Quería dejar huella.

Fue ese impulso —«ese pequeño motor que no conoce descanso», como lo describió uno de los amigos de Lincoln— lo que lo sacó de la pobreza, lo que le permitió empezar a disfrutar de una vida agradable. Pero, como ocurre con muchos de nuestros esfuerzos, había cierta vacuidad en esa ambición, cierta fragilidad en ese afán. En el caso de Lincoln, no sobreviviría a los golpes del destino, que al principio fueron esporádicos, pero luego se volvieron tan frecuentes que estuvieron a punto de acabar con él.

Aunque Lincoln había perdido a su madre con nueve años a causa de la enfermedad de la leche, fue el tramo central de su vida el que estuvo marcado por la tragedia y los reveses. Lo derrotaron la primera vez que se presentó como candidato a un cargo público. En 1831 lo despidieron de la tienda en la que trabajaba como gerente. Cuando abrió la suya propia, fracasó. Sus pertenencias se vendieron en una subasta por quiebra. Perdió a su primer amor debido a la fiebre tifoidea. Su segunda prometida lo abandonó. Rompió con su futura esposa, Mary Todd, años más tarde. Su primer bufete se disolvió. No fue reelegido como diputado para el Congreso. Perdió dos elecciones al Senado. Enterró a su hijo de tres años, Eddie.

Siempre le había perseguido lo que él llamaba su «melancolía», pero, durante buena parte de la veintena y la treintena, cayó en una depresión suicida como reacción a los fracasos y las pérdidas casi ininterrumpidos. Sus amigos retiraron los objetos puntiagudos de su cuarto. «Deliraba», afirmó uno de ellos; era «el hombre vivo más abatido del mundo», según el propio Lincoln. En un poema que escribió y publicó por aquel entonces, resulta evidente que era un hombre atormentado por su mente.

Para despojarme de la capacidad de pensar,
que hace que mi alma desvaríe,
saltaré de cabeza desde el borde del infierno
y me revolcaré en sus aguas.

En la época en que sufrió su segundo ataque de nervios, Lincoln estaba viajando por Kentucky cuando se encontró con un grupo de esclavos encadenados de seis en seis a fin de ser enviados más al sur. Al futuro presidente le impactaron dos cosas de esa horrible escena. La primera fue la forma en que aquellos seres humanos «estaban unidos entre sí, como muchos peces en una red de trasmallo». Se le antojó una gráfica ilustración de la brutal realidad de la institución a la que muchos de sus conciudadanos trataban de restar importancia y racionalizar. La segunda fue que, a pesar de la injusticia de la situación, esos hombres y mujeres parecían tener en su interior una alegría y una felicidad que él no experimentaba desde hacía mucho. «Cuán cierta es la frase de que "Dios aprieta pero no ahoga" —escribió a un amigo— o, en otras palabras, que Él hace tolerables las peores condiciones humanas, al mismo tiempo que permite que las mejores no sean nada más que tolerables».

Abrumado por el peso de su dolor, Lincoln podría haberse dado a la bebida. Muchas personas se habrían deshumanizado con ese tipo de educación, se habrían insensibilizado con la violencia que los rodeaba, se habrían vuelto indiferentes a los problemas de los demás ante el carácter acuciante de los suyos. Podría haberse rendido. Podría haberse anestesiado con éxito, poder y fama. Podría haber hecho cualquiera de las cosas que la gente hace para eliminar el dolor de estar vivo. «Seguir como estoy es imposible —declaró Lincoln en su momento más bajo—. Me parece que debo morir o mejorar».

Y eso fue lo que hizo. Decidió no solo ser mejor, sino hacerlo mejor. Según le contó a su amigo Joshua Speed, no había hecho nada para que «cualquier ser humano recuerde que he vivido», no había hecho nada para abordar las circunstancias y los problemas de su época, no había dejado nada a las futuras generaciones.

A mediados del siglo XIX, muchos estadounidenses sabían que la esclavitud estaba francamente mal. Los padres de Lincoln lo sabían; por eso se mudaron de Kentucky (un estado esclavista) a Illinois (un estado libre) durante la infancia del futuro presidente. Pero, como la mayoría de los estadounidenses que se oponían a la esclavitud, él no sabía qué podía hacer al respecto, y confiaba en que la institución desapareciese. Mantenía la esperanza de que, abandonado a su suerte, el Sur entrase en razón, temiendo que los ataques y las críticas solo lograsen que los estados esclavistas se obstinaran, como ocurre con muchos antiabolicionistas.

La inesperada aprobación de la Ley de Kansas-Nebraska en 1854, que expuso enormes extensiones de territorio a la esclavitud, obligó a Lincoln a abandonar esa pasividad. «Nos pilló por sorpresa; nos dejó atónitos —declaró—. Nos quedamos estupefactos y anonadados». La ley había sido idea de Stephen Douglas, un político corrupto, todo lo contrario de Lincoln. Bajo, rico y egoísta, Douglas era un racista ambicioso—culpable de «vil [...] *demagougia* [*sic*]», como la llamaba Lincoln— que veía esa indulgencia con los intereses esclavistas como su vía de acceso al poder, aunque implicase poner en peligro décadas de pactos y acuerdos que habían mantenido la estabilidad de la Unión.

Douglas proponía que la gente votase la introducción de la esclavitud en nuevos territorios de gran extensión como quien habla de un bono para pagar mejoras en las carreteras. En cierto modo, así lo veía Douglas, pues ¡estaba jugando a la política para conseguir que el ferrocarril transcontinental pasase por Chicago!

Lincoln descubrió horrorizado que a Douglas le traía sin cuidado lo que votase la gente; la esclavitud era para él «una mera cuestión de dólares y centavos».

Lincoln, que superaba en altura a Douglas, de metro sesenta, podía ver mucho más allá: sabía que siempre había consecuencias imprevistas. Con millones y, a la larga, miles de millones de dólares en juego, Lincoln comprendió que los intereses del Sur no se satisfarían solo con mantener la institución; al final se verían obligados a expandirla y a transformar Estados Unidos en un imperio esclavista que se extendiese de costa a costa (con las miras puestas en invadir los territorios vecinos de México, Canadá y Haití). Los conflictos cruentos eran inevitables.

«Veo ese decreto [de soberanía popular] no como una ley —afirmó Lincoln más tarde—, sino como violencia desde el primer momento. Se concibió con violencia, se aprobó con violencia, se mantiene con violencia y se está ejecutando con violencia». La predicción de Lincoln se cumpliría trágicamente no solo con la violencia de los colonos, que se extendió por las praderas a medida que los territorios luchaban para decidir si permitían la esclavitud, sino con la guerra que estalló más adelante.

La primera vez que vio aquella fila de esclavos en el mercado estaba inmerso en su propio dolor, pero la huella de aquella estampa no lo abandonó jamás. «La imagen siempre me torturaba —volvió a escribir a Speed sobre aquel encuentro de 1855, aún reflexionando sobre él catorce años más tarde—. Y veo algo parecido cada vez que cruzo la frontera de Ohio o de cualquier otro estado esclavista».

Por muy inmoral que le pareciera la esclavitud, cómo librar al país de ella era un problema al que se enfrentaba con mucha más humildad. «Si me concedieran todo el poder terrenal —dijo en su primer discurso sobre la Ley de Kansas-Nebraska—, no sabría qué hacer con respecto a la institución existente». El abogado que llevaba dentro también salió a la luz en ese particular. No solo era que respetase la ley —la esclavitud estaba protegida a nivel estatal y federal—, sino que, habiendo visto tantos conflictos inútiles y costosos en los tribunales, intentaba equilibrar su sentido del bien y del mal con la disposición a ceder.

Algunos historiadores han dicho que en realidad Lincoln no se opuso a la esclavitud. Alegan que lo único que le preocupaba era preservar la Unión, y citan comentarios en los que prometía no interferir en la esclavitud.

Eso no es cierto.

Lo que Lincoln tenía, como resultado de su doloroso y lento ascenso desde lo más bajo, era prudencia, ese elemento esencial de la sabiduría: la conciencia de que el progreso llega despacio y de que los asuntos peligrosos deben manejarse con cuidado.

«Cuando sopeso una idea —dijo Lincoln—, no me quedo tranquilo hasta que no la analizo desde todos los ángulos, por el norte, por el sur, por el este y por el oeste». El abogado que había en él necesitaba entender el problema, necesitaba entender todo lo que había provocado eso; como el niño curioso que había sido, necesitaba «entenderlo todo (hasta el más mínimo detalle) minuciosa y exactamente», según su madrastra. Thomas Clarkson emprendió su campaña contra la esclavitud realizando un estudio profundo del asunto, y la campaña de Lincoln empezó de la misma forma. «Buscó entre los polvorientos volúmenes de actas del Congreso de la biblioteca pública —recordó William Herndon, el socio del bufete de Lincoln— y llegó al meollo de la historia política». Su método, observó Herndon, consistía en desenterrar un asunto de raíz y secarlo al fuego de la mente hasta que podía verlo tal como era.

En su investigación, Lincoln descubrió que la mayoría de los fundadores creían que el Congreso tenía derecho a controlar y limitar la esclavitud, y que muchos otros contaban con claras opiniones antiesclavistas, sin importar si habían sido llamados a votar sobre esa cuestión. Cabía destacar que en la Constitución no usaron la palabra «esclavo»; por vergüenza y frustración, como señalaba Lincoln, «se esconde el asunto [...] como un hombre esconde un cáncer». Sabían que se trataba de algo indefendible, y por eso empleaban el eufemismo «persona sometida a servicio o trabajo». Lincoln se dio cuenta de que los fundadores habían regulado una y otra vez la esclavitud: en 1794 prohibieron la exportación de esclavos; en 1798 prohibieron llevarlos al recién conquistado territorio de Mississippi; en 1800 prohibieron a los estadounidenses participar en el tráfico de esclavos internacional; y en 1808 —el día que la Constitución lo permitió— prohibieron terminantemente el tráfico de esclavos africanos, que sabían que era una práctica bárbara y perversa. ¿Y qué castigo decidieron aplicar en 1820 al tráfico de esclavos ilegal? «La muerte —señaló Lincoln—. A nadie se le ocurría ahorcar a hombres por cazar y vender caballos salvajes, búfalos salvajes u osos salvajes».

El argumento de Lincoln no era lo que le habían enseñado en el colegio..., porque no había ido a la escuela, y, además, por aquel entonces a nadie le daban clases sobre esclavitud. Aquella «indagación obsesivamente minuciosa», como la llamó un contemporáneo, era una nueva investigación, una nueva comprensión, una nueva interpretación de la historia de Estados Unidos.

A mediados del siglo XIX, no había mejor estudiante de la Constitución y de la Declaración de Independencia que Lincoln, ni nadie que entendiese mejor lo que Estados Unidos era y podía llegar a ser.

Bien armado, Lincoln empezó una serie de discursos por zonas rurales que pondrían en palabras el sentimiento de millones de estadounidenses de todo el país. Los políticos sureños, el poder judicial y los intereses esclavistas habían conspirado para redefinir la premisa fundamental de Estados Unidos, afirmó el futuro presidente, al mismo tiempo que se camuflaban con un lenguaje sobre elecciones y libertad. Era un «engaño manifiesto», dijo Lincoln, uno que él no podía soportar.

¿Qué querían los antiabolicionistas del Sur? Era evidente, declaró. «Esto y solo esto: que dejemos de considerar la esclavitud injusta y la consideremos justa, como ellos». El Norte, que había cedido continuamente y había sido intimidado durante décadas por los poderosos oligarcas sureños, se alegró de que por fin alguien dijese la verdad, y lo hiciese con un lenguaje llano.

En sus debates con Douglas, en su famoso discurso en la Universidad de Cooper Union y en todo el país, Lincoln condenó la esclavitud y defendió un esfuerzo político constante para recuperar el control justo y democrático del país. Y lo hizo de una forma campechana y accesible. «Dicen que cuento muchas anécdotas. Yo creo que sí —admitió—, pero mi larga experiencia me ha enseñado por qué la gente sencilla [...] es más influenciable por medio de una ilustración orgullosa y humorística que de cualquier otra forma».

Perdería la carrera hacia el Senado contra Douglas en 1858 —otra derrota en una larga serie de fracasos electorales—, pero ganó la guerra. «La lucha debe continuar —dijo tras conocer los resultados de las elecciones—. La causa de la libertad civil no se debe abandonar al final de UNA ni de CIEN derrotas». Resultó que la derrota lo impulsó a la presidencia al cabo de dos años.

Menos mal que Lincoln no se rindió, porque, cuando imprudentemente el Sur dividió la candidatura en 1860, entregaron la victoria al Norte. Pero, como se habían acostumbrado al gobierno de la minoría, a los líderes sureños la simple idea de que Lincoln fuese presidente electo les parecía insoportable. Entonces se produjo la Guerra de Secesión.

Tal vez pensaron que la intimidación daría resultado. A una generación le había funcionado. Ante cada amenaza, en cada lucha, el Norte cedía más terreno a los intereses esclavistas para conservar el país. Debido a ello, los sureños llegaron a creerse sus propias mentiras —se volvieron locos— y se dirigían a la autodestrucción.

James Buchanan, el predecesor de Lincoln, no hizo nada mientras el Sur se apoderaba de depósitos de armas y amenazaba los fuertes federales. No hizo nada mientras la sedición y la conspiración campaban a sus anchas por la capital, incluso en su propio gabinete. Sin embargo, Lincoln sabía lo que pasaba. Él no pensaba dejarse amedrentar. Él iba a defender el país. Él iba a mantenerlo unido. Cuando le preguntaron qué mensaje tenía para la vacilante Kentucky al comienzo de la guerra, Lincoln se levantó de la silla, se señaló con el dedo y dijo: «Decidles a mis amigos: "¡Hay un hombre aquí!"».

«Por si no hubiera nada más de Abraham Lincoln que la historia pudiera atribuirle —dijo Walt Whitman más adelante—, sería suficiente [...] que soportó esa hora, ese día, más amargo que la hiel (un día de la crucifixión), que no lo venció; sin vacilar, resolvió que él y la Unión saliesen del trance».

¿Cómo sabía Lincoln que el Norte podía ganar? ¿Cómo consiguió una persona que nunca había ocupado un puesto de liderazgo ejecutivo dirigir un enorme esfuerzo bélico? Su administración no solo se enfrentó a la secesión, sino también a conflictos internacionales, escaramuzas fronterizas y un Capitolio inacabado, además de la responsabilidad de gobernar un país inmenso.

Al estallar la guerra, el ejército permanente de Estados Unidos contaba con menos de veinte mil hombres. En agosto del primer año de la contienda, había casi quinientos mil hombres de uniforme. En 1862, en la batalla de Antietam, la Unión perdería a más hombres en doce horas de los que había en armas en 1860. La velocidad y la magnitud de esa progresión eclipsarían las vísperas de las dos guerras mundiales, y se llevó a cabo con bastante menos tecnología. Fue una operación política, cultural y logística sin precedentes en la historia de la humanidad, no solo la primera guerra moderna, sino en cierto modo la primera muestra de un gobierno centralizado moderno.

Lincoln tuvo que aprobar el primer impuesto sobre la renta del país para financiarla. Tuvo que vender miles de millones en bonos de guerra. Tuvo que construir un ejército y mantener la unidad de una inestable coalición de estados. «Su mente dominaba el problema del día —dijo Emerson de él—; pocas veces un hombre ha estado tan capacitado para un acontecimiento».

Lo cierto era que Lincoln no sabía cómo hacer nada de eso. Lo que hizo fue averiguarlo.

Nadie cometió más errores que Lincoln, sobre todo al principio de la guerra. Algunos de ellos los cometió más de una vez (contratar, despedir, volver a contratar y luego volver a despedir al general McClellan en 1861 y 1862). Pero así es el liderazgo. El liderazgo no consiste en saber. Consiste en resolver problemas. «Los pilotos de nuestros ríos del oeste gobiernan los barcos de punto a punto, como ellos dicen, fijando un rumbo que no esté más allá de lo que pueden controlar —dijo Lincoln—, y eso es lo único que me propongo en este gran problema». Fue ese aspecto lo que más impresionó a Emerson de Lincoln, que, «a medida que el problema aumentaba, también lo hacía su comprensión de él».

Se dio la circunstancia de que su primera victoria decisiva no fue en el campo de batalla. Lincoln entendió, como pocos presidentes habían o han entendido desde entonces, el poder de crear un equipo que reflejase perspectivas políticas, ideológicas y regionales opuestas. Sus ayudantes explicaron que el presidente sabía que, para tener éxito, «necesitaba asesores, asistentes, ojos y manos ejecutivos, y no solo en la rutina de los ministerios, sino en las cualidades superiores del liderazgo y la influencia; por encima de todo, su principal motivación parece haber sido el carácter representativo, el talento diverso; en una palabra, la combinación». Para su gabinete, Lincoln eligió a políticos de toda índole, incluso a algunos que lo detestaban abiertamente y que tenían las miras puestas en sucederlo en la presidencia.

Escogió con ganas a Edwin Stanton, el demócrata que en cierta ocasión se había referido a él como «gorila original» y había tratado de hacer que lo expulsasen de un importante caso judicial en 1855. Pero Stanton era el secretario de Guerra perfecto, y eso era lo único que a Lincoln le importaba.* El presidente creía que no tenía derecho a privar al país de los mejores y más competentes expertos solo porque lo hubiesen ofendido personalmente o estuvieran en desacuerdo con él en muchos asuntos. «Cuidaré del caballo de McClellan si nos trae el éxito», dijo Lincoln del general que lo había despreciado e insultado en repetidas ocasiones.

Cuando un amigo le contó que uno de los miembros de su gabinete se consideraba mejor que Lincoln, este le preguntó si conocía a otros que pensaran lo mismo. «¿Por qué me preguntas eso?», respondió el amigo, desconcertado. «Porque quiero meterlos a todos en mi gabinete». La primera pregunta de ese equipo de rivales que Lincoln había reunido, escribió su secretario, fue quién era mejor y más inteligente. «Se puede afirmar sin miedo a equivocarse que nadie —dijo—, ni siquiera él mismo, creía que fuera Abraham Lincoln». Sin embargo, esa humildad hizo que acabase eclipsándolos a todos.

De hecho, el consejo de asesores de Lincoln iba más allá de su gabinete. Su esposa, Mary Todd Lincoln, se convirtió con el tiempo en una abolicionista todavía más ferviente que él, y, a pesar de su a veces tumultuosa relación, el presidente acudía a ella en busca de consejo. Lincoln consultaba con frecuencia a Anna Carroll, una fascinante e intrépida mujer que influyó en sus pensamientos sobre estrategia militar y relaciones públicas. Según Lincoln, ninguna opinión le importaba más que la de Frederick Douglass, con quien se reunió en numerosas ocasiones durante

* «No ha habido hombres tan engañados como nosotros en Cincinnati», declaró Stanton de su primera impresión de Lincoln.

su presidencia, casi para asombro de este. «En ninguna ocasión», señaló Douglass, Lincoln hizo algo para recordarle «la diferencia entre él y yo, la diferencia de color».

Sus antecesores en la Casa Blanca habían vivido en un pasado pintoresco y tranquilo. Lincoln vivía en el bullicioso mundo moderno, con todos sus informes en tiempo real. Pasaba innumerables horas en la oficina de telégrafos, recibiendo las últimas noticias del campo de batalla. Desbordado de información, de los campos de batalla y de cientos de periódicos, introdujo una versión primigenia del informe diario presidencial.

También prestaba atención al estado de ánimo de los estadounidenses. Es fácil que el poder y el éxito provoquen aislamiento, que creen una burbuja de percepciones que se refuerzan entre sí. «Aunque el coste en tiempo es elevado —dijo—, no hay horas mejor aprovechadas del día que aquellas que me permiten volver a estar en contacto directo con nuestro pueblo». Llamaba «reuniones» a sus encuentros con estadounidenses corrientes, con aspirantes políticos, con solicitantes de favores, con pendencieros, con padres de soldados, con críticos y admiradores, como «baños de opinión pública», y daba prioridad a esta práctica, por muy apretada que tuviese la agenda.

Ser inteligente es habitual. Ser un ejecutivo eficaz, sobre todo al más alto nivel, es poco frecuente.

«En manos menos firmes, un gabinete como ese habría sido un hervidero de conflictos —escribieron sus ayudantes—; bajo sus órdenes, se convirtió en un pilar». El propio Lincoln se enorgullecía de su capacidad de unir a la gente, al país y a sus asesores. «Puede que no haya sido tan buen presidente como otros —declaró—, pero creo que he mantenido los elementos discordantes unidos tan bien como cualquiera». No era solo que se rodease de distintas opiniones y voces, sino que empleaba esas perspectivas y hacía uso con destreza de los talentos de su administración; él creó literalmente el gobierno federal, imbuyéndolo de los valores y el espíritu que más adelante le permitiría inventar internet y aterrizar en la Luna, por no hablar de la creación de la Seguridad Social y el sistema universitario moderno.*

Era una época de pasiones desmedidas, en un gabinete con grandes diferencias de opinión, pero Lincoln controlaba a su gabinete y ponía orden en el caos que lo rodeaba, asumiendo en primer lugar el mando de lo que los estoicos consideraban el mayor imperio: uno mismo. «A menudo, cuando los hombres acudían a él en el arrebato o rapto de una indignación por un incidente desafortunado —escribieron sus secretarios—, les sorprendía encontrarlo tranquilo, incluso sereno; tal vez con una sonrisa en el rostro y una broma en los labios [...] su espíritu ya había pasado la prueba de fuego del rencor».

La sabiduría no es errática. No es impulsiva ni emocional. Es tranquila. Es fría. Es paciente. Es amable. Es filosófica.

Sin esa ecuanimidad, si Lincoln no hubiese tenido un increíble autocontrol mental, lo habría «perdido... perdido todo, todo», en opinión de Herndon. Y Herndon sabía lo diestro que Lincoln era en las relaciones interpersonales, el dominio que tenía de su

* La Ley de Concesión de Tierras Morrill de Lincoln es responsable de la creación de universidades como el MIT, Cornell, Rutgers y del sistema universitario californiano entero, una proeza extraordinaria para un hombre que no recibió una educación tradicional, y una increíble contribución a las ciencias, las humanidades y el progreso de la raza humana.

carácter. No se pelearon ni una vez en los dieciséis años que ejercieron la abogacía.

De hecho, cuesta encontrar a alguien que hubiese discutido con él: era un hombre de una simpatía casi increíble.

No se tomaba las cosas de forma personal. No le importaban los motivos ni los errores del pasado de la gente. Solo quería terminar el trabajo. Solo quería avanzar.

Mostraba paciencia y contención incluso en los momentos más sombríos de la guerra. En la batalla de Bull Run, en la de Fredericksburg, después de la de Shiloh, tras la segunda derrota en Bull Run, después de las oportunidades perdidas en Gettysburg, cuando la campaña de la batalla de la Espesura acumuló impensables bajas, Lincoln podría haber señalado culpables. Después de cada traición, de cada ocasión arruinada que sus generales desperdiciaban, mientras el país se cansaba de la guerra, tras perder tantas vidas, Lincoln podría haberse desanimado. Podría haber renunciado al país.

Pero no lo hizo.

«Debo salvar al Gobierno si es posible —dijo a los gobernadores de Luisiana y Arkansas—. Lo que no pueda hacer, no lo haré, evidentemente; pero quiero que se sepa, de una vez por todas, que no me rendiré hasta que no juegue la última carta». Según él, no acostumbraba a recrearse en el pasado, sino a «mirar solo al presente y al futuro ». «Ningún hombre resuelto a dar lo mejor de sí puede dedicar tiempo a la discusión personal», escribiría Lincoln a un oficial que lidiaba con una situación mucho menos enconada. Animó al hombre a ceder en asuntos que no tenían importancia para mantenerse firme en los que sí la tenían.

Del mismo modo que los abogados contrarios que subestimaban a Lincoln acababan aplastados en los tribunales, los políticos que confundían su simpatía y compasión con debilidad acababan derrotados. «Manejaba y movía a los hombres desde lejos como nosotros jugamos con las piezas de un tablero de ajedrez —observó Leonard Sweet, uno de sus asesores—. No hacía caso a los hombres ni a las causas pequeñas, pero calculaba atentamente las tendencias de los acontecimientos y las grandes fuerzas que producían resultados lógicos». Parecía que Lincoln no olvidaba nunca que era un político. Era un perspicaz y casi maquiavélico maestro de las personas, la persuasión y la política.

«No ha habido calculador más certero de las probabilidades políticas que él —escribieron sus secretarios—. Estaba de lo más a gusto entre estadísticas electorales [...] conocía todos los puntos de inflexión de los condados disputados y los distritos "reñidos" y se sabía de memoria el valor de cada pérdida o ganancia local y su relación con el resultado final». En la Casa Blanca, Lincoln era apodado «el Magnate», en referencia a su inestimable astucia y liderazgo. Sin embargo, como Maquiavelo, el conocimiento que Lincoln tenía del poder estaba inextricablemente ligado a sus principios fundamentales. «Nadie sabía mejor cómo sacar partido político de las cosas —dijo Horace White, un periodista que había seguido a Lincoln desde los debates con Douglas—, y nadie estaba más dispuesto a sacarlo, siempre que no conllevase medios deshonrosos...».

Lincoln sustituía la ira, el miedo, el rencor y la ansiedad por la compasión, la fe y lo que él llamaba «fría, calculadora y desapasionada razón». «Feliz será el día —dijo en un discurso en 1842— en que, todos los apetitos controlados, todas las pasiones dominadas [...] la mente, la mente que todo lo vence, viva y mueva al monarca del mundo [...]. ¡Salve, caída de la Furia! ¡Reino de la Razón, salve!».

La gente sabia aprende rápido disciplina. Es consciente de lo fácil que es equivocarse. No es simplista. No habla sin pensar. Trata de mirarlo todo como Washington, el primer presidente de Estados Unidos, aprendió a mirar: «A la luz serena de la apacible filosofía».

Lincoln no perdía la esperanza después de cada revés de la Unión, en parte porque estaba tranquilo, pero también porque veía el panorama completo. A diferencia de muchos partidistas, él era consciente de las enormes ventajas estratégicas del Norte: más mano de obra, más dinero, más industria y, a medida que avanzaba lentamente hacia la emancipación, más legitimidad moral.

Al principio de la guerra, Lincoln no sabía casi nada de teoría militar. Desde la Casa Blanca, mandó que le buscasen en la biblioteca del Congreso todos los libros que encontrasen sobre ciencia militar, y leyó con gran interés, por ejemplo, un manual sobre logística escrito por el hombre que se convertiría en jefe del Estado Mayor del Ejército. También entendió qué sabiduría convencional debía obviar (el énfasis decimonónico en conquistar ciudades) y qué nuevas teorías debía adoptar (destruir el ejército del adversario y su voluntad de luchar).

«Hace tiempo que sostengo la opinión de que, al final de la guerra —declaró el general W. F. Smith—, el señor Lincoln entendía mejor que sus generales el efecto de los movimientos estratégicos y el método adecuado para consolidar las victorias hasta sus legítimas consecuencias». Con el tiempo se convirtió en el estratega más sabio de su época, capaz de ver el camino al triunfo con la misma claridad que Ulysses S. Grant. Desde luego, Lincoln entendía el riesgo mejor que su adversario, Jefferson Davis, aunque este había sido secretario de Guerra y se había licenciado entre los primeros de su clase en West Point.

«La guerra es la continuación de la política por otros medios», había escrito hacía poco Clausewitz, y esas ideas habían llegado a la voraz y ávida de curiosidad mente de Lincoln. La Proclamación de Emancipación fue el mayor acto de habilidad política del siglo, si no del milenio. También fue la forma brillante en que Lincoln convirtió la política en guerra y la guerra en política; el presidente la combinó con una victoria en el campo de batalla y la presentó como una medida de guerra diciendo que entraría en vigor el 1 de enero, al año siguiente, si el Sur no ponía fin de inmediato a su rebelión ilegal.

«Rodeado de toda clase de intereses enfrentados, de traidores, de hombres tímidos e indecisos, de hombres de estados fronterizos y de estados libres, de abolicionistas y conservadores radicales —dijo Harriet Beecher Stowe de Lincoln—, los ha escuchado a todos, ha sopesado las palabras de todos, ha esperado, ha observado, ha cedido aquí y allá, pero en general ha mantenido un objetivo inflexible y acendrado, y ha llevado el barco del país a él».

Viajaba de un punto a otro, siempre con el propósito de ganar la guerra y conseguir una paz duradera, tratando de salvar la Unión, pero también de transformarla en algo que valiese la pena salvar. Su plan de reconstrucción se basaba en la reconciliación, así como en la justicia. Tenía la intención de ser misericordioso. Tenía la intención de avanzar. Tenía la intención de cumplir las promesas que había hecho en la Proclamación de Emancipación.

Dejaría que los rebeldes volviesen a sus hogares; curaría las heridas del país y cuidaría de sus viudas y huérfanos. «Se puede decir del presidente —escribió su secretario de Estado— que su magnanimidad es casi sobrehumana».

¿Fuese ese el motivo por el que tuvieron que matarlo? ¿Porque era demasiado bueno para este mundo? La bala de un asesino —disparada por un antiabolicionista al que le aterraba la igualdad racial— abatió a Lincoln el 14 de abril de 1865, pocos días después de que el presidente hubiese conseguido modificar la Constitución y acabar con la esclavitud en Estados Unidos para siempre.* Había librado cuatro años de batallas, y lo más importante, había transformado la opinión pública: había encaminado a la humanidad hacia la justicia.

«No hubo un momento en el que Abraham Lincoln abandonase el papel de político —escribió su biógrafo, William Lee Miller—; lo que él hizo como político de por vida fue desarrollar las máximas posibilidades morales de ese papel». Durante la guerra, a Karl Marx le impresionó la increíble trayectoria de la vida de aquel hombre: el faro en la oscuridad que era. «El nuevo mundo no ha conseguido un triunfo mayor que el que representa esta demostración —escribió— de que personas normales y corrientes de buena voluntad pueden llevar a cabo hazañas que solo los héroes podían realizar en el viejo mundo».

No es exagerado decir que Lincoln fue el hombre completo. Disciplinado. Valiente. Justo. Pero, por encima de todo, sabio.

* «Eso implica dar la ciudadanía a los negros», dijo John Wilkes Booth tras escuchar un discurso en el que Lincoln había presentado algunos de sus planes para después de la guerra.

En inglés hay una expresión que dice que nadie es un héroe para su criado, pero los criados de Lincoln, que lo vieron en sus momentos más íntimos, se pasaron el resto de su vida tratando de honrar su recuerdo. Junto con sus amigos y muchos de sus enemigos, lo consideraron uno de los mejores hombres que jamás haya existido.

¿Qué caracterizaba a aquel hombre? ¿Cuál era su grandeza? No era un resplandor llamativo ni una ambición, sino una suerte de sabiduría moral, unos valores filosóficos que no solo sostienen a un hombre durante una grave tragedia personal, sino que tocan algo profundo en otras personas.

Lincoln logró lo más difícil que existe: trajo esa sabiduría al mundo. Su grandeza se utilizó en favor del bien; su ambición, al servicio de la virtud.

Mientras se desangraba en una habitación delante del Teatro Ford, tumbado en diagonal sobre una cama que le quedaba demasiado pequeña, fue Stanton —el hombre que tan mal lo había juzgado— quien pronunció la más adecuada de las bendiciones: «Ahora pertenece a la eternidad».

O, como siguen debatiendo los estudiosos, es posible que dijera: «Ahora pertenece a los ángeles».

En cualquier caso, nos pertenece a nosotros, ya vivamos en Estados Unidos o en el Cáucaso, en el presente o dentro de varias décadas.

Es un ejemplo que hay que seguir. Un ideal al que aspirar.

Lincoln tuvo la forma más excepcional de sabiduría humana —bondad y grandeza—, pero no fue un mito histórico, sino algo real. Existió de verdad. En una época de venalidad y violencia, esa sabiduría sobrevivió a la carrera jurídica y política, sobrevivió a la ambición, al sufrimiento y al fracaso.

Él encarnó las cuatro virtudes.

Valiente. Fuerte. Bueno. Sabio.

Es una combinación celestial, pero una que se puede alcanzar.

El ejemplo de Lincoln está hoy ante nosotros. Puede que nunca lo alcancemos, pero no debemos dejar de intentar acercarnos a él.

Practica la empatía

Hasta que no entró con los animales, no descubrió lo que pasaba.

Temple Grandin lo vio solo porque se interesó lo suficiente como para meterse entre las vacas.

El ganado reculaba y se resistía a entrar en la manga de vacunación. Los rancheros querían obligar a las reses a pasar, pero a ella se le ocurrió otra idea. «Para mí, entrar en la manga era lo más lógico —dijo—. Tenía que ver la situación desde el punto de vista de la vaca para entender el problema y resolverlo».

Resulta que una cadena suelta que golpeaba contra la verja metálica estaba asustando a los animales y provocando un sufrimiento innecesario a las vacas durante un proceso médico rutinario.

Temple Grandin tiene autismo. Sin embargo, es famosa por su empatía, sobre todo con los animales. Fue Grandin la que inventó un sistema de inmovilización que redujo considerablemente el estrés de las vacas que eran procesadas en las plantas. Fue Grandin la que reparó en todas las formas innecesarias en que la luz, el ruido y otros factores omitidos en el pasado contribuían al sufrimiento y a la agitación de los animales en instalaciones ganaderas bovinas. Al reducir esos problemas, mejoró sus vidas.

El término alemán *umwelt* designa la «percepción del mundo» que uno tiene: la experiencia de ser una persona, un oso polar o un bicho bola. Cada persona y cada experiencia vivida son distintas, y, sin embargo, la mayoría de las veces ignoramos por completo los otros mundos que constituyen el mundo entero de alguien o de algo.

Es simple curiosidad. ¿Cómo no vas a querer saber lo que supone ser otra persona?

Mediante una simple cámara, Grandin descubrió lo que las vacas veían. «El ganado bovino, los perros y la mayoría de los animales son dicrómatas —afirmó—. Pueden ver el azul y el amarillo, pero son daltónicos rojo-verde. Sin embargo, ven el contraste mejor que nosotros». Tomando fotos en blanco y negro, se acercó al *umwelt* de las vacas y de repente pudo ver por qué algo tan corriente como una manguera en el suelo o una sombra podían parecer aterradoras.

«Fui una de las primeras personas que se dio cuenta de que a las reses les dan miedo cosas pequeñas a las que no solemos prestar atención», dijo restando importancia a ese enorme adelanto en materia de bienestar animal. Pero, de nuevo, lo fundamental no fue solo que ella se fijase, sino que se interesara lo suficiente para fijarse.

La empatía requiere coraje, ya sea para meterse en un corral o para hablar con alguien con quien no estás de acuerdo. Disciplina, para controlar las emociones. Justicia, para luchar sinceramente por los intereses de alguien, no solo los tuyos. Sabiduría, la curiosidad para explorar y el sentido común para convertir esos datos en comprensión.

Tal vez la cualidad más destacada de Lincoln fuera su empatía. Detestaba la esclavitud. Casi toda su carrera política se basó en la resistencia a la expansión de los poderes esclavistas que habían conquistado el país y habían traicionado los principios fundamentales sobre los que se había fundado, y sin embargo... parecía entender a la perfección por qué los dueños de esclavos pensaban y se comportaban como lo hacían.

Entendía su culpa, su miedo. Trataba de pensar en lo que sería que la identidad y la economía entera de alguien se basase en una institución, que te bombardeasen a propaganda y mentiras desde la prensa y el púlpito durante toda la vida. ¿Qué efecto tendría eso en una persona? La esclavitud, comprendía, era «muy seductora para los jóvenes irreflexivos y atolondrados»: una forma de poder embriagador y prueba irrefutable de riqueza. Él era consciente de que los beneficios de ese sistema distorsionaban la realidad en la que vivían los sureños.

Esa empatía no implicaba que aceptase su lógica o perdonase sus crímenes, pues también pensaba largo y tendido en lo que debía de ser que otra persona fuese tu dueño y que te robasen el trabajo solo por el color de tu piel. «Yo antes era un esclavo», declaró Lincoln de su ardua y desdichada infancia, en la que su padre había hecho uso abundante del látigo. Él nunca temió que lo vendiesen, pero sabía lo que era sufrir injusticias.

Durante la guerra, el interés de Lincoln por la experiencia de los estadounidenses negros le permitió liberar el poder negro del bloqueo en el que se encontraba, espiritual y físicamente. «Los negros, como otras personas, actúan según sus motivaciones

—dijo, exponiendo la lógica de la Proclamación de Emancipación y de la Decimotercera Enmienda—. ¿Por qué deberían hacer algo por nosotros si nosotros no hacemos nada por ellos? Si arriesgan la vida por nosotros, deben estar impulsados por la motivación más poderosa, incluso la promesa de libertad. Y, hecha la promesa, debe cumplirse».

Puedes empatizar sin aceptar o perdonar. Lincoln, sin duda, lo hizo.

James Baldwin también lo hizo cuando trató de entender qué movió a un sheriff sureño a atacar y pegar a unos manifestantes. «No se puede considerar a alguien un monstruo absoluto, ¿sabes? —dijo—. Estoy seguro de que quiere a su mujer y a sus hijos. Estoy seguro de que le gusta emborracharse. Al fin y al cabo, hay que suponer que en apariencia es un hombre como yo». Lo que a Baldwin le llamó la atención fue que los sheriffs no entendían qué los empujaba a hacer lo que hacían, qué los llevaba a amenazar y perseguir. «A un ser humano debe de haberle ocurrido algo terrible para ser capaz de pinchar a una mujer en los pechos con una picana —declaró—. Lo que le pasa a la mujer es espantoso. Lo que le pasa al hombre que lo hace es, en cierto modo, muchísimo peor».

Sustituir la ira por empatía no reduce nuestro compromiso con la justicia. Solo nos permite ver con claridad lo que está pasando.

Y ahí está Elon Musk diciendo con aparente convicción que «la debilidad de la civilización occidental es la empatía». ¡¿Qué?!

La empatía es una capacidad tanto práctica como moral. Temple Grandin la usaba para resolver un problema en el trabajo.

Durante la presidencia de Lincoln se produjo una famosa crisis diplomática. Una embarcación estadounidense había capturado a dos «diplomáticos» confederados que iban a bordo de un barco británico de camino a Londres. Los británicos lo consideraron una grave infracción del derecho internacional y le dieron a Lincoln siete días para que se disculpase o se arriesgase a entrar en guerra.

El día de Navidad, su gabinete se reunió para debatir el caso. Lincoln quería mantener a los prisioneros, pero, en lugar de decirle a sus ministros qué hacer, propuso un ejercicio: el secretario de Estado, William Seward, tendría que dedicar unas horas a formular por escrito la mejor defensa posible de la postura de los británicos, mientras que el propio Lincoln expresaría los argumentos a favor de los estadounidenses.

Para sorpresa de Seward, Lincoln cedió casi de inmediato después de oírle leer sus opiniones en voz alta. El presidente había tratado de dar con argumentos más sólidos que los de los británicos, pero, al ponerse en el lugar de ellos, descubrió que no podía. «Los presidentes y los reyes no suelen ver fallos en sus argumentos —escribió más tarde uno de los miembros del personal de la Casa Blanca que presenció el diálogo—. Pero, por suerte para la Unión, en ese momento tenía un presidente que combinaba un intelecto lógico con un corazón generoso». Se trataba de una aptitud que Lincoln había perfeccionado como abogado: la capacidad de entender las razones del adversario, además de las propias. Y, debido al carácter singular de la ley fronteriza, Lincoln había trabajado en varias ocasiones como abogado defensor y fiscal, había visto demandas a favor de las compañías ferroviarias y en contra de ellas, y de ese modo aprendió a ponerse en el lugar de un juez o un jurado.

La empatía es cuestión de preocupación. Y también de inteligencia.

Muchas veces nos olvidamos de que existe otro punto de vista.

La conciencia de uno mismo y la empatía forman una combinación imbatible. Generan una sabiduría que salva vidas.

¿Se nos da mejor a unos que a otros por naturaleza? Claro, del mismo modo que unos tienen aptitudes para las matemáticas o el diseño. Pero eso solo implica que debemos trabajar en ello. Lincoln tuvo que aprender a aplicarlo en situaciones sumamente complicadas, con sus mismísimos enemigos. Da la impresión de que Elon Musk se ha propuesto no aprenderlo, a pesar de su increíble influencia y responsabilidad.

No puede haber arte sin empatía. No puede haber éxito en los negocios sin empatía. No puede haber política. Ni consenso, ni colaboración, ni creatividad.

La empatía nos abre a todo y a todos.

Sé humilde

En 2004 había empezado a resolverse el caso de la invasión de Irak. El discurso «misión cumplida» de George W. Bush estaba envejeciendo mal.

Cuando el periodista Ron Suskind presionó sobre las posibles debilidades de las políticas de la administración, uno de los principales asesores de Bush afirmó que estas críticas se debían al pobre entendimiento de lo que él consideraba «la comunidad basada en la realidad»: expertos, periodistas, diplomáticos, historiadores y académicos con su pedante y «acertado estudio de la realidad discernible». El hombre dijo que aquello era ingenuo y anticuado, porque Estados Unidos era «ahora un imperio y, cuando actuamos, creamos nuestra propia realidad. Y mientras ustedes estudian esa realidad, con toda su sensatez, nosotros volveremos a actuar creando otras realidades nuevas que también podrán estudiar, y así es como suceden las cosas. Nosotros somos los participantes de la historia..., y ustedes, todos ustedes, se quedarán estudiando lo que nosotros hagamos». Era lo que podrían haber dicho los atenienses antes de enviar sus barcos a

Siracusa. Lo que podría haber dicho Napoleón antes de dirigirse a Rusia, o los generales japoneses en una isla que dependía de las importaciones extranjeras antes de iniciar una guerra mundial.

La guerra de Irak, como tantos otros desastres, militares o de otro tipo, tuvo su origen en la soberbia.

Si el estudio no conduce a la humildad, es inútil, puesto que el pasado no es más que un catálogo de los enormes costes del ego, de la impaciencia, de la certeza, de precipitarse, de hacerse ilusiones. La historia es, como dijo un estudioso de esta, un «registro de consecuencias involuntarias». Incluso el pasado reciente nos lo recuerda: «Prepárate. Baja el ritmo. Piénsalo bien».

El orgullo precede a la caída...

Tal vez por eso la sabiduría, como virtud, se traduce a veces como prudencia. Nuestra experiencia, más la acumulación de experiencias del pasado, no deberían enseñarnos una lección más clara que la de nuestras limitaciones, la falibilidad humana y el coste de la arrogancia.

En el periodo previo a otra famosa metedura de pata, uno de los asesores de Lyndon Johnson escribió un memorándum al presidente. Comenzó con una cita de Emerson: «Las cosas están preparadas sobre el caballo que cabalga la humanidad». Su ayudante dijo: «El problema más difícil que Johnson sigue teniendo en el sur de Vietnam es evitar que "las cosas" se suban al caballo, o, en otras palabras, mantener el control de la política y evitar que el impulso de los acontecimientos tome el mando».

Esto fue soberbia desde el principio. Los acontecimientos siempre estuvieron sobre el caballo, y no fue solo Johnson, sino una cadena de presidentes y generales estadounidenses, el que creyó que podía crear su propia realidad en el Sudeste Asiático..., decisiones que se pagaron con la sangre de los soldados estadounidenses y los civiles de Vietnam, Laos y Camboya.

Ojalá alguien hubiera agarrado a cualquiera de estos tíos —desde Napoleón hasta Bush, pasando por Kissinger— y les hubiera dicho la famosa frase de Oliver Cromwell: «Te ruego, en el nombre de Cristo, que pienses en la posibilidad de que estés equivocado». Lo triste es que alguien se lo dijo. Muchas veces. Los acosaron con críticas y los inundaron de advertencias. Los poderes fácticos tenían acceso a toda clase de información, pero siguieron adelante.

Existía mucha historia de la que podrían haber aprendido. Tanta que no hacía falta aprenderla de nuevo mediante dolorosos ensayos... y catastróficos errores.

De los cincuenta y nueve epigramas que adornaban el techo de Montaigne, un porcentaje considerable aborda de alguna manera la humildad intelectual. «Si alguien cree que sabe algo, aún no sabe nada», de la carta de Pablo a los corintios. Del Eclesiastés: «Todas las cosas son demasiado difíciles para que el hombre las entienda». De Isaías: «Ay de los que se creen sabios». De Sócrates: «La impiedad sigue al orgullo como un perro».

Lo que no se encuentra en los *Ensayos* de Montaigne son muchas expresiones de certeza. No, solo te dice lo que piensa. Supone, adivina, reflexiona, etc. No es que esté dando evasivas, es que cuenta con la disciplina necesaria para respetar la disciplina del aprendizaje; es consciente de sus limitaciones, consciente de las locuras humanas. Esto es lo que más le molestaba de la intolerancia y la persecución de su época: la pura arrogancia constante. ¿Cómo lo sabían?

Si tu sabiduría no te ha bajado los humos, es que no tienes sabiduría.

Una vez un estudiante le contó a Feynman la historia de un mono que había convertido un palo en una herramienta y había descubierto que podía utilizarlo para conseguir premios que estaban fuera de su jaula. Para el estudiante, se trataba de una metáfora sobre nuestra capacidad de combinar conocimiento y tecnología que nos permitiera mejorar nuestras condiciones. Feynman, en cambio, tenía un punto de vista mucho más humilde, pero también empoderador al respecto: «Lo que aprendería de tu historia —dijo con una sonrisa— es que, si un mono puede hacer un descubrimiento, tú también».

A pesar de todo su poder y sabiduría, Lincoln sabía quién tenía la sartén por el mango. «No pretendo haber controlado los acontecimientos —escribió en una carta en 1864—, pero confieso sin rodeos que los acontecimientos me han controlado a mí». Entendió, hasta cierto punto, que no podía mover soldados o políticos como si fueran piezas de ajedrez. No podía chasquear los dedos y cambiar la opinión pública o la naturaleza humana. Muchos radicales de su propio bando se frustraban por lo que percibían como su cautela y lentitud. Pero Lincoln comprendió que la transformación no solo requería tiempo, sino que también debía esperar a las oportunidades adecuadas y que no podía crearlas.

La vida se lo había enseñado.

¿Has aprendido esa lección?

Es muy fácil que el conocimiento nos haga ser engreídos. Es muy fácil que el éxito nos convierta en idiotas.

Los tontos rara vez son humildes, pero las personas brillantes suelen serlo.

No se trata de que siempre estés equivocado, sino de entender que siempre podrías estarlo. Es la ironía de la sabiduría: cuanto más inteligente eres, menos necesitas sentirte inteligente. Menos necesitas tener razón. Más cómodo te sientes con la incertidumbre y la ambigüedad, y, por supuesto, con la humildad.

La experiencia debería reducir el ego, no aumentarlo. El estudio debería hacernos menos seguros, no más.

Ese era el poder de la pregunta de Montaigne: «*Que sais-je?*» («¿Qué sé yo?»). La respuesta solía ser, de hecho, casi siempre: «¡No mucho!». Pero, al abrazar la humildad, aprendemos. Porque saber poco significa que nos queda mucho que aprender. La curiosidad es una ventana abierta. La certeza es una puerta cerrada.

Mantente abierto.

Sé humilde.

Es el camino más sabio.

Puede que te salve del desastre.

Sé siempre un estudiante

Era un hombre mayor.

Fue el líder más sabio de su época.

Y ahí estaba, abandonando el palacio, cargando con sus libros.

«¿Adónde te diriges?», le preguntó un amigo.

«Voy a ver a Sexto Empírico para aprender lo que todavía no sé», le contestó Marco Aurelio.*

No hizo que el profesor lo visitara a él. Y debió de ser una maravilla ver al rey cargar con sus cuadernos de camino a la escuela.

Eso es lo que hacen los sabios. No solo aprenden cuando son jóvenes, sino durante toda la vida. Se identifican como estudiantes, no como personas que han alcanzado la sabiduría. No se consideran superiores ni distintos. Son como los demás, siguen aprendiendo y necesitan que les enseñen.

«¿Hasta cuándo está obligada una persona a estudiar la Torá? —preguntó Maimónides—. Hasta el día de su muerte». «No hay

* Da la casualidad de que Sexto probablemente era nieto de Plutarco.

rango en el que un marine esté exento de estudiar», le gustaba decir al general Mattis. No importa si eres soldado raso o presidente, director ejecutivo o becario de verano. Da igual que seas joven o viejo, tu educación es responsabilidad tuya. Y es algo que continúa, indefinidamente, sin parar, porque siempre hay nuevos territorios por descubrir, nuevas lecciones por aprender y viejas lecciones por redescubrir.

A los veinte años, Martin Luther King Sr. (entonces conocido como Mike King) se dio cuenta de que la educación segregada le había dado una educación primaria, por lo que se armó de humildad y volvió a estudiar para tomar lo que le correspondía por derecho. Da Vinci aprendió latín de forma autodidacta a los cuarenta y dos años. A la misma edad, Neil Peart, quizá el mejor batería del mundo en ese momento, comenzó a recibir lecciones de Freddie Gruber, un profesor de jazz que había trabajado con muchos de sus compañeros. «¿Qué es un maestro, sino un estudiante de maestro? —dijo Peart encogiéndose de hombros—. Si eso es cierto, tienes la responsabilidad de seguir mejorando y de explorar nuevas vías en tu profesión». Para su sexagésimo cumpleaños, Angela Merkel asistió a una conferencia sobre las relaciones euroasiáticas del siglo XIX.

Stefan Zweig no conoció las obras de Montaigne hasta que tenía casi sesenta años, algo inusual para un hombre tan culto. Encontró una copia de los *Ensayos* de Montaigne en un sótano mientras huía de los nazis. «Algunos autores solo se nos revelan a una edad determinada y en momentos concretos», diría Zweig en su biografía, su última obra, del hombre que le encontró en su momento más bajo.

Por eso debemos seguir siendo estudiantes: no sabemos qué nos deparará el futuro, qué tendremos que aprender.

¿Será esto a veces incómodo? ¿Volver a ser un principiante? ¿Tener que formular preguntas básicas? ¿Sentarse en clase como todos los demás? ¿Admitir que es ahora cuando estás aprendiendo ideas o textos clásicos? ¿Seguir esforzándote cuando todos los demás han abandonado? Quizá. Pero la indiferencia de Sócrates ante lo que los demás pensaban de él es apropiada en este caso. «Si alguien se ríe de nosotros por ir a la escuela a nuestra edad —dijo—, citaré a Homero: "La modestia no es buena para un hombre necesitado"».

El caso más crítico de la vida de Lincoln fue uno en el que básicamente le despidieron. McCormick, el inventor de la cosechadora mecánica, había contratado a Lincoln por su experiencia en patentes y su prestigio local, pero no tardaron en superarle y eclipsarle otros abogados (entre ellos Edwin Stanton, su futuro secretario de Guerra).

Apartado del caso, le dijeron a Lincoln que podía irse a casa y que le pagarían de todas formas. Aun así, él decidió quedarse y observar, aunque no se le permitía hacer ningún alegato, y fue ignorado a propósito por los demás abogados, que no quisieron ni siquiera hablar con él y menos aún informarle de los avances del caso.

Podría haber sido humillante para un antiguo congresista, pero Lincoln nunca se quejó. Tan solo apareció y observó. Al final, le dijo a un amigo que se iba a casa a «estudiar Derecho». «¡Pero si estás al frente del Colegio de Abogados de Illinois! —exclamó su amigo, sorprendido—. ¿Qué dices?». «Es verdad que ocupo un buen puesto —admitió Lincoln—, y creo que puedo estar de acuerdo con la forma en que las cosas están yendo por allí ahora. Pero estos hombres formados en la universidad que han dedicado toda su vida al estudio se están trasladando al oeste, ¿no lo ves? Se quedan estudiando un solo caso tal vez meses, y eso nosotros nunca lo hacemos. ¡Soy tan bueno como cualquiera de ellos y, cuando lleguen a Illinois, estaré listo!».*

Aprender te mantiene joven, al igual que la sabiduría añade años a tu vida.

Así que ¿qué estás estudiando? ¿A qué te dedicas como si fueras un principiante?

Cada nuevo rol, cada nueva fase en la vida requiere y demanda una nueva sabiduría. Al igual que nuestros éxitos anteriores se construyeron sobre la base del trabajo que hicimos hace mucho tiempo, ¿qué éxitos futuros estamos sembrando con nuestras lecturas, nuestros viajes, nuestras preguntas y nuestras profundizaciones?

Puede que sea cierto que los científicos tienden a hacer sus mayores descubrimientos cuando son jóvenes. Los músicos escriben la mayoría de sus grandes éxitos cuando empiezan. Los jóvenes suelen ser brillantes, pero rara vez son sabios. Solo con tiempo y experiencia se puede llegar a comprender plenamente las ideas de su obra.

Ser mayor no es una excusa. Después de todo, como señala Diógenes, se supone que debes acelerar, no reducir la velocidad, al acercarte a la línea de meta de una carrera.

Además, hay algunas cosas que solo ahora empezamos a comprender. La canción de Yusuf Islam/Cat Stevens *Father and Son*

* En 1860, un biógrafo de la campaña exageró la educación de Lincoln y afirmó que estaba familiarizado con las obras de Plutarco. Cuando Lincoln vio eso impreso, enseguida lo convirtió en una verdad: se puso a leerlo con cincuenta y un años. Plutarco se convirtió en uno de sus autores favoritos, y este episodio, en una de sus anécdotas divertidas preferidas.

se grabó en 1970, cuando tenía solo veintidós años. Pero en 2020 volvió a grabarla con su voz de juventud a dúo con su yo actual de setenta y dos. La misma canción, la misma letra, cantada por el mismo hombre..., y sin embargo es diferente, algo nuevo y más profundo. Porque cinco décadas de experiencia real, de criar a sus hijos y de vivir las experiencias de ambos personajes, ayudaron a Yusuf a comprender mejor su propio trabajo y la lucha eterna de una generación para conectar con otra.

Por eso volvemos a las cosas que leímos hace mucho tiempo, por eso volvemos a lugares en los que ya hemos estado, por eso reconsideramos las suposiciones y creencias que adquirimos de jóvenes.

Dominar.

Volver a dominar.

Descubrir.

Redescubrir.

Aún es el primer día. Solo hemos aprendido una fracción de lo que es posible saber. Eso debería hacernos humildes. También debería emocionarnos.

Disce quasi semper victurus,
vive quasi cras moriturus.

Aprende como si fueras a vivir para siempre,
vive como si fueras a morir mañana.

Mantén la curiosidad. Mantén las ganas. Sigue aprendiendo. Sigue creciendo.

Sé un maestro

Era su primer día de entrenamiento como profesional. Bill Russell pisó la cancha como jugador de los Celtic de Boston; un desgarbado novato de más de dos metros de altura en un equipo plagado de estrellas que siempre había dominado la Conferencia Este y que llegaba por décima vez consecutiva a los *playoffs*.

Sabía que no le iban a regalar minutos en la cancha, así que se mentalizó para una temporada larga y solitaria. Pero lo primero que le dijo Arnie Risen, el pívot cuatro veces All-Star de los Celtics, fue: «Cuando terminemos de entrenar, tengo un par de cosas que enseñarte».

Menos de una década después de que Jackie Robinson rompiera la barrera racial en el béisbol, un jugador blanco consagrado se tomaba la molestia de enseñar al novato que ambos sabían que estaba allí para quitarle el puesto. Arnie le explicó a Russell la dinámica de la liga, qué podía esperar de los distintos jugadores e incluso le dio lecciones prácticas en la cancha.

¿Se había rendido? Como más tarde recordó Russell, sucedió justo lo contrario. Arnie Risen deseaba el éxito del equipo más que aferrarse a su puesto. Russell pasó a ser titular, pero juntos ganaron un campeonato en 1957.

Ningún gran deportista nace sabiendo. Los entrenadores les forman. Los compañeros de equipo les dan su apoyo. Incluso los rivales y los críticos les ayudan, a su manera, a mejorar. La deuda que esto genera solo se puede saldar haciendo por los que vienen detrás lo mismo que hicieron por ti. Y eso era lo que Arnie Risen estaba haciendo.

Es lo que debemos hacer también nosotros.

Todos conseguimos aprender algunas cosas a lo largo de la vida. Leemos sobre historia y también somos testigos de parte de ella. Cometemos errores. Además, hemos tenido profesores, mentores y amigos que nos han enseñado.

Aunque seamos autodidactas, nuestros conocimientos conllevan una responsabilidad. Lo que tenemos es especial y valioso. No podemos guardárnoslo, debemos compartirlo.

¡No enseñar es una injusticia!

Este fue el punto de inflexión decisivo en la vida de Siddhartha Gautama. Aunque lo que le llevó a la iluminación fue su viaje personal, lo que le convirtió en Buda fue su decisión de no refugiarse en la soledad y la serenidad individual, sino dedicarse a enseñar y ayudar a los demás. Durante casi medio siglo, llevó la sabiduría a hombres y mujeres de toda la India, y dio origen a una tradición de enseñanza y una cadena de discípulos que perdura hasta nuestros días.

Es también una de las ideas más célebres de la filosofía occidental. Platón decía: «Imaginemos que todos estamos encadenados dentro de una profunda caverna, viendo solo las sombras de lo que ocurre fuera. Supongamos que uno de nosotros logra escapar y consigue descubrir lo que ocurre en el mundo exterior. ¿No estaría obligado a volver a la cueva para exponer a los demás lo que sabe? ¿A liberarlos, de forma literal y figurada, de sus cadenas y engaños?».

Claro que sí.

¿Qué crees que hacía Platón, sino transmitir las verdades que le había enseñado Sócrates? ¿Y acaso Aristóteles no hizo lo mismo con las enseñanzas de Platón? Esto es lo que significa ser un apóstol. Todos hemos sido discípulos antes de convertirnos en maestros.

Aunque eso vaya en contra de nuestros intereses, aunque a veces nos parezca una carga.

Richard Feynman o Marie Curie aceptaron, como todo buen académico, que sus privilegios universitarios fueran acompañados de obligaciones docentes: realizar trámites administrativos, supervisar tesis y lidiar con los estudiantes de posgrado y con problemas personales. Ellos, como todos los profesores, estaban formando a quienes un día ocuparían su lugar. Igual que Gregg Popovich, que ha preparado y asesorado a entrenadores y ejecutivos que más tarde derrotaron a los Spurs y se llevaron a sus jugadores. O Wally Pipp, el jugador al que Lou Gehrig dejó en el banquillo en 1925 y que años después vio en Detroit, desde las gradas, el fin de la racha de Gehrig. Y del mismo modo que Pipp dejó paso a Gehrig, Gehrig también se mostró generoso y apoyó a Babe Dahlgren, que ocupó su lugar. «Vamos, sal ahí fuera y anota unas cuantas carreras», le dijo.

Antonino se convirtió en el sucesor de Adriano con la condición de que preparara a Marco Aurelio para que le sucediera. ¿Es eso justo? En cierto modo sí, ya que a todos nos reemplazarán tarde o temprano. Pero eso no significa que lo aceptara de buen grado desde el primer momento. ¿Nuestro ego nos impedirá cumplir con nuestro deber?

La sabiduría está al servicio del progreso, no de sí misma. Somos meros recipientes temporales. Es inevitable que a todos nos acaben sustituyendo.

El conocimiento es poder, como suele decirse, pero, al igual que el poder conferido a Antonino, tiene condiciones. Estamos en deuda con nuestros maestros, y ahora también con las generaciones futuras. Esa deuda, tal y como la describe Stockdale, es el deber de enseñar.

Pero nos equivocamos si vemos esto como simple caridad o como una pesada obligación moral, ya que también obtenemos algo a cambio. En palabras de Séneca: «El proceso es mutuo, porque al enseñar también se aprende».

Al ayudar a los demás, nos vemos obligados a examinar nuestro pensamiento y a reflexionar sobre nuestras experiencias. Cuando nos ponemos a escribir, convertimos en conocimiento lo que antes era intuición. Y, al hacerlo para otra persona, practicamos la empatía y la comprensión. Feynman sostenía que, si no eres capaz de explicar algo de forma clara y sencilla, es que en el fondo ni tú entiendes del todo lo que crees saber.

Aprendemos mientras enseñamos.

Tuvimos un mentor. ¿De quién somos mentores nosotros? Tuvimos nuestro consejo de administración. Pero ¿a quién asesoramos nosotros ahora?

Esa es ahora la cuestión.

Tenemos que volver a la cueva.

Tenemos que llevar a otros a la luz.

Abraza el misterio

El poeta John Keats descubrió que cuanto más aprendía sobre la existencia menos la comprendía. Cuanto más intentaba captar o explicar la esencia de algo, más se le escapaba. Keats sostenía que la gran habilidad del artista era la «capacidad negativa», que definía como «la capacidad de asumir las incertidumbres, los misterios y las dudas sin irritarse y sin tener que recurrir a los hechos ni a la razón». Afirmaba que comprender era como entrar en «una gran mansión con muchos apartamentos». Las primeras estancias son sencillas y luminosas. A esto lo llamó «la cámara infantil o irreflexiva». Mientras no pensamos ni cuestionamos demasiado, podemos permanecer allí de forma plácida. Pero cuanto más exploramos, cuanto más nos adentramos en la mansión, más nos «sumergimos en la niebla», decía. Perdemos el rumbo. Encontramos oscuridad y confusión. Sentimos el «peso del misterio».

Este, por supuesto, es el mundo del artista, sobre todo del poeta. Lo desconocido. Lo indescriptible. Lo sublime. La inmensidad de la experiencia humana. Para un artista no existe el blanco y el negro, ni siquiera cuando pinta o fotografía en esa escala de colores.

Un momento, ¿no es la sabiduría la capacidad de simplificar las cosas? Pues sí. Pero la cruda realidad es que «las cosas son complicadas». Sería maravilloso que el estudio y la experiencia llevaran a la certeza.

Pero no es así, ni mucho menos.

«Hace tiempo —advirtió el almirante Rickover a los jóvenes— que creo que algunos de nuestros males actuales se derivan de esta fe ciega en la existencia de respuestas perfectas. Se requiere cierta madurez para entender que todas las soluciones son parciales». Y que todas las conclusiones son una instantánea, estimaciones y conjeturas.

El arte, el liderazgo y la iluminación exigen la capacidad de manejar la ambigüedad. Requieren una gran tolerancia a la contradicción. Hay que saber lidiar con el misterio y la niebla porque siempre están ahí.

Cuando el físico John Wheeler dijo que a medida que crece nuestra isla de conocimiento también lo hace la orilla de la ignorancia, no solo se refería a las infinitas posibilidades de todo lo que podemos aprender. También se refería a que el conocimiento y el desconcierto parecen ir de la mano. Porque estamos superando nuestros límites. Porque descubrimos nuevos casos, nuevas situaciones, nuevos escenarios que nos obligan a reconsiderar todo lo que creíamos saber.

Los filósofos orientales lo entendían mejor que sus homólogos occidentales. ¿Quién sabe qué quieren decir algunos de esos famosos *kōanes*? ¿Cómo se llama el ruido que hace una mano al aplaudir? ¿Qué es Buda? Quizá ellos tampoco lo tenían claro.

Pero tratar de comprender los *kōanes* los llevaba a la iluminación. Su mente se fortalecía al aceptar que la lógica y la paradoja pueden coexistir.

Confucio le dijo una vez a un estudiante que el secreto de la sabiduría residía en la paciencia. Más tarde le aconsejó a otro que dejara de esperar y resolviera sus problemas con rapidez. Un tercer alumno, que era bastante observador, objetó que el gran maestro se había contradicho, pues solo una de las dos estrategias podía ser correcta. Confucio le respondió sin inmutarse: «Ran Qiu es demasiado cauteloso, y por eso quería animarle a actuar. En cambio, Zilu es demasiado impetuoso, y por eso quise frenarle».

Cada persona es un mundo. Cada situación es diferente.

La sabiduría no es inflexible.

Montaigne dijo admirando a Catón que, si tocabas una de sus teclas, las habías tocado todas. Esto venía a decir que el hombre era una única nota, en el buen sentido. Pero lo fascinante de Montaigne es que era todo lo contrario. En sus propias palabras, era «tímido, insolente; casto, pero lujurioso; charlatán y callado; laborioso y sutil; ingenioso y torpe; melancólico y jovial; mentiroso, sabio e ignorante; generoso, codicioso y derrochador». Era un espíritu libre. Alguien que evolucionaba, que crecía. Actuaba por impulso. Esto fue lo que le permitió desarrollar una curiosidad intelectual que Catón jamás tuvo. Y también lo que le permitió sobrevivir a la guerra civil y unir a la gente, algo de lo que Catón era, por naturaleza, incapaz.

«Si hablo de mí mismo de forma contradictoria es porque me veo desde diferentes ángulos», dijo sobre sus contradicciones y complejidades.

Siglos más tarde, Whitman lo expresó así:

¿Que me contradigo?
Pues sí, me contradigo.
(Soy inmenso, contengo multitudes).

Estas multitudes no pueden atarnos. F. Scott Fitzgerald nos recuerda que «La prueba de una inteligencia de primera clase reside en la capacidad de retener en la mente dos ideas opuestas al mismo tiempo sin que se pierda por ello la capacidad de funcionar».

Sin embargo, esto convertiría a muchos tontos en genios, aunque creer en un montón de ideas sin duda contradictorias es también una prueba de debilidad mental. Por supuesto, es un equilibrio complicado.

Considéralo así: si la sabiduría es un proceso, no un objetivo final, entonces nunca alcanzaremos la comprensión absoluta. Siempre habrá preguntas pendientes, ya que todavía estamos tratando de averiguarlo todo. Siempre habrá variables que aún no hemos tenido en cuenta. Habrá piezas que no encajen.

¿Podemos convivir con el caos?

Porque, si no podemos, no llegaremos muy lejos.

Un gran negociador dijo una vez que las personas que no pueden sobrellevar la incertidumbre obtendrán su certeza, aunque a un alto precio. Quienes quieren y necesitan que las cosas sean sencillas, lo simplifican todo, a menudo a expensas de lo que podrían haber aprendido.

Los budistas hablaban de invitar a Mara, el dios de la ira, a tomar el té. Nosotros también debemos sentarnos de vez en cuando con Dioniso, el dios del caos y el desorden.

La incertidumbre forma parte de la vida. Como la contradicción.

No solo el corazón humano está a menudo en conflicto consigo mismo, ¡también lo está la verdad!

No sientas envidia de la gente que ha despojado la vida de matices, de los que dicen haber superado las dudas. Viven en un mundo anodino, aburrido y falso.

El artista se deleita con lo indescriptible. El físico investiga lo invisible. El filósofo considera lo incognoscible.

Este es un arte que podemos practicar; dedicar tiempo a reflexionar sobre lo absurdo. Consumir ficción, arte, fantasía y mitos. Lincoln amaba tanto la disciplina de Euclides como la oscura singularidad de los poemas de Edgar Allan Poe. Desconocemos si Lincoln leyó alguna vez a Keats, pero compartían el amor por la belleza y la complejidad de la poesía. Se decía que Lincoln podía recitar de memoria casi todos los poemas de Robert Burns. Conocía a Byron y Shakespeare. Una vez dijo que daría todo el dinero del mundo por escribir algo tan bueno como el poema *Mortality* de William Knox.

Lincoln entendía mejor que nadie la necesidad de los matices, y por eso llenó su gabinete de políticos que no pensaban como él.

Habla con personas cuyas ideas no entiendas. Tómalas en serio. Un necio recurre a distorsiones burdas de los argumentos de sus oponentes para no sentirse cuestionado, para no enfrentarse a la desconcertante posibilidad de que dos verdades contradictorias puedan coexistir.

Una persona sabia no solo evita caer en la caricatura fácil, sino que se esfuerza por reforzar los argumentos con los que no está de acuerdo antes de refutarlos. No se centra en lo superficial, sino que intenta comprender y articular la esencia, los pilares, de otras opiniones. Tiene muy claras sus ideas, pero también posee la empatía y la confianza necesarias para entender y valorar lo que piensa otra persona. Puede tener en mente ambos puntos de vista y, aunque al final se decante por uno, es capaz de entender las razones (por ridículas que sean) por las que otra persona opina de forma diferente.

Esto no solo es noble y justo, sino que nos ayuda a comprender mejor nuestras opiniones y a corregir sus puntos débiles.

Acepta la inmensidad, las contradicciones y la imposibilidad de conocer.

Sé flexible.

Deja que tu mente se sienta cómoda viendo que se amplían sus límites.

Asume que nunca lo comprenderás todo.

Conócete a ti mismo

Montaigne, un hombre brillante, pudo haber sido un gran político, haber hecho grandes avances en el campo de la ciencia o la biología, o haber escrito obras maestras.

Aunque exploró todos estos ámbitos, eligió dedicarse sobre todo a estudiarse a sí mismo.

Desde niño le habían enseñado, según sus palabras, «a ver mi vida reflejada en la de los demás», a observar con atención la forma de vivir de los demás y qué los motivaba, ya se tratara de Sócrates o de algún dignatario importante que visitaba a su padre en la ciudad. Los observaba con ojo crítico..., para poder estudiarse a sí mismo del mismo modo.

Puede parecer un esfuerzo inútil, pero, en los siglos que han pasado desde que el Oráculo de Delfos proclamó «Conócete a ti mismo», ¿cuántas personas lo han intentado de verdad?

De entre todos los genios y las figuras poderosas de la historia, ¿cuántos se conocían, aunque fuera solo un poco, a ellos mismos? ¿Cuál fue la última persona que te pareció que se conocía a fondo?

Conocerse a uno mismo es una de las cualidades más escasas del mundo.

Es una búsqueda que lleva toda una vida. «Yo, que no tengo más oficio que conocerme a mí mismo —dijo Montaigne—, descubro en mí una profundidad y una diversidad tan infinitas que el único fruto de mi aprendizaje es entender lo mucho que ignoro». No era una búsqueda egoísta, sino humilde por naturaleza; después de pensar y escribir durante años, Montaigne apenas arañó la superficie.

¿Cuáles son tus virtudes?

¿Cuáles son tus defectos?

¿Qué te gusta? ¿Qué detestas? ¿Qué amas?

¿Qué hábitos o ideas adquiriste en la infancia?

¿Cómo funciona tu mente? ¿Por qué funciona así?

¿Quién eres en realidad?

Son preguntas fundamentales, tan cruciales como las cuestiones existenciales y científicas que se reconocen con famosos premios. Tal y como nos recuerda el filósofo y matemático Blaise Pascal: «Uno debe conocerse a sí mismo. Aunque no sirva para encontrar la verdad, al menos ayuda a conducirte en la vida, y no hay nada más necesario».

Una vida que no se analiza no es una gran vida, ni en la práctica ni en otros aspectos.

La mayoría de la gente debía pensar que Montaigne no hacía nada. Seguro que su mujer, sus amigos y sus vecinos ignoraban qué hacía en aquella torre, durante aquellos paseos ni en sus viajes sin un rumbo fijo. ¿Qué propósito había detrás? ¿Por qué no se ocupaba de ganar dinero? ¿O dedicaba su energía a cosas más productivas?

Ambrose Bierce solía decir en tono jocoso que todo el mundo está loco, pero que solo quien comprende sus delirios es un filósofo. Montaigne comprendió que la filosofía no se limita a mirar al cielo, también exige que dediquemos tiempo a observar el cuerpo que habitamos, nuestra conciencia, nuestra vida, nuestra locura. En lugar de resolver complicados problemas matemáticos, eligió la ecuación de conocerse a sí mismo.

Al final de su vida era consciente de sus virtudes y defectos, de las luces y sombras que, según decía, habitaban en él. Sabía que el melón era su fruta favorita; que su postura sexual preferida era la de la amazona; que disfrutaba de la compañía de La Boétie, de su hija y de su gato; sabía que tendía a la pereza, pero también que daba lo mejor de sí cuando no se exigía tanto ni daba demasiadas vueltas a las cosas.

¿Y tú? ¿Te conoces lo suficiente para saber hasta dónde llega tu talento? ¿Cuáles son los límites de tu pericia? ¿Qué te hace perder los estribos? ¿Cuál es tu punto débil? ¿Qué te motiva? ¿Cuáles son tus defectos?

Uno de los aspectos más fascinantes de las biografías es lo evidentes que resultan ciertos rasgos de personalidad y patrones de conducta. Como esa gente que trata bien a sus empleados, pero es cruel con sus familiares. Esa espiral autodestructiva que tiene su origen en un trauma de la infancia. O ese éxito que, a todas luces, estaba motivado por la necesidad de demostrar algo imposible de demostrar. «¿Qué se les pasaba por la cabeza? ¿Cómo podían no verlo?».

Después de un par de cientos de páginas, ¡los conoces mejor de lo que ellos parecían conocerse a sí mismos!

Richard Nixon, que poseía el extraordinario don de ver los puntos débiles de otras personas poderosas y con ambición, fue incapaz de aplicárselo. «El ego es algo que todos tenemos —dijo una vez, sin darse cuenta de la ironía—, y o bien lo superas o bien se apodera de ti. Yo lo he superado».

¿De verdad?

Elon Musk ha dicho que no necesita caer bien. ¿En serio? No hace falta ser psicólogo para darse cuenta de que ese hombre se muere por caer bien. ¿Quién publicaría miles de tuits al mes si no estuviera desesperado por recibir atención, afecto y adulación? Es algo evidente para todos..., menos para él. Y, sin embargo, qué triste es que, a pesar de esta necesidad, busque ese amor en todos los lugares equivocados.

También los filósofos pueden caer en la hipocresía. Diógenes el Cínico pensaba que Platón era un pretencioso. En una ocasión, Diógenes se presentó a propósito con los zapatos llenos de barro en una cena a la que le habían invitado y alegó que estaba pisoteando «la vanidad de Platón» al ensuciar sus alfombras. Pero Platón, más sereno y sabio (al menos en este caso), supo ver lo que escondía el desprecio de Diógenes por los demás, algo que el propio Diógenes solía pasar por alto. «¡Cuánto orgullo manifiestas queriendo no parecer orgulloso!», dijo Platón al contemplar un acto tan pueril.

«Preferimos mirar directamente al sol antes que al espejo...».

No hace falta vivir hasta los ochenta años para darse cuenta de que el trabajo no lo es todo o que intentamos llenar un vacío fingiendo que sí lo es. Ni es necesario acabar solo, con tus logros como único y frío consuelo, para comprender por fin que el dinero, el poder o la fama no dan la felicidad. Basta un poquito de introspección para llegar hasta ahí.

Y no, tampoco necesitas las «revelaciones» que la gente atribuye a sustancias alucinógenas o a chamanes. Vamos, que estas epifanías han estado siempre ahí. ¡Se encuentran en todos los libros de filosofía que existen!

Podrías haber estado trabajando en tus cuadernos, día a día, como Montaigne y Marco Aurelio, y haber llegado allí mucho antes.

Por eso Joan Didion se negó a que sus cuadernos fueran una mera herramienta profesional. Aunque como autora se benefició de su obsesión por escribir y documentar las cosas, terminó comprendiendo que había algo más profundo en esas páginas que llenaba tantas mañanas, tardes y noches.

Mientras hojeaba fragmentos de diálogos que había escrito en una estación de tren de Delaware o narraba experiencias de su infancia o datos sobre la contaminación en Nueva York, se preguntaba por qué se había molestado en anotarlo todo. ¿Alguna vez lo utilizaría? ¿Era importante? ¿Quién era esa persona que había sentido la necesidad de anotar tantos detalles que parecían intrascendentes?

Entonces se dio cuenta de que ahí estaba la clave. «Creo que siempre es aconsejable mantener una relación cordial con la persona que éramos en el pasado —escribió más tarde—. Olvidamos muy pronto las cosas que pensamos que nunca podríamos olvidar. Las páginas de un diario o un libro de notas son una especie de fotografía de lo que observamos o leemos, pero también de nosotros mismos». Mucho antes de que esta función estuviera disponible en los *smartphones*, Didion se dio cuenta de que las fotos que tomaba en sus diarios no solo mostraban la vista frontal, sino que al mismo tiempo se retrataba a sí misma. «Recordar qué se siente al ser yo —dijo de sus diarios—; esa es siempre la cuestión».

Un diario es un medio de conocerse. Porque conocerse no es solo saber quién eres ahora; al fin y al cabo, lo que somos hoy es producto de todas las personas que hemos sido. Tenemos que mirar atrás, comprender quiénes éramos y por qué actuamos como lo hicimos; así evolucionamos, así tomamos mejores decisiones en el presente y hacemos las paces con los demás y con nosotros mismos.

Sería una pena pasar toda la vida, la única que tenemos, en este cuerpo sin llegar a conocerlo de verdad. No podemos ser unos extraños para nosotros mismos. Es maravilloso viajar por el mundo, pero no si conlleva dejar de explorar nuestro interior. La mente no tiene por qué ser una caja negra. Si queremos liberarnos de hábitos y prejuicios, debemos encontrar el modo de vernos con perspectiva, de llegar a lo que hay bajo la superficie, de dar sentido a las complejidades y multitudes que contenemos.

Nos perdemos tanta sabiduría porque nosotros mismos estamos perdidos... y perdidos para nosotros mismos.

Necesitamos empatía hacia los demás... y empatía hacia nosotros mismos.

Quiénes somos.

Por qué somos quienes somos.

Quiénes aspiramos a ser.

Conócete a ti mismo.

Libérate

Epicteto se habría estremecido ante el tópico de que el conocimiento es poder. Sobre todo, si se lo hubiera oído a algún aristócrata o académico amparado por la seguridad de su cátedra, como por desgracia ha sido el caso de demasiados filósofos.

Nació esclavo. Pasó treinta años bajo el yugo de un amo sádico que le torturaba y le dejó cojo para el resto de su vida.

Quien ha sentido lo que es la verdadera impotencia, no habría hablado a la ligera de la libertad ni del poder.

Pero esto no quiere decir que en el fondo de su alma no creyera en el poder de la sabiduría.

En la Roma de aquella época, muchos pensaban que solo los hombres libres podían tener acceso a la educación. Epicteto sostenía todo lo contrario; solo los instruidos eran libres.

La sabiduría es libertad.

Una persona que no sabe distinguir lo que de verdad importa es esclava de los impulsos, la ignorancia y los engaños, aunque tenga todo el poder y el dinero del mundo.

Esta era una verdad indiscutible que Epicteto veía a diario en el caos y la decadencia moral de la corte de Nerón, donde su amo ejercía como secretario de alto rango. Pese a las muchas prohibiciones que la ley le imponía, Epicteto se las arregló para tomar el control de su propia educación dentro de esas limitaciones y, al hacerlo, se liberó de las formas de esclavitud autoimpuestas que veía entre la ambiciosa gente de dinero y los intrigantes sedientos de poder que le rodeaban.

Nadie podía despojarle de los conocimientos que acumuló ni de la sabiduría que adquirió. Eran un patrimonio inalienable. Y, sin duda, el bien más valioso y poderoso del mundo.

Incluso después de que le concedieran la libertad de forma legal, Epicteto siguió viviendo en un mundo dominado por el caos. Sufrió el exilio a manos de un emperador paranoico. Fue víctima de un delincuente de poca monta que le robó. Fue blanco de críticas y ataques por parte de quienes no aprobaban sus enseñanzas. Pero Epicteto tenía muy claro que lo que llevaba en su mente le pertenecía solo a él y que nadie podía arrebatárselo. Era un ser humano valioso y vulnerable, como todos, pero la filosofía y la sabiduría también lo hacían invencible e imposible de doblegar.

Y lo mismo ocurre con nosotros. El estudio es un camino hacia la sabiduría y hacia la libertad. En definitiva, es una forma de poder por sí mismo, incluso un poder más elevado.

Resulta hasta poético que Adriano, entonces emperador, durante su viaje por Grecia hiciera una parada en Nicópolis para asistir a una de las clases de Epicteto. ¿Acaso el esclavo no se había convertido en el amo? ¿No era el triunfo del desvalido sobre el poderoso?

Adriano lo tenía todo. Podía hacer lo que se le antojara. Y sin embargo ahí estaba, buscando aquello que solo Epicteto parecía poseer. Marco Aurelio, discípulo de Epicteto durante toda su vida y nieto adoptivo de Adriano, comparó a los grandes conquistadores con los grandes sabios de la historia y concluyó que los pensadores eran superiores. «Los filósofos sabían el qué, el porqué y el cómo —decía—. Su mente les pertenecía». Y ese era el ejemplo que decidió seguir..., y nosotros deberíamos hacer lo mismo.

Todos nacemos iguales, con los mismos defectos, preocupaciones e ignorancia, y la certeza de una muerte segura. Pero algunos logramos superar estas limitaciones por medio del esfuerzo. Nos liberamos.

De aquello que ha esclavizado, controlado y dirigido al ser humano desde tiempos inmemoriales.

De deseos y engaños.

De impulsos y emociones.

De la amargura, la frustración y el resentimiento.

Debemos adoptar una actitud filosófica, es decir, mantener la calma, ser pacientes y relajarnos.

En 1859, antes de ser presidente, antes de pasar por el angustioso viaje en tren a Washington para asumir el cargo en el que muchos pensaron que lo matarían a la llegada, antes de que la guerra desgarrara al país, Lincoln pronunció un discurso en la Feria Estatal de Wisconsin. Se suponía que iba a hablar sobre agricultura, pero decidió hacerlo sobre algo más profundo.

Contó la historia de un rey oriental que pidió a sus filósofos más sabios que le proporcionaran una frase que no solo fuera cierta en cualquier situación, sino que además siempre mereciera la pena escuchar. «Le presentaron las palabras —dijo Lincoln—: "Esto también pasará". ¡Qué gran significado encierra! ¡Qué cura de humildad frente al orgullo! ¡Qué gran consuelo en medio del sufrimiento! "Esto también pasará"».

¿Sabía Lincoln que esta historia era una enseñanza fundamental de la filosofía budista? ¿Era consciente de las grandes victorias y las durísimas pruebas que le aguardaban? ¿Pudo intuir, con cierto fatalismo, que esas palabras se referían también a su efímera existencia en este mundo, que le quedaban menos de seis años de vida para hacer su trabajo antes de que él también muriera?

Marco Aurelio lo sabía bien, y escribió que debemos «tener presente cuán rápido pasan y desaparecen las cosas, las de ahora y las que están por venir». Los acontecimientos del mundo —buenos y malos, bellos, trágicos o aterradores— fluyen ante nosotros. Nada permanece inmutable; todo desaparece a su debido tiempo, arrastrado por la corriente, sin dejar rastro. «Solo un necio se deja dominar por la aflicción, la arrogancia o la ira».

Cuando vivimos atrapados en la inmediatez de los acontecimientos, sin la perspectiva que da la historia y sin comprender la naturaleza de las cosas, no somos libres. Nos sentimos sobrepasados. Nos dominan nuestros miedos, nuestras preocupaciones, el espíritu de la época.

Superar todo esto no es algo que ocurra porque sí. Conlleva un trabajo muy duro.

La libertad tampoco es siempre divertida.

«Toda mi vida he tenido que luchar contra mis propias equivocaciones, mis ideas falsas, mi forma distorsionada de ver las cosas —dijo Joan Didion en un famoso discurso—. He tenido que trabajar muy duro, sentirme mal, renunciar a ideas que me hacían estar cómoda, procurar entender la realidad social... Y eso no es fácil, requiere trabajo. Tienes que seguir desnudándote, examinando todo lo que ves, deshaciéndote de lo que te impide ver».

Pero la lucha interior de la que habla es muy distinta a la que muchos de nosotros libramos; pelear, enfurecernos, discutir con el mundo que nos rodea. Como Elon Musk, nos despertamos y elegimos la violencia, sumergiéndonos, como dijo Séneca, «de cabeza en medio de las olas» de ruido, distracciones y caos. Por tanto, podría decirse que la sabiduría es la libertad de estar en paz en lugar de en guerra. ¿La tenemos?

Tenemos que liberarnos de la esclavitud mental, pues somos los únicos que podemos hacerlo.

Tenemos que liberarnos de la provocación, los prejuicios y las trivialidades sin sentido.

No hay libertad sin sabiduría, no hay sabiduría sin libertad.

«Cuanto más cerca está la gente de la verdad, más tolerante es con los errores de los demás», dijo una vez Tolstói. Cuando oyó que alguien criticaba a uno de sus alumnos, Confucio replicó que aquel hombre debía de ser perfecto si tenía tiempo para atacar a otro. «Yo no tengo tanto tiempo libre», comentó.

Después de toda una vida, de todos nuestros logros y de todo lo bueno que hemos tenido, si seguimos agobiados, enganchados a los mismos vicios, molestos por las mismas tonterías, todavía persiguiendo las mismas cosas, ¿cuán libres somos?

Si la sabiduría no nos libera de la prisión del engaño y de las adicciones que esclavizan a la mayor parte de la humanidad, si no nos ayuda a tratar con nuestros semejantes imperfectos, si no nos ayuda a lidiar con nuestros problemas, ¿de qué sirve?

Tiene que devolvernos el dominio de nuestra mente. Debe darnos poder sobre nosotros mismos.

Sé feliz

Elon Musk tiene dinero.

Tiene poder.

Tiene fama.

Ha conseguido dominar muchos campos.

Pero ¿te gustaría ser él?

«Estar en esa gran casa vacía, oyendo el eco de mis pasos resonando en el pasillo, sin nadie allí —así describía Elon Musk su vida en 2017—, y sin nadie en la almohada junto a ti. ¿Cómo coño se puede ser feliz así?».

En lugar de trabajar en sí mismo, Elon Musk hizo lo que tantas personas brillantes, pero infelices hacen: se refugió en el trabajo. Trabajó sin parar. Siguió amasando miles de millones de dólares, pero no forjó relaciones duraderas. Tuvo un montón de hijos a los que apenas prestaba atención. Dedicaba más tiempo a buscar bronca en las redes sociales que un adolescente, más del que podría justificar un hombre con su talento y sus responsabilidades.

«Llegué a pasar tres o cuatro días sin salir de la fábrica, sin pisar la calle —le contó Musk a un periodista al año siguiente, tras una época difícil en Tesla—. Todo esto ha sido a costa de no ver a mis hijos ni a mis amigos».

Como era de esperar, su salud mental se deterioró. Sus relaciones se resintieron. Se volvió más frío. Sus peores impulsos camparon a sus anchas. Todo resquicio de paz y felicidad le era esquivo.

Ha descrito su vida como «difícil» y «horrorosa». Una vez comparó dirigir una empresa con «masticar cristales y mirar al abismo». Reconoció que, con el tiempo, ya no da tanto miedo mirar al vacío, pero el cristal sigue cortando. Quizá por eso le confesó al mismo periodista que, aunque algunos de los problemas empresariales se estaban solucionando, «en lo que al dolor personal se refiere, lo peor está aún por llegar».

Cuando otro reportero le preguntó si la tormenta que tenía en su mente era una «tormenta feliz», Musk respondió con pesar: «No. Recuerdo que incluso en los momentos felices de mi infancia sentía ese virulento torbellino en mi cabeza todo el tiempo».

Aquí tenemos a un hombre que puede resolver todos los problemas técnicos imaginables, pero que no puede arreglar su propia vida, que sigue lidiando con los mismos traumas no resueltos de la infancia. Tiene todo el dinero del mundo, pero no puede comprar lo único que de verdad vale la pena. Puede que su trabajo sea prodigioso, pero su vida cotidiana es un calvario.

Si son pocos los genios que se conocen a sí mismos, más escasa es aún la verdadera felicidad. Lo cual es extraño, teniendo en cuenta que ese es justo el sentido de la vida.

Aristóteles utilizaba la palabra *eudaimonia* para referirse a la felicidad, y según él era la máxima expresión del desarrollo humano. «La sabiduría produce felicidad —dijo—, pero no del modo en que la medicina produce salud, sino del modo en que la salud produce salud».

La sabiduría es felicidad. La felicidad es sabiduría. Esto no es una redundancia. Nadie será feliz si no desarrolla su potencial, pero ¿se puede florecer sin alegría ni felicidad?

Durante una conversación muy reveladora, Sam Bankman-Fried, el inversor caído en desgracia, escribió una nota para su novia en la que exponía por qué no debían estar juntos. «Pongo triste a la gente —decía—. Ni siquiera hago feliz a la gente a la que inspiro. Y salir conmigo es un auténtico calvario. Es una mierda estar con alguien que: *a)* no puede hacerte feliz; *b)* no respeta a nadie; *c)* no para de pensar en cosas ofensivas; *d)* no tiene tiempo para ti; y *e)* quiere estar solo la mitad del tiempo».

En los grupos de apoyo llaman a este tipo de exposiciones «hacer un minucioso y sincero inventario moral sin temor», pero lo de Bankman-Fried no era una introspección, sino una simple exposición de hechos. Alguien que de verdad se conoce habría interpretado estas afirmaciones como una emergencia crítica que exigía una intervención inmediata. El ego de Bankman-Fried, y lo que parece una profunda depresión, lo llevaron a ver su comportamiento como algo normal, una característica de su manera de pensar o de vivir, no un problema que debía corregir. «Una vez le pregunté si era feliz», recordó un amigo y exempleado. Él respondió: «La felicidad no importa».

Los antiguos desconfiaban de la felicidad que dependía de factores externos. Pensaban que la verdadera felicidad, la que nace de la virtud, podía encontrarse en cualquier situación. Y aunque sabía que pasar años en el exilio o sufrir una dolorosa enfermedad era duro, creían que una persona sabia y disciplinada sería capaz de florecer en esas circunstancias, y hallar la plenitud, reír e incluso amar.

Para muchas personas, la felicidad está, muy a menudo, sujeta a condiciones. Pensamos que seremos felices si logramos los objetivos suficientes, si tenemos el suficiente reconocimiento, si acumulamos suficientes posesiones, si recibimos suficiente respeto, si encontramos a la persona adecuada, si vivimos lo suficiente. Y sufrimos ansiedad, miedo y angustia porque nos preocupa que no podamos ser felices si ciertas cosas ocurren, o no.

Ten presente una cosa: el pilar fundamental del estoicismo es centrarse en lo que uno puede controlar. Si tu felicidad depende de cosas que escapan a tu control, siempre serás infeliz.

Puede que no controles lo que hacen los demás ni lo que ocurre en el mundo, pero sí puedes controlar la actitud con la que reaccionas a ello.

Voltaire decía que la decisión más importante que tomamos es estar de buen humor. Podemos elegir sonreír. Podemos elegir tener esperanza. Elegir ver las cosas con perspectiva. Estar de buen ánimo no porque todo nos vaya bien ni porque haya salido el sol y haga buen tiempo, sino porque somos lo bastante sabios y fuertes para sacar provecho de cualquier situación.

George Raveling, el gran entrenador de baloncesto que ahora es ya octogenario, describe este ejercicio como una práctica activa. Todas las mañanas, al despertar, se sienta en la cama y se plantea dos opciones. «George —se dice—, puedes ser feliz o puedes ser muy feliz».

«La principal señal de una mente equilibrada —decía Séneca— es la capacidad de un hombre de estar quieto en un lugar y disfrutar de su propia compañía». Aunque no era un estoico perfecto ni un ser humano sin mácula, su comprensión y afinidad con el epicureísmo impregnaron su obra, pero sobre todo su vida, de una felicidad que rara vez se encuentra en los demás estoicos. «De todo cuanto la sabiduría ofrece para lograr una vida plenamente feliz —dijo Epicuro—, el mayor bien con diferencia es la amistad».

Si encauzas tus pensamientos de forma adecuada, no solo ganarás resiliencia, sino también la capacidad de sentir alegría, amor y plenitud. Séneca tuvo amigos. Se divirtió. Sacó lo mejor de la vida tanto en la adversidad como en los éxitos. Llegó a la conclusión de que el propósito de la superación personal era ser un buen amigo para los demás..., y para uno mismo.

La paz, al igual que la educación, no es algo que el mundo te da; es algo que te das a ti mismo. Está a tu alcance en cualquier momento y lugar. Si lo que aprendes no te proporciona las herramientas para alcanzar esta paz, ¿de qué sirve?

Lincoln convivió con la depresión y se enfrentó a durísimas pruebas. El humor le ayudó a superarlo todo. También su visión filosófica; su convicción de que esas dificultades, como todo en la vida, también pasarían. Aun así puede decirse que, aunque Lincoln vivió la pobreza, el duelo, la guerra, la presión y un matrimonio difícil, fue en general un hombre feliz; un hombre en paz consigo mismo, sereno incluso en circunstancias extraordinarias. De hecho, puede que ese sea uno de sus mayores logros: haber conseguido ser feliz a pesar de todo.

Leonardo da Vinci tuvo una infancia dura. No siempre le gustaron los entresijos políticos del mundo del arte, pero era agradable estar en su compañía. Disfrutaba con la belleza del mundo y la infinita complejidad de la mente humana.

La vida de De Gaulle se enriqueció con su amor incondicional por su hija discapacitada.

«La vida es una escuela en la que aprendemos todos los días —escribió una vez Eleanor Roosevelt—, y a los cuarenta y cinco años deberíamos saber que la felicidad no se obtiene buscándola, que nunca nos pertenece por derecho, sino que nos la ganamos al entregarnos a los demás». «La mejor forma de ser feliz es buscar la felicidad para los demás», escribió muchos años antes, en una redacción escolar.

Cuando John Stuart Mill sufrió su crisis mental, comenzó a cuestionárselo todo: las ideas que le inculcó su padre; la importancia que había otorgado a la razón y al pensamiento lógico. A pesar de su estado, dijo: «Nunca, en verdad, vacilé en la convicción de que la felicidad es la prueba de toda regla de conducta y el fin de la vida». Comprendió que el problema era su desesperado deseo de ser feliz y sabio. «Pero ahora pensaba que este fin solo podía alcanzarse si no se convertía en el fin directo», afirmó al salir de su estupor. No puedes alcanzar la felicidad ni la sabiduría si la conviertes en el centro de todo.

Podemos hacer crecer la felicidad en nuestro interior pensando menos en nosotros mismos y más en los demás. Debemos aceptar la paradoja de que la felicidad es esencial, pero no es algo a lo que podamos aspirar. La conseguimos de forma indirecta cuando vivimos con rectitud y hacemos el bien.

Como la sabiduría, la felicidad es el resultado de un proceso, de hacer lo correcto de la manera adecuada. Es algo que sobreviene, no algo que persigamos. Y somos mejores cuando intentamos proporcionársela a los demás.

La felicidad sí importa. Todo el mundo merece ser feliz.

Sufre para alcanzar la verdad

La campaña había sido extenuante. Los últimos años habían sido muy dolorosos. Robert Kennedy estaba a punto de dar un discurso en el centro de Indianápolis cuando recibió la noticia de que a Martin Luther King Jr. lo habían asesinado en un balcón de Memphis.

Otro asesinato. Otra luz que se apagaba.

Kennedy tuvo que dar la noticia a la multitud congregada de que King, su líder, a quien él conocía y con quien había trabajado codo con codo, había muerto. La ira y la desesperación se apoderaron de la gente. Kennedy, al borde de las lágrimas, dijo que entendía lo que querían hacer. A su propio hermano lo habían asesinado de la misma manera cinco años antes. Querían prender fuego a todo, odiar y vengarse. Pero, por propia experiencia, también sabía que ese era un camino oscuro y estéril.

Por desgracia, el discurso que llevaba preparado resultó insuficiente ante la magnitud de un momento así. Kennedy comenzó a hablar desde el corazón, en gran parte inspirado por su propio dolor y por un libro que había estado leyendo, escrito por la clasicista Edith Hamilton.

«Mi poeta favorito era Esquilo —dijo Kennedy, y luego citó al poeta de memoria—: "Y aun en nuestro sueño, el dolor que no puede olvidar cae gota a gota sobre el corazón, y así, en nuestra desesperación, contra nuestra voluntad, llega la sabiduría, por la terrible gracia de Dios"».

Pidió a los asistentes que volvieran a casa y rezaran, y les ofreció una alternativa, la oportunidad de dar sentido a esta terrible experiencia. «Dediquémonos a lo que los griegos escribieron hace tantos años —dijo—. A domar la fiereza del hombre y a hacer apacible la vida de este mundo».

Mientras que en todo el país otras concentraciones parecidas se convirtieron en masas enfurecidas que derivaron en disturbios con víctimas mortales, en Indianápolis no ocurrió así.

La sabiduría a la que Kennedy recurrió en ese momento no le fue fácil de adquirir. Había sufrido mucho para llegar a ella, tal y como dijo Esquilo:

Zeus nos ha guiado hasta este conocimiento
que es ley irrevocable
sufrir para alcanzar la verdad.

Aprender por medio de la experiencia es algo más que meter las manos en la masa, por muy importante que eso sea. Conlleva sufrimiento, fracaso, desamor, pérdida y sacrificio.

Gota a gota. Desastre tras desastre. Momento tras momento.

No siempre serán lecciones que queramos aprender.

«He envejecido por todo este saber que nunca quise —declaró Volodímir Zelenski cuando la invasión criminal de su país se prolongaba por tercer año—. Es la sabiduría ligada al número de personas que han muerto y a las torturas perpetradas por los soldados rusos. Para ser sincero, ojalá nunca hubiera tenido que saber estas cosas».

¿Quién en su sano juicio hubiera querido?

Sin embargo, ¿qué sería de nosotros si no aprendiéramos estas lecciones?

No es que el sufrimiento vaya a ser siempre dolor físico.

Por suerte, no siempre vendrá acompañado de pérdidas trágicas o duelo. Darwin vivió atormentado durante años, primero mientras intentaba dar forma a la teoría que había empezado a desarrollar y después por sus enormes repercusiones.

Pasaron veinte años entre el viaje de Darwin a bordo del Beagle y la publicación de *El origen de las especies*; aunque ese tiempo no fue una condena en prisión, para él supuso un agotador calvario. Lo mismo le ocurrió a Katalin Karikó, que trabajó en el más absoluto anonimato del mundo académico mientras desarrollaba su innovadora investigación sobre el ARN mensajero. Le llevó mucho más tiempo del previsto y le exigió mucho más sacrificio y esfuerzo de lo que imaginó.

La sabiduría siempre tiene un precio.

Si no hay alguien que codifique y transmita las dolorosas enseñanzas derivadas de las tragedias, los fracasos y las injusticias, no podemos evitar que se repitan. Esto es en parte lo que significa ser líder; canalizar la suma de la vida y los sufrimientos personales en un momento de crisis para ayudar a los demás a superarlo. También es la definición del arte. Borges nos recuerda que: «Un escritor debe pensar que todo lo que le ocurre es un recurso. Todas las cosas nos han sido dadas para un fin, y un artista debe sentir esto más intensamente. Todo lo que nos sucede, incluso nuestras humillaciones, nuestras desgracias, nuestras vergüenzas, todo nos es dado como materia prima, como arcilla, para que podamos dar forma a nuestro arte».

Todo lo que nos sucede es un aprendizaje. Todo es una posible revelación sobre la experiencia humana.

Lincoln no estaba destinado a una vida fácil. Su sufrimiento y sus dificultades le marcaron muy hondo y nunca le abandonaron. Sus amigos notaban que, incluso en las ocasiones alegres, Lincoln no podía evitar volver a un estado melancólico: «Sus facciones revelaban al instante una especie de tristeza tan indescriptible como profunda». Decía que dejaba a su paso una estela de melancolía.

Pero esta tristeza, nacida del sufrimiento, le proporcionó algo que nunca habría podido encontrar en los libros. De hecho, echaba a faltar esa pieza en todas sus lecturas, en las que los biógrafos edulcoraban las dificultades y los reveses de los grandes hombres «sin mencionar ni una sola vez sus fracasos ni sus errores garrafales». Aunque su carácter estuviera forjado por un inmenso sufrimiento, también le dio la capacidad de ver cuando todo era sombrío, de seguir adelante cuando todo parecía perdido y de evitar el sectarismo y el odio. Y no lo hizo solo para preservar la república, sino para acercarla cada vez más al sentido auténtico de sus principios.

Los jóvenes creen que todo en la vida es siempre de color de rosa. Los mayores saben que está llena de dolor y sufrimiento. Entender eso te aporta libertad; la experiencia te otorga poder. Cuando Lincoln se presentó a las elecciones por primera vez, dijo a los votantes que la derrota no era algo que temiera, ya que estaba «demasiado familiarizado con las decepciones como para sentirse muy abatido». Churchill también entendía que ese dolor era una fuente de poder. Afirmaba que todos debemos atravesar el desierto si queremos crear «dinamita psíquica».

Pero también es cierto que el conocimiento puede ser lo que nos envíe al desierto; puede aislarnos y causarnos sufrimiento. Ser profeta es duro. A veces duele tener razón. La ignorancia es una forma de felicidad. Por tanto, la sabiduría está inevitablemente ligada al sufrimiento.

Debemos recordar que todo sufrimiento es relativo. Viktor Frankl, que sobrevivió a Theresienstadt, Auschwitz, Dachau y Türkheim, se esforzó mucho por dejarlo bien claro. Decía que el sufrimiento es como un gas que se expande para llenar por completo el espacio disponible. Eso significa que es inevitable y consume a una persona, ya se trate de una lesión espantosa, un recuerdo de la infancia, una ruptura, una larga etapa de aprendizaje o una derrota electoral. Sea lo que sea, nos ha tocado vivirlo y lo sentimos en lo más hondo.

El único consuelo es la sabiduría que crea y las lecciones que enseña.

«El progreso debe medirse por la cantidad de sufrimiento soportado —decía Gandhi—. Cuanto más puro sea el dolor, mayor será el progreso». A través del sufrimiento nos exponemos a la verdad sobre el mundo, sobre nosotros mismos, sobre lo que somos capaces de hacer. Sin embargo, la palabra clave aquí es «exponerse».

Porque nada dice que tengamos que aprender de nuestro sufrimiento.

Mucha gente no lo hace.

Lo rechazan. Culpan a otros. Guardan rencor.

El ego no aprende. Esa no es su función. Protege a tu yo de tener que aprender.

Por eso mucho sufrimiento no conduce a nada, no se convierte en nada, es dolor estéril y destructivo... por elección propia.

La cuestión esencial de la existencia es: ¿qué sacaremos de nuestras experiencias? ¿Nuestro sufrimiento nos hará mejores o peores? ¿Más sabios o más cínicos? ¿Demostraremos ser dignos de él?

No tiene por qué gustarnos la adversidad.

No es necesario que lo idealicemos.

Si podemos evitarlo, deberíamos hacerlo. No es algo que tengamos que buscar.

Pero, desde luego, nunca debería pillarnos por sorpresa.

Cuando el sufrimiento llame a nuestra puerta —y lo hará—, tenemos que aceptar lo que nos ofrece.

Tenemos que sobrevivir a él, soportarlo, comprenderlo.

Sufrimos, eso es inevitable. De nosotros depende que aprendamos algo de él.

Ríe

Fue otro momento en el que parecía que la guerra estaba perdida. Los reveses se sucedían uno tras otro.

Cuando Lincoln reunió a su gabinete en el otoño de 1862, es muy posible que esperaran más malas noticias. O quizá una nueva ronda de debates sobre la cuestión de la esclavitud, que seguía dividiendo a su cámara. Cada uno tenía asuntos urgentes que tratar con el presidente y su propio orden del día con el que pretendía dirigir la reunión.

Pero en lugar de eso, cuando entraron en el despacho, lo encontraron leyendo. Entonces Lincoln levantó la vista con una sonrisa y les preguntó si conocían el trabajo del humorista Artemus Ward. «Permítanme que les lea un capítulo muy divertido», dijo.

Al gabinete no le hizo ninguna gracia, ni tampoco disfrutaron con los chistes infantiles del capítulo que Lincoln leyó en voz alta. Pero el presidente —cuya risa, según se decía, se parecía al relincho de un caballo salvaje— disfrutó tanto que continuó leyendo un segundo capítulo. «Caballeros, ¿por qué no se ríen? —les preguntó—. Con la terrible tensión que me embarga, día y noche, me moriría si no me riera, y ustedes necesitan esta medicina tanto como yo».

Después de divertirse un rato y pillar desprevenido a su gabinete, tal y como pretendía, Lincoln pasó a lo que de verdad le importaba y presentó lo que terminaría siendo la Proclamación de la Emancipación, una de las medidas políticas más importantes y significativas de la historia de la humanidad.

Por su parte, Séneca defendía que la risa era el corazón de la sabiduría. Para demostrarlo ponía el ejemplo de dos famosos filósofos de la antigüedad, Demócrito y Heráclito. «Este último lloraba cada vez que salía a la calle, mientras que el primero reía —dijo Seneca—. A uno, todos los actos humanos le parecían desgracias; al otro, meros disparates. Deberíamos tomarnos las cosas con más calma y aceptarlas con indulgencia; es más humano reírse de la vida que quejarse de ella».

¿Comprender el mundo nos romperá en pedazos o hará que sacudamos la cabeza con incredulidad? ¿Reiremos o lloraremos?

Lincoln comprendió que el humor era una herramienta poderosa. Que no solo aliviaba la tensión, sino que era una forma eficaz de transmitir un mensaje.

Antes de que estallara la guerra civil, cuando un político le aconsejó a Lincoln que cediera varios fuertes al Sur para evitar un conflicto, este le contó una divertida historia de Esopo sobre una mujer que quería casarse con un león. A sus padres les preocupaba que la fiera pudiera hacerle daño, así que, a cambio de su consentimiento, le pidieron al león que se arrancara las garras y los colmillos. Cuando lo hizo, lo mataron al momento. El político se rio de la historia de Lincoln, pero insistió en que «no era una respuesta del todo satisfactoria».

En realidad, lo era.

Lincoln había señalado lo absurdo que era tratar de apaciguarlos de forma indirecta, utilizando el humor como herramienta. Que el político aludido lo entendiera o no era irrelevante, porque todos los demás lo comprendieron. Para Lincoln, esta era una técnica bien perfeccionada. Como congresista, cuando las cenas políticas se caldeaban, era conocido por dejar los cubiertos y decir: «Eso me recuerda a algo». Entonces comenzaba una de sus historias tontas. Sus amigos sabían que debían prepararse para las carcajadas que provocaría, y rara vez se retomaba al tema polémico en la conversación. En el clima político de la época, a Lincoln se le presionaba sin parar para repetir como un loro discursos racistas. Era muy hábil esquivando estas tretas, y a menudo colaba ideas muy subversivas en sus intervenciones.

«Si un hombre blanco quiere casarse con una mujer negra —bromeó Lincoln con un periodista—, que lo haga..., si la mujer negra puede soportarlo». Fue casi cruel al valerse del humor para burlarse de su adversario racista, Stephen Douglas, bromeando entre risas con que, aunque él nunca se había sentido inclinado a casarse con una mujer negra, «Douglas y sus amigos parecen estar muy preocupados de que ellos sí puedan hacerlo si no hay una ley que se lo impida». Y cuando durante la contienda se le pidió que condenara de manera rotunda el «mestizaje», Lincoln respondió con una sonrisa que no podía porque era «un modo democrático de producir buenos unionistas, y no tengo intención de infringir la patente».

La risa ayuda a asimilar mejor la verdad. Es capaz de desarmar a cualquiera. Y a menudo pasa desapercibida a quienes no querías ofender. Ese es el arte del bufón, ¿no?

La gente no siempre entendía el sentido del humor de Lincoln, y no todos apreciaban sus historias. Los bufones rara vez son graciosos, al menos a propósito. En 1864, algunos opositores a Lincoln levantaron carteles en la convención que rezaban: «No más chistes vulgares». ¿No resulta trágico? Con el país desgarrado por la guerra y cientos de miles de personas muriendo en el frente, lo que les molestaban eran los chistes verdes. Qué gente tan frágil y tonta.

Y algunas de sus historias en realidad eran bastante escatológicas, como él mismo reconocía. Decía que, si se recopilara su sentido del humor en un libro, «apestaría como mil retretes». Una de sus historias contaba que intentó gastarle una broma a un amigo dormido y cagarse en su sombrero, pero el amigo se le adelantó y cambió sus sombreros.* ¿Ocurrió de verdad? Cuando se trataba de contar historias, Lincoln era un verdadero maestro del plagio. Se apropiaba de anécdotas de todo tipo de fuentes, les daba su toque y las adaptaba a lo que requería el momento.

A su gabinete solían molestarle sus historias, las consideraban indecorosas o irrelevantes. No entendían…, pero no solo lo que él hacía sino la vida en general. Pero la frase: «¿Dónde está la gracia? No lo pillo» dice mucho más de esa persona de lo que parece.

Hace falta inteligencia para entender una situación; sabiduría para ver lo que tiene de cómico.

* En *Meditaciones*, Marco Aurelio cuenta una historia sobre un hombre rico que llenó su casa de tantos objetos de valor «que no tenía dónde cagar». Los chistes escatológicos y las palabrotas siempre han tenido gracia.

Hoy en día, la mayoría de la poesía es muy seria y emotiva, pero en la antigüedad solía ser obscena y divertida. Shakespeare escribió diecisiete comedias, y hasta en sus tragedias más oscuras hay momentos de humor. Séneca escribió un ensayo satírico en el que se burlaba del emperador que le había desterrado. Su título, *Apocolocyntosis*, parece serio, pero la traducción —*La calabacificación del divino Claudio*— revela la mordaz e hilarante sátira que en realidad era. Por supuesto, Churchill también era muy ocurrente, famoso tanto por sus agudos comentarios como por su impresionante oratoria.

Para ser capaz de comunicar la verdad y provocar al mismo tiempo la risa o la sonrisa de otra persona, hay que dominar el lenguaje, las emociones e incluso la empatía. Y es un talento muy valioso, fundamental para liderar y cultivar la amistad. Animar a alguien. Hacer que se sienta mejor. Ayudarle a recuperar la calma.

Las personas divertidas son luces que brillan en la oscuridad. Iluminan el mundo.

Sabemos que el poder corrompe, que altera la percepción. Por eso también es importante saber reírse de uno mismo.

Cuando el médico de Churchill le pidió una muestra de sangre, este respondió con sorna: «Puede usar mi dedo o mi oreja, y por supuesto tengo un trasero casi infinito». El propio Lincoln era el primero en señalar su aspecto desgarbado o inusual. Le gustaba contar un chascarrillo sobre un hombre muy feo que tenía la misión de encontrar y matar a alguien aún más horrible que él. Cuando halló al futuro presidente, Lincoln aseguraba entre risas que se abrió la camisa y dijo: «Si soy más feo que tú, dispara».

En el apogeo absoluto de su poder, mientras la capital confederada caía por fin en manos del ejército de la Unión, Lincoln seguía bromeando sobre sus propias limitaciones. Aludiendo a los humillantes retrasos de los soldados en su apresurada marcha hacia Richmond, Lincoln contó una de sus últimas historias sobre un hombre que había ido buscando un nombramiento para un importante cargo diplomático.

Cuando Lincoln le dijo que no, el hombre le pidió un puesto más bajo, y cuando volvió a negárselo, le pidió que lo nombraran funcionario de aduanas. Rechazado por tercera vez, el hombre al final le preguntó a Lincoln si podía quedarse con un par de pantalones que había sobre una silla en la oficina. «Ah —dijo Lincoln riendo—. Es bueno ser humilde».

La vida hace que bajemos la cabeza. Nos frustra. Nos confunde. Nos desconcierta.

Podemos enfadarnos por ello. Podemos despotricar. O podemos verle el lado cómico.

La vida es dolorosa y absurda.

También es risible y ridícula.

Todo depende de cómo decidas verla.

No pierdas tu capacidad de asombro

Había una pregunta que importaba más que las demás, le dijo una vez Feynman a un estudiante de posgrado en apuros. Un principio básico que el estudiante, que intentaba decidir si la física teórica era su vida, tenía que comprender.

—Observa la fotografía de un átomo tomada con un microscopio electrónico —le dijo—. No te limites a echarle un vistazo. Es crucial que la examines con atención. Piensa en lo que representa.

—De acuerdo —convino el alumno.

—Y luego responde a esta pregunta —continuó Feynman—: ¿hace que se te acelere el corazón?

—¿Que si hace que se me acelere el corazón? —preguntó el alumno, confuso.

—Es un sí o un no —dijo Feynman al concluir la lección—. No le des más vueltas.

¿Por qué importa que un átomo te acelere el corazón? Porque, como dijo Aristóteles, la filosofía «comienza con el asombro». Nadie puede alcanzar la grandeza en ningún campo si no lo motivan el amor, la curiosidad y un respeto sincero. Tampoco puede nadie continuar su búsqueda de la sabiduría si el conocimiento que adquiere le vuelve cínico y hastiado.

La curiosidad es el deseo de saber qué hay al otro lado de la colina. El asombro es la forma más elevada de esa curiosidad, lo que nos impulsa a comprender el universo, a crear poesía y arte, a explorar las profundidades del conocimiento humano, a buscar respuestas a las preguntas fundamentales de la existencia. El asombro nos da alas, nos hace seguir adelante y da sentido a la vida.

Una puesta de sol. Una hoja. Un insecto que ha evolucionado durante millones de años para parecerse a una hoja. El olor de la lluvia sobre el cemento. Las pirámides. El pasaje de un libro o la escena de una obra de teatro que pone la piel de gallina.

El mundo está lleno de maravillas, lleno de cosas casi inimaginables, casi absurdas.

Imagina la primera vez que un europeo vio un canguro.

¡Imagina la primera vez que un nativo vio a un europeo desembarcar en una playa ataviado con una armadura!

Una de las experiencias más trascendentales en la vida de Lincoln fue una breve visita a las cataratas del Niágara en 1848. «Evoca un pasado inmemorial —escribió maravillado—. Los ojos de esa especie de gigantes extintos, cuyos restos llenan los yacimientos americanos, han contemplado el Niágara igual que lo hacen ahora los nuestros. Tan antiguo como la raza humana y más viejo que el primer hombre, el Niágara sigue igual de poderoso e imponente que hace diez mil años. Hasta los mamuts y los mastodontes, desaparecidos hace ya tanto tiempo que solo los fragmentos de sus monstruosos huesos atestiguan que alguna vez existieron, que también contemplaron estas aguas».

Lincoln sentía la misma fascinación por nuestra relación con la naturaleza. «Cada brizna de hierba es un objeto de estudio —se maravillaba—. Y no solo la hierba; también la tierra, la simiente y las estaciones; los setos, las zanjas y las cercas; el drenaje, las sequías y el riego; arar, escardar y rastrillar; cosechar, segar y trillar; la conservación de las cosechas, las plagas que les afectan, sus enfermedades y cómo prevenirlas y tratarlas; herramientas, aperos y maquinaria, sus respectivas ventajas y la manera de mejorarlas; cerdos, caballos y ganado; ovejas, cabras y aves de corral; árboles, arbustos, frutas, plantas y flores. Todo esto, y los miles de elementos que representan, constituye en sí mismo todo un universo de estudio».

Esta fascinación le llevó a dar sus primeros pasos en la política. Imaginaba unos Estados Unidos conectados por canales, ferrocarriles y ríos navegables. Consideraba que lo asombroso del ser humano radicaba no solo en su capacidad de trabajar, sino también de superarse y, con ello, mejorar el mundo que le rodea. Para Lincoln, la naturaleza no era solo algo que contemplar, sino algo que podía enseñar, algo cuyo poder se podía encauzar, algo que, en última instancia, se podía dominar.

Por eso no debería sorprendernos que Lincoln creara el Departamento de Agricultura, además de lo que en la práctica fue el primer parque nacional del mundo, preservando Yosemite «para uso público, esparcimiento y recreo..., inalienable para siempre».

Feyman sostenía que el proceso del juego, de la exploración y de la búsqueda de la belleza es una parte esencial de la ciencia. Al hablar con los estudiantes sobre los descubrimientos de Descartes acerca del arcoíris, Feynman les recordaba que era muy fácil pasar por alto lo más importante de aquel hallazgo, lo que le permitió llegar al fondo del fenómeno. «Yo diría que lo que le inspiró fue que los arcoíris le parecían bonitos», dijo Feynman con una sonrisa.

Sin embargo, lo triste de la inteligencia y del estudio es que a muchas personas las despoja de su capacidad de asombro. «Pues donde abunda la sabiduría, abunda el pesar —nos dice el autor anónimo del Eclesiastés—. Y quien aumenta su saber, incrementa su dolor».

Aprendemos cosas. Desmontamos mitos. Resolvemos enigmas. Descubrimos que no había nada al final del arcoíris. Con el tiempo, vamos cuestionando cada una de las verdades que nos han transmitido, desmontamos todas las certezas previas, hasta que..., ¿qué nos queda? Nos enteramos de que lo que nos dijeron de niños no era cierto. Gran parte de la historia que nos enseñaron era mentira. Y, como es natural, nos volvemos cínicos.

Un necio estudia el pasado sin ver la sutil pero siempre presente realidad: «Las cosas podrían haber sido diferentes». Las infinitas posibilidades del pasado y el futuro deberían emocionarnos. Deberían inspirarnos asombro y llenarnos de gratitud, esperanza y determinación.

Sartre advirtió sobre el riesgo de confundir el desencanto con la verdad. Cuando perdemos la capacidad de asombro, es fácil caer en una especie de nihilismo. Es bueno ser escéptico, pero Goethe escribió con pesar en *Las penas del joven Werther*, «todo te parece pequeño, porque tú mismo eres pequeño».

No podemos permitirnos caer en el desencanto..., aunque el fin mismo de la educación sea abrirnos los ojos y despojarnos de las ilusiones.

Iniciar el camino con asombro es, en cierto modo, la parte fácil. Lo difícil es conservarlo a lo largo de toda la vida dedicada al conocimiento.

En el mundo no todo son arcoíris y cascadas. Son necesarios un coraje y una fuerza descomunales para seguir encontrando belleza en un mundo en el que ocurren tantas atrocidades, y más aún cuando te han ocurrido a ti. De pequeña, Maya Angelou fue víctima de abusos sexuales tan brutales que perdió el habla.

De esta maldad, que era un mal tan abyecto, dijo: «Porque la violación del cuerpo de alguien tan joven suele sembrar el cinismo, y no hay tragedia mayor que un joven cínico, porque significa que la persona ha pasado de no saber nada a no creer en nada. En mi caso, encontré la salvación en ese silencio..., en lo más oscuro hallé la salvación. Y del pensamiento humano, de las decepciones y triunfos humanos, pude aprender lo suficiente para lograr mi propia victoria».

Al final fueron la poesía y la belleza del arte las que la sacaron de esa oscuridad, junto con la profesora que la animó a empezar a recitarla. «No amas la poesía hasta que no la recitas», le dijo. Sus poemas y obras de ficción nunca rehuyeron mostrar las realidades más dolorosas de la experiencia humana. Pero a pesar de eso se levantó, y aun así su obra conservó ese destello de luz y esperanza.

En su poema más famoso, que leyó en la investidura presidencial de 1993, se hizo eco del mismo asombro y de las mismas imágenes que Lincoln:

Una roca, un río, un árbol,
hogar de especies ya extintas,
marcados por el mastodonte,
el dinosaurio que dejó huellas secas
de su paso por aquí
en el suelo de nuestro planeta.

Aun así, su corazón seguía latiendo con fuerza. Aun así, podía mirar cada nuevo día y decir «Buenos días» con total sinceridad.

No podemos dejar que los golpes de la vida nos arrebaten la esperanza.

Ni que el conocimiento y los hechos lo hagan.

—Deja que te pregunte una cosa —dijo Feynman a aquel estudiante que se planteaba su futuro—. Piensa en cuando eras niño. ¿Te gustaba la ciencia? ¿Era tu pasión?

—Desde que tengo uso de razón —respondió el estudiante.

—Como yo —dijo Feynman—. Pues no lo olvides: se supone que es divertido.

Así también debe ser la vida. No siempre, no cada minuto, pero sí en su conjunto.

Capta la esencia

En 1863, uno de los hombres más famosos de Estados Unidos se puso en pie para dirigirse a los miles de personas afligidas congregadas en Gettysburg. Allí, en tierra consagrada, este digno heredero de Demóstenes habló de la batalla que había tenido lugar no lejos de donde se encontraban y rindió homenaje a los héroes que habían muerto allí.

Los presentes le escuchaban en silencio, embargados por la emoción, y muchos de ellos no pudieron contener las lágrimas.

Pero tú nunca has escuchado este discurso.

En realidad, en el momento en que Edward Everett, el orador principal del día, terminó su discurso de dos horas, fue cuando Lincoln se levantó, se puso las gafas, sacó un trozo de papel del bolsillo y pronunció un breve discurso que creyó que nadie recordaría. Fueron apenas 271 palabras, y ninguna de ellas grandilocuente.

La multitud no se lo esperaba. El discurso de Lincoln fue más corto que la oración con la que había comenzado el acto, así que, cuando terminó, no sabían muy bien si iba a decir algo más. Pero entonces llegaron los aplausos, y, según anotó un testigo en su diario, no fue una «fría y forzada muestra de cortesía, sino una explosión de júbilo nacida del corazón de personas sinceras y llenas de amor...».

Everett supo reconocer la genialidad cuando lo escuchó. «Me daría por satisfecho si pudiera decir que logré acercarme tanto a la esencia de la ocasión en dos horas, como usted en apenas dos minutos», le dijo a Lincoln.

El éxito del discurso de Gettysburg no radica en que fuera breve, aunque lo fue. En ese campo de batalla, y muchos otros repartidos por todo el país —desde Vicksburg hasta Shiloh, pasando por Hampton Roads—, los estadounidenses llevaban tiempo librando una guerra cuyo propósito no estaba del todo claro. Durante ochenta y siete años —mucho más, en realidad—, los partidos políticos del país se habían enfrentado en una serie interminable de debates y decisiones: la anulación, la soberanía popular, la Ley del Esclavo Fugitivo, el caso Dred Scott, los derechos de los estados.

Tanta lucha. Y tantas muertes.

¿Por qué? ¿Con qué fin? ¿Qué sentido tenía todo aquello?

Lincoln logró resumirlo todo en unas pocas y hermosas frases que lo dejaban muy claro: Estados Unidos era una nación —utilizó esa palabra cinco veces— y no debía dividirse. Una nación «concebida en libertad y consagrada al principio de que todos los hombres son iguales». La esclavitud traicionaba ese ideal. En el fondo, todos los estadounidenses lo sabían. La guerra era una forma de poner a prueba si de verdad creían en ello.

Lincoln no se centró tanto en conmemorar el cementerio que habían ido a inaugurar, sino que aprovechó la ocasión para redefinir lo que era Estados Unidos y el papel de cada uno de sus ciudadanos. En esas 271 palabras no hizo referencia a generales ni a la topografía, ni mencionó el nombre del lugar en el que se encontraban; ni siquiera aludió de forma directa a la esclavitud ni a la secesión.

En lugar de eso, trató de explicar el proyecto nacional desde una perspectiva moral más elevada, convirtiendo así un desacuerdo constitucional y un conflicto sangriento en una causa digna de una entrega absoluta: hacia un «nuevo nacimiento de la libertad para que el gobierno del pueblo, por el pueblo y para el pueblo no desaparezca de la tierra».*

No era una tarea fácil. De hecho, era la clase de «acto hostil» al que se refería Joan Didion cuando hablaba de la gran literatura. Al comienzo de la guerra, pocos estadounidenses creían estar luchando por la libertad de los negros y la mayoría de los soldados caídos en Gettysburg no habrían apoyado la igualdad racial. Lincoln estaba cambiando el significado de la guerra delante de sus narices.

Y llevaba toda la vida preparándose para ese momento: su fascinación por los idiomas, aquellas palabras que de niño escribía en tablones con plumas de buitre, su amor por la Declaración

* En 1861, Alexander Stephens, vicepresidente de la Confederación, pronunció un discurso más largo, pero, para eterno descrédito, logró expresar la esencia de la posición del Sur con una claridad que ni un siglo y medio de mitos sobre la Causa Perdida ha podido borrar: «Los cimientos de nuestro nuevo gobierno se asientan sobre una gran verdad: que el negro no es igual al hombre blanco. Que la esclavitud, la subordinación a la raza superior, es su condición natural y normal. Esta, nuestra nueva constitución, es la primera en la historia del mundo que se basa abiertamente en esta gran verdad física, moral y filosófica».

de Independencia, que se sabía casi de memoria. «La simplicidad superficial no vale nada —dijo Oliver Wendell Holmes Jr., que luchó por esa causa que Lincoln representaba y al que hirieron de gravedad en Antietam y Chancellorsville—. Pero daría todo cuanto tengo por la simplicidad que nace de haber comprendido la complejidad».

La sencillez y claridad del discurso de Gettysburg no fue algo excepcional ni un golpe de suerte. Lincoln había trabajado en él durante meses, era el resultado de los innumerables discursos que había pronunciado desde 1850 y de los argumentos euclidianos que desarrollaba en sus cuadernos. Hasta esa misma mañana siguió revisándolo y perfeccionándolo. Cuando llegó el momento de hablar, todo estaba perfecto; no había ni una sola palabra fuera de lugar, ni una sola coma que añadir o quitar.

Pero más allá del lenguaje, el discurso de Gettysburg fue una expresión del genio de Lincoln, de su capacidad para llegar al «meollo» de un asunto, como había dicho su compañero de bufete, y lo que es más impresionante, para ser capaz de transmitirlo de forma que cualquiera pudiera entenderlo.

La mayoría de los estadounidenses no comprendían la trascendencia de la Ley de Kansas-Nebraska, aprobada a la fuerza por Stephen Douglas, rival político de Lincoln. Pero Lincoln supo en un instante que convertía la esclavitud, hasta entonces en declive, en un negocio en auge, en un foco de tensión política que llevaría a la nación a una crisis. Esto es lo que Lincoln denunció una y otra vez en sus famosos debates con Douglas, que, si bien fueron mucho más largos que su discurso de Gettysburg, tuvieron el efecto de movilizar al partido republicano hasta convertirlo en una fuerza capaz de llegar a la presidencia.

A lo largo de la guerra, Lincoln se desesperaba al ver que personas inteligentes eran incapaces de comprender los problemas capitales de la contienda y ganarla. Citando la Biblia, dijo: «Aquel cuya sabiduría supera a la de todos los filósofos, ha declarado que una casa dividida no puede permanecer en pie». «La unión hace la fuerza», afirmó antes de la guerra. Y, cuando estalló, vio con claridad lo que era y rechazó el discurso promovido por los intereses esclavistas radicalizados y fratricidas.

«Esto es una rebelión», repitió cientos de veces en discursos y cartas. Les recordó que no existía tal Sur. Los «supuestos Estados Confederados de América», como él los llamaba, no existían ni tenían legitimidad jurídica. La Unión no era algo temporal, sino un pacto sagrado e inviolable a partir del cual se formó la nación estadounidense.

De hecho, pocos días después de las victorias de Gettysburg y Vicksburg, Lincoln pronunció un discurso improvisado ante una multitud que se había congregado frente a la Casa Blanca. «¿Cuánto tiempo ha pasado..., ochenta y tantos años..., desde que un 4 de julio, por primera vez en la historia del mundo, una nación se reunió por medio de sus representantes y declaró como una verdad evidente que "Todos los hombres son creados iguales"? —dijo, presagiando sin duda las palabras más famosas que pronunciaría cuatro meses después—. Ahora, en este último 4 de julio que acaba de pasar, nos enfrentamos a una enorme rebelión cuyo verdadero objetivo es destruir este principio».

Ahí radicaba su enfado con el general George Meade tras la gran victoria de Gettysburg. Meade le mandó un telegrama para informarle de que había hecho retroceder a Lee en Maryland, expulsando así al enemigo «de nuestra tierra». Lincoln se quedó estupefacto. «¿Cuándo se les quitará a nuestros generales esa idea de la cabeza? —dijo con frustración—. El país entero es nuestra tierra».

La gente no entiende lo esencial. No ve el bosque por mirar a los árboles. Sus ideas preconcebidas le ciegan, su mente está demasiado llena para asimilar la información correcta. No sabe distinguir lo que de verdad importa. «Ver lo que tenemos delante de las narices requiere de un esfuerzo constante», afirmaba Orwell. Decía que una de las razones por las que llevamos diarios es que nos ayudan a no perder de vista lo que importa, a aferrarnos a la verdad cuando estamos rodeados de mentiras, caos y opiniones enfrentadas.

«El verdadero objetivo es el ejército de Lee, no Richmond», recordaba Lincoln a sus generales, que no paraban de presentarle planes para tomar la capital del enemigo. Estaban aplastando una rebelión, no tratando de conquistar un territorio.

—Si acorralamos a Lee, acabará rindiéndose —le dijo Sheridan a Lincoln en 1865.

—Pues acorraladle —respondió Lincoln.

El propósito de la sabiduría no es almacenar una lista interminable de datos en la cabeza. Es saber interpretar esos hechos para descifrar lo que significan. Llegar al fondo de una cuestión, un problema o una historia. «Ver el aquí y el ahora es lo único que cuenta».

El segundo discurso inaugural de Lincoln también fue breve, el más corto de la historia de Estados Unidos.* Sin embargo,

* El hecho de que tanto el discurso de Gettysburg como su segundo discurso inaugural quepan en los paneles del Monumento a Lincoln demuestra lo depurados y concisos que son.

explica la causa de la guerra con tal claridad que nadie ha podido igualarlo ni antes ni después.

«Hace cuatro años —dijo al país— estábamos aquí temiendo el fantasma de una guerra civil. Ambos bandos rechazaban la guerra, pero uno de ellos estaría dispuesto a iniciarla con tal de evitar que la nación siguiera unida, y el otro la aceptaría antes que dejarla perecer». ¿Por qué un bando quería la guerra? «La octava parte de la población eran esclavos de color que no estaban repartidos por toda la Unión, sino concentrados en el Sur —expuso—. Estos esclavos constituían un interés singular y poderoso. Todos sabían que este interés era en el fondo la causa del conflicto».

¡Cuántos han intentado enmarañar este tema desde entonces!

Lincoln no se andaba con rodeos respecto a lo que había causado la guerra, pero también comprendía que señalar culpables no era lo mismo que asumir responsabilidades. El Norte también había participado de la esclavitud, había vendido esclavos al Sur, se había beneficiado por medio de sus bancos y navieras, y durante mucho tiempo había eludido el problema político por considerarlo inconveniente y poco rentable.

Todos eran responsables. Todos estaban implicados. Si el sufrimiento y el azote de la guerra debían continuar un poco más como expiación por sus pecados, eso ya no dependía de ellos. Si embargo, cuando la guerra llegó a su inevitable final, esto era lo que a todos les esperaba:

> Sin animadversión hacia nadie, con misericordia para todos, con determinación en la justicia que Dios nos concede, trabajemos con ahínco para terminar la labor que tenemos entre manos, sanar

> las heridas de la nación, atender al que luchó en el campo de batalla y también a su viuda y a su huérfano, y hacer cuanto sea necesario para lograr y mantener una paz justa y duradera entre nosotros y con todas las naciones.

Y con ese discurso, a diferencia del de Gettysburg, supo que había cumplido su propósito, seguro de que resistiría el paso del tiempo mejor que cualquier otra cosa que hubiera dicho jamás. «Sospecho que este documento alberga una gran sabiduría», dijo.

Una sabiduría sencilla, ganada a pulso, aunque lo bastante clara para que un niño la comprendiera, y lo bastante profunda como para que aún hoy sigamos intentando entender lo que quería decir y lo que esperaba de nosotros.

Nuestro deber es aclarar las cosas. Distinguir lo que es importante y descartar el resto. Debemos esforzarnos por simplificar lo complejo..., y conseguir que lo simple lo siga siendo..., pero no más de lo necesario.

Nietzsche lo decía medio en broma, pero estaba en lo cierto cuando afirmaba que los estoicos eran a veces superficiales por lo profundos que eran.

Pero tiene razón.

Debemos ver lo que tenemos delante.

Eso es lo más difícil.

Y es lo único que importa.

Supera la prueba final

Como filósofo y dramaturgo, Séneca lo sabía.

Sabía que había metido la pata. Sabía que había sido hipócrita. Sabía que había estado demasiado tiempo al servicio de Nerón y que, al hacerlo, había traicionado su propia filosofía. Sabía que se había corrompido mientras se enriquecía.

Sin embargo, también sabía que el público perdona a un personaje imperfecto —e incluso los errores de la historia— si hay redención. «La vida es como una obra de teatro —escribió a Lucilio en una de sus cartas—; solo hay que cerrar con un buen final».

Séneca se alejó de Nerón cuando ya era demasiado tarde. También era ya tarde cuando se rebeló contra el emperador demente. Pero eso fue lo que le permitió preparar el acto final. Y, cuando llegaron los esbirros para matarle, como hicieron antes con Cicerón, estaba preparado para representar el papel de su vida.

«¿Quién no conocía la crueldad de Nerón?», dijo a sus amigos, que lloraban al conocer la sentencia de muerte. Séneca no intentó huir. Dio un paso al frente con coraje. Había alcanzado la verdadera sabiduría. «¿Por qué llorar por esta parte de la vida, si toda ella es motivo de llanto?», le dijo a su mujer con una sonrisa, pensando en el contraste entre Heráclito y Demócrito.

Pero ¿qué decir de la tristeza que deja tras de sí la muerte? Séneca, que había enterrado a un hijo y a muchos amigos, había escrito algunas de sus mejores obras sobre el dolor. ¿Quién querría que su recuerdo torturara a sus amigos y seres queridos después de morir? Queremos que nos recuerden con una sonrisa. Queremos que nos recuerden y hagan el bien. «Os dejo mi ejemplo como último regalo», les dijo a sus amigos.

¿Por qué no tuvo miedo? ¿Por qué no tembló cuando fallaron todos los intentos de matarle, primero cortarse las venas y luego el veneno? Toda una vida de práctica lo había preparado para aquel momento. «Filosofar es aprender a morir», escribió Cicerón, a quien unos asesinos mataron en una polvorienta carretera a las afueras de Roma.

La filosofía le había enseñado a Séneca la lección más importante sobre nuestra mortalidad: la muerte no es un acto único que ocurre al final de la vida. De hecho, Séneca sabía que «la vida es muerte». Comprendía que morimos todos los días, porque cada instante que se va se pierde para siempre. Y con él desaparece también la persona que éramos en ese momento. Séneca sabía que ya había pasado antes por eso, como todos nosotros, pues no morimos una sola vez, sino muchas, y casi siempre sin oponer resistencia. La muerte que debe preocuparte no es la que te llega en la vejez y el exilio, sino la que nos negamos a ver cuando somos jóvenes y creemos que tenemos todo el tiempo del mundo.

Cuando el final le llegó en el baño de vapor, donde lo llevaron para ahogarlo, Séneca no protestó ni flaqueó. Y se fue enseguida.

El ejemplo que dejó a sus amigos perduró mucho después de su muerte. Opacó los errores de su mediana edad, rebajó su hipocresía y cubrió los vacíos de su historia.

Podemos equivocarnos mucho en la vida..., pero deberíamos intentar hacer bien esto último.

Es la prueba final de toda sabiduría.

Feynman. Lincoln. Montaigne. Joan Didion. Sócrates. Da Vinci. Los hermanos Wright.

¿Qué tienen todos ellos en común?

Todos murieron. Todos vieron la muerte de cerca. Y no solo al final. Feynman enterró a su mujer a los veintisiete años. La querida hija de Cicerón, Tulia, murió al dar a luz en la flor de la vida.

Joan Didion, que creció repitiendo, como muchos cristianos, aquello de que «en medio de la vida estamos en la muerte», vio a su marido caer fulminado en mitad de una frase delante de ella y asistió al funeral de su hija solo dos años después.

Lincoln perdió a su madre, a su hermana y luego a dos hijos. Justo una semana antes de su muerte, antes de que su cuerpo embalsamado emprendiera el viaje por ferrocarril, como el de tantos otros soldados caídos en el campo de batalla, Lincoln había recitado de memoria para sus invitados el poema de Longfellow *Junto al hogar*:

No hay rebaño, por vigilado que esté,
¡que no cuente con un cordero muerto!
No hay hogar, por más que el fuego arda,
¡que no tenga una silla vacía!

La vida te golpea rápido. Te destroza por dentro.

¿De qué sirve la sabiduría si no nos ayuda en esos momentos? A darnos perspectiva, a infundirnos fortaleza, a permitirnos comprender las cosas más duras que solo nosotros, de entre todos los animales, tenemos que afrontar.

«Meditar sobre la muerte es meditar sobre la libertad —escribió Montaigne—. Quien ha aprendido a morir ha desaprendido a servir. Saber morir nos libra de toda sujeción y coacción».

Piensa en cuántas personas sienten a diario pavor ante la muerte. Lo que más les aterra es justo aquello de lo que menos saben. «No quiero pensar en ello...», pero lo hacen, y nunca son pensamientos agradables. Tampoco son los únicos cuya vida se ve distorsionada por su ignorancia sobre la muerte. Hay quienes, por miedo a morir o por el deseo de vivir para siempre, son capaces de hacer cualquier cosa para alargar su existencia. Así degradan y restan valor a la vida que tienen. O dejan de vivir porque se niegan a arriesgarse a perderla. Se pierden la vida porque están obsesionados por dejar un legado eterno.

Si la filosofía no puede liberarnos de esta cárcel de ansiedad y miedo, si no puede ayudarnos a recuperar el aquí y ahora, ¿de qué sirve?

Podemos ver la libertad de la que hablaba Montaigne en los últimos momentos de Epicuro, que fueron muy felices a pesar de su grave enfermedad. Aunque hoy le recordemos como alguien entregado al placer, en realidad trabajó para liberarse del dolor que uno mismo se inflige, ese dolor espiritual que añadimos a nuestros males físicos. Tras mucho reflexionar sobre el tema, la muerte no es terrible: «Lo terrible es la creencia de que la muerte es terrible». Él no podía evitar que su vida se apagara, pero sí podía negarse a vivir con ese miedo constante.

A fin de cuentas, ¿qué tendría de malo no estar vivo? ¡No le preocupaba antes de nacer!

Justo por eso recurrimos a la filosofía para que nos ayude a entender la condición humana, para que nos ayude a resolver esos recurrentes y dolorosos pensamientos. A Lucrecio, un poeta muy influido por Epicuro, le angustiaba pensar en la muerte y en abandonar a sus hijos. «Nunca más tus amados hijos rivalizarán por tus primeros besos —escribió, resumiendo la alegría que sienten todos los padres—, ni tocarán tu corazón con un placer que trasciende las palabras». Fue una pequeña enseñanza de Epicuro la que le ayudó a superar ese dolor que podría haberle paralizado con facilidad: «No te importará, porque ya no existirás».

Nuestra muerte no es una pérdida, porque con ella nos perdemos a nosotros mismos.

Memento mori.

Recuerda que eres mortal.

Lo que significa que debes dominar el *ars moriendi*, el arte de morir.

Toda la sabiduría del pasado estaba enfocada, de algún modo, a esta última lección. En el fondo, todas las enseñanzas nos proporcionan ejemplos de cómo afrontarla.

Cicerón, resignado, pero sin miedo, con la mano en la barbilla como solía hacer cuando meditaba, miró a los ojos a sus asesinos. «Lo que estáis haciendo es del todo indigno —les dijo—, pero intentad matarme con dignidad».

Montaigne perdió a su hermano en un accidente (jugando al tenis, por extraño que parezca); le afectó muy hondo la muerte de su mejor amigo, Étienne de la Boétie, a los treinta y dos años; y vivió en sus carnes una experiencia cercana a la muerte. A los cincuenta y nueve años, la muerte que solo le rozó los labios tras su accidente volvería a por él. Montaigne había escrito sobre el miedo a la muerte. ¿Tenía miedo? No había vivido con miedo. No había tenido miedo de cuestionar las cosas. No había tenido miedo de sí mismo. Se había lanzado a lo desconocido. No había puesto límites a nada. «Despojemos a la muerte de su extrañeza, familiaricémonos con ella, acostumbrémonos a ella... Que no pase ni un día sin que la evoquemos en nuestro pensamiento bajo todos sus aspectos», escribió.

De hecho, la muerte no era para él una desconocida. Un accidente que a la postre cambió su vida estuvo a punto de truncarla. Montaigne había sobrevivido a devastadoras epidemias de peste, la más mortífera segó la vida de un tercio de la población de Burdeos. Había presenciado la brutal muerte de sus queridos hijos. Sabía que no había lugar ni momento en que la muerte no pudiera encontrar a una persona, que pendía sobre él y sobre todos nosotros como la espada de Damocles.

De estas meditaciones sobre la muerte salió con una sensación de urgencia. Decía que no dejaba tareas pendientes ni tampoco dejaba las cosas para mañana. Se despedía cuando podía. Quería que la muerte le encontrara plantando sus coles, sin preocuparse de la mortalidad ni del estado de su jardín, disfrutando del momento.

Se había apartado de la disolución y del caos de su época, y había encontrado fortaleza y equilibrio..., dentro de sí mismo. Todo lo vivido le había conducido hasta ese momento, como nos ocurre a todos los seres humanos. Con templanza y entereza.

Montaigne siempre había admirado a aquellos que eran capaces de tomarse la muerte con humor, de recibirla con una sonrisa. La amigdalitis le estaba matando, paralizándole la lengua, así que no podía desperdiciar ni una sola palabra. ¿Captaba la ironía de que uno de los grandes oradores de la historia fuera por fin silenciado? ¿Podría tomárselo a la ligera?

Si conocemos bien a Montaigne, debemos pensar que sí, que recibió la muerte con curiosidad y buen humor. Privado de la posibilidad de contar un chiste, se habría reído para sus adentros.

El 13 de septiembre de 1592 pidió oír misa por última vez y partió de esta tierra, poniendo fin a una buena vida, una proeza tan admirable como poco frecuente.

Ojalá podamos seguir sus sabios pasos.

La sabiduría es virtud. La virtud es sabiduría

Las virtudes son como la música. Vibran en un tono más alto, más noble.

STEVEN PRESSFIELD

«En el principio era el Verbo», comienza Goethe su obra *Fausto.* Luego se corrige. ¡No! En el principio era la Acción.

Este libro trata sobre la sabiduría, y es el cuarto y último de una serie sobre las virtudes cardinales. Ahora que llegamos al final, conviene recalcarlo una vez más: las palabras no bastan; lo que importa son los hechos.

Tal vez resulte chocante aplicar esto a algo tan abstracto y cerebral como la sabiduría, pero, como cualquier otra virtud, la sabiduría se demuestra a través de los actos. Hay que leer, escuchar, preguntar, buscar, experimentar, vivir, aprender. La sabiduría exige un esfuerzo constante a lo largo de toda la vida.

La sabiduría es también la base de todas las demás virtudes. Sin un ejercicio de reflexión previo, el coraje, la autodisciplina o la justicia no pueden existir, y probablemente carecen de valor. Edmund Burke, parte de aquel famoso círculo que Samuel Johnson reunió, sostenía que la sabiduría (que él denominaba «prudencia») no solo era la virtud principal, sino «la que orienta, la que regula y por la que se mide a todas las demás». Por eso decimos que la sabiduría es la virtud madre. Nos dice el qué, el cuándo, el dónde y el quién.

«La sabiduría es una sola: comprender la verdad que gobierna todo a través de todo», dijo Heráclito. En la vida real, ese gobierno hace que las virtudes sean indivisibles. De nada sirve la sabiduría sin la voluntad y la determinación de llevarla a la práctica, de aplicarla a nuestros problemas y oportunidades.

Es fácil hablar de sabiduría. Resulta inspirador recordar a las grandes mentes de la historia. Analizar sus decisiones y errores es sencillo. Se pueden llenar muchas páginas con ello, respaldadas aquí por siglos de poesía, literatura y recuerdos. Pero el propósito de escribir este libro, y las horas que has dedicado a leerlo, no era el mero entretenimiento. La filosofía no va por ahí.

Lo que aquí se intenta es mejorar de verdad, crecer en sabiduría. Tratar de asumir la responsabilidad, tratar de tomar esa hercúlea decisión por nosotros mismos. Hoy. Mañana. En cada momento.

¿De qué sirve cualquier virtud si solo existe sobre el papel, si no te atreves a vivirla? ¿Si no tienes la fortaleza para perseguirla? ¿Si no tienes la entereza para perseverar también cuando el mundo premia lo contrario?

Por supuesto que existe una relación entre el estudio y la práctica, pero en algún momento hay que pasar a la acción.

Contemplamos la verdad y luego tenemos que actuar en consecuencia.

El objetivo de las cuatro virtudes es forjar el carácter, un carácter íntegro, para que aflore la verdadera naturaleza de una persona cuando llegue el momento decisivo. La sabiduría ni es algo que caiga del cielo ni es un don innato. Pero la buena noticia es que, una vez que aprendes algo, como solía decirle al gran John Lewis su madre, nadie te lo puede quitar. Es tuyo para siempre, si decides usarlo.

Las personas a las que hemos admirado, de Montaigne a Marco Aurelio, pasando por Abraham Lincoln, Maya Angelou, Joan Didion, George Patton, Plutarco, Thomas Merton, Monet, Da Vinci, Zenón y Temple Grandin, no eran perfectas y desde luego no eran absolutamente sabias. A veces mostraron un comportamiento opuesto a las virtudes que estamos estudiando, y eso hay que tenerlo en cuenta. Aun así, no se puede negar que, en los momentos críticos, su carácter se impuso y lograron algo extraordinario. No solo en su época, por la gente a la que ayudaron o las causas que defendieron, sino también en la actualidad, por nosotros, al ofrecernos una fuente inagotable de inspiración.

Esto también es aplicable a las grandes figuras que hay que evitar. No fueron sus palabras lo que dejó huella, sino sus actos, derivados de su carácter.

Eso fue lo que Lincoln expresó en Gettysburg: no importa lo que digamos aquí; importa lo que ellos hicieron allí. Sin embargo, lo que él hizo no habría sido posible sin la educación única que tuvo. No podría haber pronunciado ese discurso sin su experiencia como abogado y político; no habría podido escribirlo sin su gran bagaje como lector, y no habría podido dotarlo de un mensaje moral tan poderoso sin un profundo conocimiento y amor por el ser humano.

Y, sin duda, las palabras que pronunció dejaron huella y no cayeron en el olvido. La sabiduría que encerraban, nacida de la verdad y de la experiencia, ha trascendido a lo largo de más de ciento cincuenta años, redefiniendo nuestra idea de lo que debe ser un gobierno libre y alentando a otros a actuar con rectitud, movilizados por su mensaje.

Ese es el ciclo de la sabiduría: aprender, aplicar, repetir. No solo de forma individual, sino también como sociedad, aprendiendo de aquellos que nos precedieron y de nuestras propias vivencias, «dejando nuestra impronta en el curso del tiempo».

La virtud brilla con luz propia.

No requiere que la consagremos; es eterna por naturaleza.

Solo hay una forma de honrarla.

Sumando nuestros propios actos, retomando su «obra inacabada». Debemos continuar la tradición de la que ahora formamos parte, lo sepamos o no. Debemos erguirnos sobre los hombros de los gigantes que nos precedieron para ver más allá, ayudar a más personas y vivir con mayor plenitud.

No se trata de presumir de lo listos que somos. No se trata de hacer alarde de virtudes, sino de llevar una vida virtuosa.

Podemos aprender todo lo que queramos sobre la virtud, pero cuando llegue el momento tendremos que tomar una decisión.

Abrimos esta serie con la Biblia y con John Steinbeck. Cerrémosla del mismo modo. En *Al este del Edén*, Steinbeck concluye que la palabra más poderosa del cristianismo es *timshel*. Cuando leemos los mandamientos traducidos al inglés, se interpretan como imperativos categóricos. Pero Steinbeck considera que la versión hebrea es más precisa: no es «Harás», sino «Puedes».

«Aquí reside la responsabilidad individual y el nacimiento de la conciencia —escribió Steinbeck a su editor mientras trabajaba en esas páginas—. Puedes si quieres, pero de ti depende. Esta pequeña historia es una de las más profundas del mundo. Siempre lo intuí, pero ahora lo sé».

Ya venga de la Biblia, de Hércules, de *Al este del Edén* o de *Fausto*, el mensaje de la parábola es el mismo: podemos elegir. Elegimos entre el conocimiento y la ignorancia, la cobardía y el coraje, la disciplina y el exceso, el bien y el mal, la virtud y el vicio.

Tomamos nuestras tabletas y emprendemos nuestra propia educación. Evitamos las trampas de la estupidez y las mentiras, sobre todo las mentiras que pueden engendrar el éxito y la inteligencia. Seguimos usando esas tabletas hasta el día de nuestra muerte. Aprender, siempre, de forma ininterrumpida, para aplicarlo a la vida, no por motivos académicos. Ese es el objetivo.

Nadie nos pone nota. Nadie supervisa nuestro progreso. Nadie nos entrega un diploma. La sabiduría siempre, sin excepción, escapará a nuestro pleno alcance.

¿Seguiremos intentándolo a pesar de todo?

¿Seguiremos aprendiendo cada día?

¿Conservaremos la humildad y el hambre de conocimientos?

¿La curiosidad y la bondad?

La sabiduría es la recompensa.

¿Estás dispuesto a esforzarte?

Epílogo

No sé por qué me pareció buena idea, pero dediqué la redacción de la solicitud de ingreso a la universidad a la diferencia entre enseñanza y educación. Aunque Sócrates podría haber apreciado la intención, era poco probable que los académicos que tenían mi destino en sus manos opinasen lo mismo. Yo pensaba que estaba siendo muy ingenioso, pero, huelga decirlo, las cartas de aceptación no llegaron a raudales.

Sin embargo, no me quejo. Acabé con una beca en la Universidad de California, en Riverside, donde conocería a mi mujer y a la madre de mis hijos.

De todas formas, no duré mucho en la clase. Dejé los estudios al final del segundo año para trabajar en Hollywood. Un productor de música y cine me ofreció un empleo, y mientras yo consideraba la oportunidad —temiendo que, si no daba resultado, acabase viviendo debajo de un puente—, me hizo una pregunta que me cambió la vida: «¿Cómo te sentirás en la universidad leyendo sobre gente que hace cosas de las que tú podrías haber formado parte?».

Discepolo della sperientia. De modo que me hice discípulo de la experiencia.

Pocos meses después de esa conversación, estaba en una sala para asistir a una presentación destinada a cazar al grupo Linkin Park y ofrecerle un contrato multimillonario. De hecho, era mi nueva estrategia de comunicación la que los directivos estaban presentando. Pero, como joven *anteambulo*, me habían encargado montar los altavoces y el proyector.

Estaría allí durante el auge y la caída de American Apparel, llevando el marketing de una empresa que cotizaba en bolsa antes de poder alquilar oficialmente un coche. A mi alrededor veía caos y desorden, pero también genio creativo. Supervisaba presupuestos de varios millones de dólares, y mis campañas eran noticia en todo el mundo. Tenía fama de niño prodigio, y aunque sin duda era joven y poseía un talento aceptable, no creo que la gente entendiese lo que estaba haciendo, que era empaparme de todo lo que podía aprender, devorar experiencias, conocimientos y consejos…, y cobrar por ello.

Era una locura, y me encantaba.

Además del resto de las cosas que hacía, por las noches aprendía a escribir. Me había convertido en aprendiz del gran Robert Greene, que me estaba enseñando lenta y pacientemente el oficio de escritor. Transcribía entrevistas. Leía libros poco conocidos en cuya lectura él no quería perder el tiempo. Escribía informes. Trabajaba en su sitio web. Hacía preguntas. Escuchaba. Observaba. Absorbía sus investigaciones y su sistema de fichas, que sigo usando hoy en día (incluso en la redacción de este libro).

Allí estaba uno de los grandes escritores de nuestro tiempo que, además de decirme lo que tenía que hacer, me lo enseñaba.

Vivía y trabajaba como un monje. Su concentración era legendaria. Bajo su maquiavélica fama había amabilidad, paciencia, honradez, generosidad y sabiduría.

Trabajé con mucha gente distinta en aquel periodo, tuve numerosos empleos y luego fundé mi propia empresa. Una parte del trabajo que hice fue glamuroso, otra emocionante y otra vergonzosa e inexcusable. No estoy orgulloso de todo, y estuvo a punto de acabar conmigo (como conté en *El ego es el enemigo* y en el epílogo de *La llamada del coraje*), pero las experiencias dolorosas —y nuestros múltiples errores— no deben desaprovecharse. Llegué a entender a la gente; vi el poder de cerca. Me motivó; me horrorizó. En medio del desastre, poco a poco también llegué a entenderme mejor a mí mismo: las distintas motivaciones y los distintos demonios que anidaban en mi ambicioso yo de juventud y por qué el niño que llevaba dentro parecía sentirse atraído tan a menudo por hombres monstruosos.

Había hablado de la diferencia entre enseñanza y educación en aquel ensayo para entrar en la universidad, pero en realidad no sabía cuál era la diferencia. Sin embargo, ahora no me cabe duda de que mi educación empezó el día que entré en el despacho del secretario general y pedí los papeles para abandonar la carrera.*

Cuando mis padres se enteraron, básicamente me repudiaron. La noche que me trasladé a Los Ángeles, la grúa se llevó mi coche, y el piso que tan bien se veía de día resultó ser asqueroso después de anochecer. Me presenté al trabajo en Beverly Hills habiendo quemado las naves, y descubrí que mi jefe —el que me había

* Resulta que me cobraron cuarenta dólares por el privilegio. Es el dinero mejor gastado de toda mi vida.

motivado con su pregunta sobre el contraste entre leer y hacer— había desaparecido. Acababa de entrar en rehabilitación, y a saber cuánto tiempo estaría fuera. En su ausencia, su socio renegoció mi sueldo considerablemente a la baja. Ah, y todavía había una persona en el puesto que se suponía que tenía que ocupar yo, sentada aún en mi silla.

¿De modo que eso era el caótico mundo real?

Somos la suma de las lecciones que hemos aprendido. Las pequeñas destacan por ser más reveladoras que algunas grandes.

Recuerdo estar sentado en una reunión importante en la que quizá no merecía estar. En un momento dado, interrumpí y dije algo solo para intervenir. Después mi jefe me llevó aparte y me preguntó: «¿De verdad tenías que decir eso o solo querías tener algo que decir?». Pienso en esa pregunta casi a diario. Por supuesto, consta como la cuarta ley en *Las 48 leyes del poder* —di siempre menos de lo necesario—, pero también aparecía en Zenón. Dos orejas, una boca..., por un motivo. No solo es la señal de una persona disciplinada, sino también la de una sabia.

Todavía tengo problemas con eso. La semana pasada cené con George Raveling —un tipo que estuvo en la Marcha sobre Washington de 1963, que conoció a John Wooden, Kareem Abdul-Jabbar, Muhammad Ali y Michael Jordan, y que ha pasado casi nueve décadas en este planeta— y, cuando volvía a casa en coche, pensé: «¡Has hablado más que él!».

Somos el resultado de nuestras pequeñas costumbres.

¿Saqué de Montaigne la idea de empezar un cuaderno de notas? Es posible. ¿O la saqué de Emerson y su caja de ahorros? ¿La saqué de Joan Didion, en cuya vieja silla escribo cada día? Las mejores ideas son de propiedad colectiva. Se la robé a alguien y a todos, y no he abandonado esa costumbre durante casi dos décadas. Del mismo modo, esa costumbre no me ha abandonado a mí: las miles de fichas y páginas de diarios que he llenado no solo me han permitido escribir mis libros, sino que también me han ayudado como marido y como padre, y han contribuido a mantenerme cuerdo en estos tiempos demenciales.

En cualquier caso, mi estancia en la universidad exactamente tampoco terminó. Estoy seguro de que la primera vez que entré en la biblioteca universitaria fue después de dejar la carrera. Reparé en un libro poco conocido que aparecía en la bibliografía de algo que estaba leyendo y, como costaba cientos de dólares en Amazon, volví para ver a mi novia y localizar el libro. Acabaría pasando innumerables horas entre las estanterías de la biblioteca de la Universidad de California, en Riverside —así como en las bibliotecas de la Universidad de California en Los Ángeles, la Universidad de Tulane y la Universidad de Texas— en años posteriores, investigando para Robert Greene, y más tarde durante la escritura de mis propios libros.

Oh, quién pudiera volver a ser joven: cuántos grandes libros me aguardaban entonces. Cuántas ideas importantes se hallaban entre aquellas cubiertas, de todas las formas y tamaños. Poder leer aquellos clásicos, aquellas increíbles obras de arte por primera vez... Cuánto quedaba por descubrir y aprender, cuántos giros con los que disfrutar...

Amo a mi esposa, y ese periodo fue increíblemente estresante, pero a veces envidio a aquel chico.

Debo recordarme que no solo los jóvenes no saben apreciar ese increíble regalo. Cinco mil años de literatura nos preceden, y cada día se publican nuevos libros. Todos somos adolescentes ante esa fuente inagotable de conocimiento humano. Hay un sinfín de obras de las que ni siquiera has oído hablar, y mucho menos leído aún. Quedan muchos libros por releer con una edad nueva, siendo una persona distinta, de los que sacar algo.

Al principio de este proyecto te habría dicho que había leído todo lo que necesitaba sobre Lincoln..., pero cuando me senté a emprender la tercera parte de este libro me quedé corto. De modo que leí el libro de Michael Gerhardt sobre los mentores de Lincoln que tiene 496 páginas. Leí a Hay y Nicolay. Leí *Team of Rivals*, de Doris Kearns Goodwin, con 944 páginas. Pero aún me quedaba por saber. De modo que leí *Abe*, de David S. Reynolds, con 1.088 páginas. *Lincoln*, de David Herbert Donald, con 720 páginas. Mi hijo de ocho años se sabe el discurso de Gettysburg de memoria, pero yo necesitaba leer el libro de Garry Wills ganador del Premio Pulitzer sobre ese momento (su libro tiene más páginas que palabras el discurso). Hablé con Ken Burns de él, y también con Doris. Repasé los libros que ya había leído de William Lee Miller, sobre todo, pero también de Harold Holzer, Joshua Wolf Shenk y Carl Sandburg. Leí los escritos de Lincoln, sus cartas y discursos. Revisé las fotos (y los diarios) de las excursiones que he hecho a Gettysburg, Antietam y al Teatro Ford. Me levanté de la silla muchísimas veces durante la escritura de este libro y contemplé el Monumento a Lincoln. Me quedé embelesado ante la obra de arte de Krzysztof Wodiczko, que proyectaba las caras y las experiencias de veteranos de guerra estadounidenses en el rostro de la estatua de Lincoln en Union Square Park, en Nueva York. E incluso ahora —con miles de kilómetros recorridos y al menos diez mil páginas leídas sobre ese hombre— sospecho que las cosas que no sé superan a las que sé.

Cuando Patton terminaba un libro, ponía una pequeña R de *read* [«leído»] en el interior de la tapa para confirmar que se lo había acabado. Si yo he leído un libro, se nota. Está hecho polvo. Las páginas están dobladas para marcar detalles que quería pasar a mi cuaderno de notas. Los márgenes están llenos de apuntes: en bolígrafo, en lápiz, en un color que birlé de uno de los libros para pintar de mis hijos. Hay manchas y restos de humedad que me recuerdan lo que comía mientras leía. Algunos libros están firmados por el autor, a quien me gusta localizar para hacerle preguntas.

Qué alegría fue volver a leer alguno de esos libros. Retomar a mi viejo amigo Montaigne. Ver lo que me impresionó de Lincoln hace una década. Ver lo que había anotado sobre Didion en su ensayo sobre los cuadernos de notas. Fue como viajar en el tiempo y trasladarme a distintos mundos.

Digo «como» porque está claro que nada puede equipararse al viaje real. Sigo queriendo ver el lugar de nacimiento de Lincoln. Como él dijo en una de sus últimas conversaciones antes de fallecer, yo también quiero ver Jerusalén. He estado en muchos sitios y me quedan muchísimos por ver.

Hay algo único en viajar, en pisar terreno sagrado. Aquí un gran hombre dio un discurso. Aquí un soldado lo dio todo por última vez. Aquí anduvo una mujer, con un niño pequeño, y dejó las huellas marcadas en la arena para los próximos veinte mil años. He visto las calles de Aquincum, donde Marco Aurelio escribió parte de las *Meditaciones*. Cerca de un terreno que tengo en California hay un árbol que es uno de los seres vivos más antiguos sobre la faz de la tierra, ya estaba vivo y era viejo cuando Alejandro Magno hacía sus conquistas. Aquí está el ágora en la que Zenón habló con los muertos. Aquí está *La última cena* de Leonardo da Vinci. Aquí, en Waverley, en los acantilados de Bronte, se encuentra el cementerio más bonito del mundo..., lleno de personas en su momento famosas que probablemente no esperaban caer tan pronto en el olvido.

Cada uno de nosotros tiene una vocación; nuestra misión en la vida es obedecerla... y ser lo bastante valientes para seguirla.

Supongo que podría haber continuado profesionalmente. Podría haber saltado de una marca de moda a otra; podría haber creado una startup, como muchos de mis amigos. Podría haber invertido más; he visto a mis amigos embolsarse muchos millones de dólares invirtiendo. Podría haber ganado más dinero haciendo casi cualquier cosa aparte de escribir sobre una oscura escuela de filosofía antigua.

Me pasé los primeros años de la segunda década de mi vida ayudando a la gente a vender cosas. Negocios, marcas, personalidades. Me iba muy bien. Podría haber hecho cosas mucho peores —sin duda, en peores condiciones—, pero en un momento dado me di cuenta de que eso no era a lo que uno debía consagrar la vida. «El genio altanero desdeña el camino trillado —declaró Lincoln en un discurso en 1838—. Ansía y desea la distinción; y, a ser posible, la consigue, ya sea a costa de emancipar esclavos o de esclavizar a hombres».

También podemos aplicar esa lógica a una inteligencia y una ambición más anodinas. En última instancia, la sabiduría —como las cuatro virtudes— se santifica o se degrada dependiendo del uso que se le da. ¿Usas el cerebro para hacer el mundo mejor o peor? Esa es la pregunta.

Yo también quería ser feliz, ¿sabes? He tenido muchos mentores en la vida, pero la mujer que conocí en aquella fiesta en 2007

—mi esposa, Samantha— me enseñó tanto como cualquiera de ellos. He perdido la cuenta de todas las veces que ha impedido que me vuelva loco. Y fue ella la que me empujó a dejar atrás la carrera que me había forjado para hacerme escritor.

Fue su aliento... y las obras de historia y literatura que había leído lo que me llevó a mi primer libro.

Todavía tengo un ejemplar de *Más dura será la caída*, de Budd Schulberg. Casi todas las páginas del final están marcadas con un rotulador amarillo fluorescente ya desvaído. Pero fueron principalmente las frases sobre el engaño de que uno puede comerciar con basura sin convertirse en lo que toca las que hicieron que empezase a alejarme de la publicidad y publicase lo que deseaba que fuese una especie de crónica de denuncia del panorama mediático moderno.

Aun así, la filosofía siempre fue el tema sobre el que quería escribir. Mi iniciación en los estoicos llegó poco antes de que terminase mi educación tradicional: una lectura recomendada cambió el curso de mi vida.

Da la casualidad de que en las páginas iniciales de las *Meditaciones*, Marco Aurelio manifiesta su gratitud a Rústico «por haberme permitido leer los escritos de Epicteto, que él me prestó de su biblioteca». La sabiduría de un esclavo griego, ganada con la esclavitud y el exilio, influiría en la mente de un rey a través de un atento maestro.

Él formó parte, como yo y espero que tú también, de una cadena multisecular de personas a las que se les revela el secreto del estoicismo, la filosofía de la sabiduría que aquí abordamos. Allí, en la mesa de mi piso universitario de Riverside, desaparecieron las enormes diferencias en materia de tecnología y cultura.

De repente estaba hablando con los muertos. De repente estaba sentado con una mente brillante, inmerso no en argumentos sofísticos o paradojas filosóficas, sino en algo, como Brand Blanshard observaría sobre las *Meditaciones*, «de un interés mucho más permanente, los ideales y aspiraciones por los que se guio un espíritu excepcional».

Recuerdo haberlo leído y haber pensado: «¿Cómo es posible que no lo conozca todo el mundo?». Recuerdo haber pensado: «A esto, a esto es a lo que me quiero dedicar».

Tardé un tiempo, pero al final volví a ello. Reconozco que había algo insensato en escribir un libro de filosofía con veinticinco años. No tenía título universitario... y sigo sin tenerlo. No sé leer griego ni latín. Incluso ahora, escribir este libro sobre sabiduría cuando me falta poco para cumplir los cuarenta me intimida. Difícilmente puede considerarse un acto valiente, pero aun así el libro me parecía un gran riesgo. ¿Quién soy yo para hablar de sabiduría?

Desde luego, no presumo de tenerla. Pero puedo decir que soy un estudioso de ella.

También rechazo la idea de que la virtud sea inaccesible o inalterable. O de que la conversación solo corresponda a Grecia, a Roma o a personas con doctorados.

«Siempre nos imaginamos a Platón y Aristóteles vestidos con largas túnicas académicas —escribió Blaise Pascal—, pero eran personas honradas normales y corrientes como todo el mundo a las que les gustaba pasárselo bien con sus amigos. Y cuando se distraían [con su obra filosófica] lo hacían por diversión. Era la parte menos filosófica y seria de la vida de los dos: lo más filosófico era vivir de forma sencilla y sin alharacas». Las escuelas del mundo clásico no eran instituciones formales. Zenón se estableció en la *stoa*, un pórtico que no quedaba lejos de la librería que le había cambiado la vida. Se podría decir que Montaigne aprendió tanto de la familia de campesinos con la que vivió como de todos los libros de su biblioteca.

Podemos mirar al pasado con reverencia..., pero no debemos tener miedo de cuestionarlo. Emerson señaló lo absurdo de que los chicos y las chicas aceptasen con docilidad las ideas de los antiguos cuando «Cicerón, Locke y Bacon no eran más que jóvenes en bibliotecas cuando escribieron sus libros».

La obra de mi vida ha sido escribir y enseñar sobre los estoicos. Espero haber aportado alguna idea de mi cosecha durante el proceso.

En cualquier caso, el auténtico motivo para escribir un libro es que tú mejores con su lectura. El tiempo que he dedicado a la filosofía estoica me ha hecho mejor persona, del mismo modo que escribir *Diario para padres estoicos* (y los correos electrónicos asociados a ese libro) me ha hecho mejor padre.

¿Por qué?

Porque escribir es un acto contemplativo.

He pasado los últimos seis años centrado casi exclusivamente en las cuatro virtudes cardinales. Y menuda media década ha sido: pandemias e incendios. Inundaciones y heladas. Demagogos y guerras. Caídas del mercado e inflación. Cambios tecnológicos. El crecimiento de mis hijos. Mis primeras canas.

¿Cómo mantener la cordura en un mundo que se ha vuelto loco?

Volviendo a las mismas verdades una y otra vez. En una de sus cartas, Séneca dijo que ese es el camino a la sabiduría, elegir un tema o una idea que asimilar cada día —algo que te fortalezca contra la pobreza, o la muerte, o la adversidad, o lo que la vida te depare— y someterlo a examen.

Escribir el correo electrónico diario de *Daily Stoic*, que empecé en 2016, supone un gran privilegio y al mismo tiempo la clase de penitencia de la que habló Thomas Merton. Más de cuatro mil correos hasta la fecha. Setecientas mil palabras. Ochenta millones de envíos. Solo mis obras de la serie de la virtud ascienden a casi trescientas mil palabras; tal vez más si contase lo que la disciplina me exigió acortar de forma metódica durante el proceso de corrección (casi veinte mil palabras de este libro, por ejemplo).

¿Me ha hecho eso más sabio? ¡No, pero más de lo que podría haber sido en otras circunstancias!

¿Y que me paguen por ello? ¿Por popularizar la filosofía aplicada a medida que la aprendo? Es el mismo chollo que descubrí de joven. Además, es un placer. Es un favor que estoy devolviendo.

Termino este libro cuando el mundo empieza a enfrentarse a la existencia de formas funcionales de inteligencia artificial. Mientras escribo esta frase, el software no solo me hace propuestas de ortografía y me ayuda a corregir errores, sino que también me plantea cómo podría terminar frases o redactarlas mejor. Si quisiera, podría cambiar de software con un solo clic y pedirle que me redactase un borrador.

¿Que si lo haría?

No, porque una vez más la advertencia de Séneca de hace casi dos mil años sigue vigente. La sabiduría conlleva trabajo. Escribir tiene que ser difícil. Tiene que obligarte a pensar. Yo estoy escribiendo estos capítulos con un montón de fichas, algunas de hace quince años más o menos, del mismo modo que algunos capítulos del presente libro se inspiran en libros que leí hace casi veinte años (me viene a la cabeza Heródoto).

Al mismo tiempo, hay algo intrínsecamente ridículo en ser ludita, y yo me niego a serlo. Por supuesto, consulto la Wikipedia. Busco información en Google Books. Por supuesto, escucho pódcast. Los antiguos se habrían considerado afortunados de contar con semejante magia al alcance de la punta de los dedos. ¿La Biblioteca de Alejandría? Hoy la mayoría de nosotros tiene una versión de ella en el bolsillo, y somos afortunados por ello..., siempre que empleemos ese acceso para volvernos más eficientes y aprender más, no para ser vagos.

He pasado muchas horas tratando de descifrar herramientas de inteligencia artificial y grandes modelos de lenguaje, averiguando en qué aspecto pueden hacerme mejorar, en qué sentido podrían ayudarme. En algunos casos, lo consiguen. En otros, me han recordado el valor de las técnicas antiguas, como cuando quise confirmar una cita sobre Abraham Lincoln: Primero ChatGPT me dijo que era un fragmento de Tolstói hablando de Dickens..., luego trató de decirme que era de Hay y Nicolay, y después me aseguró que, en realidad, la cita no existía. Hasta que no repasé, página por página, una premiada biografía de ochocientas páginas, no pude confirmar que la ficha escrita a mano era correcta.*

* Se trata de un aspecto que a la inteligencia artificial se le da especialmente mal: decir «No lo sé» y «No puedo decirlo con certeza». Quiere complacerte, pero a menudo acaba confundiéndote.

Ese es el tipo de trabajo que tenemos que estar dispuestos a hacer... y que muchos pensamos que la tecnología puede evitarnos.

Escribo estas líneas en un momento en el que millones de personas de todo el mundo se han puesto en manos de demagogos, en el que estamos inundados de desinformación y ruido. En un momento de problemas complejos, quizá tiene sentido dejarse cautivar por soluciones simples y oradores seductores.

En mi opinión, esa es la tragedia de Elon Musk, y el motivo por el que es un personaje tan importante en este libro. Nunca se sabe lo que las experiencias que vives te ayudarán a comprender algún día, pero considerando lo que vi de primera mano con Dov Charney en American Apparel —otra persona brillante pero errática—, creo que estaba capacitado para entender lo que a muchas personas inteligentes que conozco les está pasando por alto. Escribir críticamente sobre alguien tan brillante e importante no fue una decisión que tomé a la ligera: al fin y al cabo, en 2017 escribí un libro sobre otro multimillonario que dedicó una década y decenas de millones de dólares a destruir un medio de comunicación que no le gustaba. Elon Musk no solo es el hombre más rico del mundo, con un presidente en el bolsillo y un ejército de seguidores a sus órdenes; por casualidad trasladó sus fábricas y negocios a la pequeña ciudad en la que vivo y donde está mi librería. Es una persona susceptible e impulsiva. Podría complicarme mucho la vida.

Además, tenemos amigos comunes. Me ha invitado a su casa. Soy admirador suyo. Habría sido mucho más fácil y menos arriesgado escribir sobre cualquier otra persona. Estoy seguro de que una parte importante de mis lectores no estarán de acuerdo con mi opinión.

Pero estamos hablando justo de eso, ¿no? Tienes que hacer lo que crees que es correcto. Tienes que contar lo que consideras que es verdad.

También es un aviso: puedes ser muy inteligente, muy poderoso e incluso muy brillante, pero nada de eso te permite comprar la conciencia, la honradez o la felicidad.

En las *Meditaciones* hay un fragmento interesante en el que he pensado mucho últimamente. En él, Marco Aurelio recuerda una ocasión en la que había subido al estrado y estaba ganándose al público. Para un hombre por lo general tan contenido y sabio, debió de ser una experiencia extraña pero estimulante. Sin embargo, cuando los elogios del respetable cesaron, le agobió la culpa, avergonzado de lo que había dicho. Señala que al público no le importó, le gustó. «¿Y por eso tú también has de ser idiota?», dice, cuestionando su juicio y dejando la decisión en el aire.

Me he equivocado en muchas cosas, pero en lo que respecta a la gran estafa de nuestro tiempo puedo decir con orgullo que no me la he tragado ni por un momento. Incluso cuando me podría haber ido mejor. Incluso cuando personas listas a las que conozco se pasaron de listas.

Que en la actualidad el mundo parezca cruel y estúpido no significa que nosotros tengamos que serlo. Que algunas personas parezcan disfrutar viviendo en el mundo de fantasía que se han creado, prefiriendo las ficciones a la compleja realidad, no significa que nosotros debamos hacerlo. Ese era el objetivo de la filosofía, según Crisipo, no formar parte de la turba y la chusma.

Debemos seguir adelante, aunque estemos un poco solos, aunque a veces dudemos de nosotros mismos.

Me niego a perder la esperanza. Me niego a volverme un cínico.

Conozco la historia. Conozco a los seres humanos. O, mejor dicho, conozco algo de eso.

Sea como sea, se me acelera el corazón.

En cualquier caso, aquí estoy, llegando al final de esta serie. Al terminar *Decadencia y caída del Imperio romano*, Gibbon expresaba su tristeza al «despedirse para siempre de un viejo y agradable compañero». Yo no me siento exactamente así, porque la virtud no es algo de lo que uno se despida, pero terminar estos libros tiene algo de agridulce.

Soy mejor después de haberlos creado, no solo como persona sino también como escritor. Sí, pienso en todas las cosas que haría de otra forma si empezase de cero, todo lo que he aprendido desde que publiqué el primer libro en 2021. Pero, por otra parte, ¿no se trata de eso? De mejorar sobre la marcha. Nuestro cometido es aprender de nuestra estancia en este mundo. El objetivo es dejar en ridículo a nuestro yo del pasado, aunque los cuadernos de notas sean una forma de mantener el contacto con quienes éramos antes.

Sin embargo, en general estoy orgulloso de lo que he puesto por escrito. Te agradezco que hayas llegado hasta aquí, lector. Gracias.

¿Cómo se supone que una persona sabe si está progresando cuando la sabiduría es tan esquiva? De la misma forma que con el horizonte. En realidad, nunca nos acercamos a él, pero podemos mirar detrás de nosotros y ver que al menos hemos recorrido un buen trecho: podemos ver cuánto nos hemos alejado del punto del que partimos.

Un detalle en el que he reparado es que estoy más calmado. Estoy más tranquilo. Discuto menos. Me altero menos. Reconozco más a menudo que me equivoco.

Eso es sabiduría, según Epicteto. Enzarzarte en menos peleas, dejar pasar más cosas, centrarte más en lo que puedes controlar. «El curso de una vida apacible».

Todavía queda mucho camino por recorrer, pero estoy orgulloso de mi progreso.

Tener conciencia de uno mismo no es habitual, ni en presidentes ni en personajes presuntuosos, ni siquiera en escritores. Revisarte exige trabajo. En terapia. En conversaciones con tu pareja. A solas en las páginas de tu diario.

Pero es la única vía. La única vía para curar al niño herido que llevas dentro. Para aprender de tus errores. Para averiguar lo que pasa y lo que importa.

Pongo punto final a esta serie aquí, pero sigo dedicado al trabajo.

Día a día. Página a página. Prueba a prueba.

Más sabio, que no sabio.

RYAN HOLIDAY,
Miramar Beach, Florida,
enero de 2025

¿Qué leo ahora?

A la mayoría de la gente le aburren las bibliografías. Para los aficionados a la lectura, en cambio, es la mejor parte. En este libro, basado en tantos escritores y pensadores maravillosos, no podía incluir una bibliografía completa. En lugar de eso, he preparado una lista con todos los libros que influyeron en las ideas que acabas de leer y también con lo que saqué de ellos y por qué podrían interesarte.

Para recibir la lista, envía un correo electrónico a **books@wisdomtakeswork.com** o visita **wisdomtakeswork.com/books**.

¿Me recomiendas más libros?

SÍ. También puedes apuntarte a mi lista de recomendaciones literarias mensuales (que ya va por su segunda década de existencia). Ha ido aumentando hasta incluir a más de doscientas mil personas de todo el mundo y ha recomendado miles de libros que cambian la vida de quien los lee: **ryanholiday.net/readingnewsletter**. Empezaremos con diez libros increíbles que estoy seguro de que te encantarán.

Agradecimientos

Como todos los protagonistas de este libro, soy producto de toda la sabiduría acumulada antes de mí y de los mentores y maestros que me han guiado. Nunca olvidaré el sonido estruendoso de la voz de la señorita Whitaker en cuarto: «¡¿Qué haces?!». Me había pillado escondiendo algo debajo del pupitre entreabierto. Se acercó a buscarlo. Era un libro de Louis L'Amor que había estado leyendo a escondidas. «¿Entiendes esto?», me preguntó. «Sí —contesté—, es muy bueno». En lugar de enfadarse, consiguió que me aceptasen en un programa para estudiantes superdotados y con talento. Quiero expresar mi gratitud al señor Dell'Orto, que me abrió los ojos a la historia real, y a la señora Kars, que me animó a ser escritor. Un maestro puede cambiar el curso de la vida de una persona; si la vida de alguien ha cambiado gracias a mi obra, solo es posible porque esos tres profesores (y otros, sin duda) me la cambiaron antes a mí. Estoy muy agradecido al general James Mattis no solo por su ejemplo, sino por algunas de las historias que aparecen a lo largo de toda esta serie. Robert Greene, que no solo me orientó sino que me enseñó a ser escritor.

Hay pocas personas cuya sabiduría y consejos valore más. Gracias al gran George Raveling por su asesoramiento. Dolores Molina, qué suerte tengo de que hayas vuelto a mi vida. Tengo que dar las gracias a mis dos hijos, con los que estaba haciendo senderismo (uno a cuestas y el otro en un portabebés) por el Parque Nacional Bastrop cuando la idea de esta serie me vino a la cabeza en 2019. Ese fue el comienzo de un periodo en el que este proyecto me ha tenido medio absorbido y distraído, y os agradezco vuestra indulgencia..., así como todo lo que me habéis enseñado. Diría que ya ha terminado, pero estoy empezando el siguiente. Gracias a Billy Oppenheimer por toda su investigación. Hristo Vassilev, he perdido la cuenta de todos los libros y artículos que me has ayudado a citar. Gracias al equipo de *Daily Stoic* —Dena Beattie, Brendan Bures, Jessica Davidson, Chelsea Debrot, Eric Empson, Jordan Gracey, Claire Hooker, Liz Shear, Ashley Weldon, Trysten Tinajero y Peyton White— por hacer que todo funcione y por aguantarme. Gracias a mi agente, Stephen Hanselman, y a Julia Serebrinsky, cuya rigurosa corrección me ayudó a recortar esas veinte mil palabras. Gracias al equipo entero de Portfolio, que, a pesar de ser una editorial seria, no solo apostó por un chico de veinticuatro años interesado en la filosofía antigua, sino que ha apoyado y financiado esta serie de cuatro libros sobre la virtud repartida a lo largo de varios años. Y, por supuesto, gracias, Samantha, por enseñarme cómo es casi toda esta teoría sobre la virtud en la práctica... y por hacerme responsable de cosas de las que soy lo bastante despreocupado para poner por escrito.

Esta obra se terminó de imprimir
en el mes de noviembre de 2025,
en los talleres de Diversidad Gráfica S.A. de C.V.
Ciudad de México